몸문화연구총서

그로테스크의 몸

몸문화연구소 편

KU SMART PRESS
건국대학교 출판부

몸문화연구총서

그로테스크의 몸

1판 1쇄 펴낸날 2010년 12월 30일
1판 3쇄 펴낸날 2011년 10월 10일
지은이 김종갑 외
펴낸이 김진규
펴낸곳 건국대학교출판부
등록 / 제 4-3 호(1971. 6. 21)
주소 / 143-701, 서울시 광진구 아차산로 263 건국대학교
전화 / (02)450-3891 ~ 3
팩스 / (02)457-7202
홈페이지 / http://press.konkuk.ac.kr
e-mail / press@konkuk.ac.kr

책임편집 박명희
찍은곳 (주)동화인쇄공사

정가 16,000 원

* 잘못된 책은 바꾸어 드립니다.

ISBN 978-89-7107-545-6 94110
ISBN 978-89-7107-544-9 (세트)

머리말

일상으로서 그로테스크

I

그로테스크는 일상어의 하나이다. 낯설고 이상하며 추한 것에 대해서 우리는 '그로테스크하다는 하다'는 표현을 자주 사용하는 경향이 있다. "세상이 엉망이야The time is out of joint"라고 탄식했던 햄릿처럼 세상 자체가 그로테스크하다고 말하는 사람들도 적지 않다. 이때 그로테스크는 주관적으로는 기피해야 하는 대상, 객관적으로는 있으면 괴롭게 견뎌야 하며 없어져야 좋은 대상이 된다. 그러나 다른 한편으로는 괴기영화와 같은 그로테스크한 것에 미학적으로 탐닉하는 사람들도 있다.

그로테스크는 한편으로는 현실을 가리키는 지시어이지만 다른 한편으로는 예술적 재현을 표상하는 미학적 용어이다. 금성판 국어대사전에 그로테스크는 "① 괴상하고 기이한 것, 또는 흉측하고 우스꽝스러운 것, ② 예술 창작에서 인간이나 사물을 괴기하고 황당무계하게 묘사한 괴기미怪奇美"로 정의되어 있다. 첫 번째 정의가 그로테스크한 현실이나 대상을 가리킨다면, 두 번째 정의는 그러한 대상의 재현이나 묘사라는 예술적 장과 관련되어 있다. 후자에서 '괴기미'라는 용어는 '원으로 된 직사각형'처럼 모순형용처럼 들린다. 어떻게 괴상하고 추한 것이 아름답게 느껴질 수가 있는 것일까?

괴기미의 역설에 대한 가능한 설명의 하나는 아리스토텔레스의 ≪시학≫이나 에드먼드 버크나 임마누엘 칸트의 미학에서 찾을 수 있다. 길가에서 악취를 풍기며 부패하는 짐승의 시체는 혐오스럽고 추악해서 가까이 하고 싶지 않다. 그러나 그림이나 글로 묘사된 짐승의 시체는 관객이나 독자에게 적지 않은 즐거움을 가져다준다. 현실이 예술의 장으로 훌륭하게 번역이 되면, 특히 거기에서 뛰어난 예술적 장인의 솜씨를 발견하게 되면 우리는 절로 감탄사를 연발하게 된다. 또 다른 한편으로 버크나 칸트가 강조한 미학적 거리의 역할도 무시할 수가 없다. 길에 버려진 짐승의 시체는 악취를 풍기지만 그림 속의 시체에서는 악취가 나지 않는다. 역병으로 죽은 시체를 만지거나 가까이서 냄새를 맡으면 감염될 위험을 감수해야 한다. 그러나 그림 속의 시체를 바라보는 사람은 그러한 위험에 노출되지 않기 때문에 안심하고서 느긋하게 음미하며 감상할 수가 있다.

그러나 다른 한편으로 악취를 풍기며 부패하는 짐승의 시체가 무조건적으로 혐오감만을 주지는 않는다는 사실이 지적되어야 한다. 프로이트가 두려운 낯섦unheimlich이라는 용어를 빌어 설명하였듯이 배설물처럼 혐오스러운 대상도 이상한 매력을 가지고서 우리의 호기심을 자극하는 경향이 있다. 코를 움켜쥐고 멀리 물러나려다가도 다시 뒤돌아보는 것이다. 멀리 물러나려는 척력과 가까이 다가서려는 인력이 동시에 작용하는 것이다. 고향처럼 친근한heimlich 것이 갑자기 낯설게 느껴지는가 하면 이물스런 낯선unheimlich 것이 이상하게도 친근하게 느껴질 수도 있다. 이때 고향과 타향, 친근함과 낯섦은 서로 무관하게 동떨어진 대상이나 감정이 아니라 동전의 양면처럼 서로 맞물려 있다. 조금만 관점을 달리하면 추한 것이 아름다운 것으로 돌변할 수 있으며, 혐오스런 배설물이 황금빛 선물로 느껴질 수도 있다. 프랑스와 라블레는 ≪가르강튀아와 팡타그뤼엘≫에서 그러한 세계를 그려서 보여주었다.

조르주 바타이유가 강조하였듯이 기괴함과 친근함, 죽음과 삶, 아름다움과 추함 사이에는 존재론적 연속성이 있다. 고야의 판화에 등장하는, 보기만 해도 고개를 돌려야 할 정도로 늙고 주름투성이이며 외모가 추한 마녀도 한때는 남자들의 가슴을 설레게 하고 밤잠을 설치게 했던 금발의 처녀였다. 세월의 거친 내리막길을 굴러내리면서 마녀의 자랑스럽게 빛나던 탐스런 젊은 육체는 넝마처럼 너덜너덜한 노구老軀로 영락해버렸다. 칠순의 예이츠는 자신의 늙은 육체를 "지팡이에 걸린 넝마조각a tattered coat upon a stick"이라고 자조적으로 표현하지 않았던가. 그러나 그에게도 젊고 건강하며 정력적인 시절이 있었다. 화무십일홍은 괜한 말이 아니다. 탐스럽게 화려한 빛을 뽐던 목련꽃도 곧 땅에 떨어져 잿빛으로 바래고 짓이겨져 흙으로 돌아간다. 배설물에 대해서도 마찬가지이다. 악취가 풍기는 배설물도 한때는 먹음직스런 복숭아이며 사과이고 포도였다. 이와 같이 자연에는 순환과 생성소멸의 주기가 있다. 그리고 그것은 날아가는 화살처럼 한 방향으로만 흐르지 않는다. 잿빛으로 짓이겨진 목련꽃은 땅을 기름지고 풍요롭게 만들어줌으로써 다음해에 초목이 다시 꽃을 활짝 피울 수 있게 된다. 낙화가 없으면 개화도 있을 수 없으며 죽음이 전제되지 않으면 탄생도 있을 수가 없다. 색즉시공 공즉시색色卽是空 空卽是色이라고 했던가. 죽음은 삶이 되고 삶은 죽음이 되며, 아름다움은 추가 되고 추는 아름다움이 된다.

이러한 존재론적 연속성과 순환에도 불구하고 "고전적 미학"에서 추함은 아름다움과 배타적이며 공존이 불가능한 것으로 제시가 되었다.

아름다움이 매력적이라면 추는 혐오의 대상이다. 또 아름다움이 선이라면 추는 악으로서 도덕적 비난의 대상이 되었다. 그렇다고 고전적 미학에서만 아름다움이 추의 대립적 개념으로서 제시된다고 말하려는 것은 아니다. 미학의 영역보다 현실의 공간에서, 특히 외모중심주의가 팽배한 현대사회에서 추는 더욱 더 아름다움과 대척점에 서있게 된다. 아름다운 외모를 유지하고 건강하고 탄력적인 몸을 만들기 위해 성형이나 미용, 헬스 등으로 시간과 금전적 투자를 아끼지 않는 현대인들에게 노화와 추함의 이미지는 도덕인 악보다 더욱 혐오스런 관념이 되어가고 있다. 아름다움을 권장하는 사회에서 아름다움과 추의 거리는 극단적으로 벌어질 수밖에 없으며, 추가 설 자리는 점점 사라지게 된다. 성형외과의 수술실에서 추는 날카로운 메스에 의해 잘려나가 쓰레기통과 수채구멍에 던져지고 있는 현실이다.

몸문화연구소가 2010년의 총서의 주제로 '그로테스크한 몸'을 기획한 배경에는 외모중심주의적인 현실에 대한 대항 담론을 모색하기 위한 고민이 담겨 있다. 이러한 고민을 구체화하고 깊이를 다지는 과정에서 이 글의 필자들은 ≪프랑수아 라블레의 작품과 중세 및 르네상스의 민중문화≫에서 바흐친이 제시한 "그로테스크의 미학"에서 많은 영감을 받았다. 미와 추를 서로 대립적이고 배타적이며 위계적인 개념으로 제시하는 고전적 미학과 달리 그로테스크 미학은 민중미학으로서, 양자를 상호의존적이며 공존적인 개념으로서 이해한다. 예컨대 기하학적 비율과 형상을 강조했던 고전적 미학에서는 아름다움은 정적이고 일원적인 질서의 동의어로서 역동적 위반과 일탈, 다원성, 혼란의 가능성을 허용하지 않는다. 정치적으로 그것은 플라톤의 국가와 마찬가지로, 지배계층과 피지배계층, 위와 아래, 머리와 가슴, 사지의 구별이 분명해야 한다. 그러나 바흐친에게 그로테스크의 미학은 정적인 질서의 공간이 아니라 역동적인 축제의 공간, 혼란과 무질서를 반기고 환영하는 변화생성의 공간이다. 위와 아래, 우월과 열등의 위계가 전복되면서 웃음의 해학과 익살을 만들어낼 수가 있다. 바흐친에게 그로테스크는 무섭거나 추하다고 반응을 하면서 기피해야 할 무엇이 아니라 함께 더불어서 공존해야 하는 무엇이다.

Ⅱ

이 책은 3부로 구성되어 있다. 1부 "그로테스크의 눈 _ 이론"은 그로테스크라는 개념에 대한 이론적 작업이 주를 이루고 있다. 1부에 해당하는 3편의 글은 철학과 페미니즘, 정신분석의 관점에서 그로테스크가 갖는 위치, 가치, 의미를 탐색한 것들이다. 1부가 이론적인 접근법을 취하고 있다면 2부 "그로테스크의 피 _ 흐름"는 역사적이며 문화연구적인 관점에 입각해서 쓰인 4편의 글들로, 이조시대의 판소리나 식민지시대의 담론, 해방 이후에 상이군인, 그리고 현대의 여성의 몸들이 논의의 대상이다. 그리고 3부 "그로테스크의 살 _ 재현"은 문학과 예술, 철학적 담론에서 그로테스크가 어떻게 재현되었는지, 또 미래의 지형에서 그로테스크가 어떻게 배치되는지에 관한 질문과 이에 대답하려는 시도들이다. 이 책에 실린 개별적 논의들은 다음과 같이 간단히 요약될 수 있다.

〈철학적 스캔들로서의 괴물〉에서 저자는 철학적 사유의 여정에서 괴물이 갖는 중요성에 대해 논의하였다. 무엇보다도 괴물은 사건으로서 이해되어야 한다. 기존의 지식이나 범주로 포섭되거나 설명되지 않은 미지의 존재의 출현을 알리는 사건, 정상적 일상의 질서를 마비시키거나 교란시키는 충격적 사건이 그것이다. 이 점에서 괴물은 정상과 비정상의 구분을 해체하고 이완시키는 변방에 위치해 있다. 플라톤적 의미에서

"아포리아aporia"이다. 이러한 괴물의 출현에 대해서 우리에게는 두 개의 선택의 여지가 있다. 하나가 괴물을 배제하고 배척함으로써 정상성을 유지하는 길이라면, 다른 하나는 괴물이 될 위험을 감수하면서 그것을 반기고 환영하는 길이다. 김종갑에 따르면 후자의 선택이 윤리성의 핵심을 구성한다. 그러한 윤리적 결단의 전범적인 인물로서 그는 소크라테스를 제시하였다.

〈여성적 숭고와 아브젝시옹〉의 저자는 그로테스크와 반미학의 기초 개념인 여성적 숭고와 아브젝시옹의 관계를 탐구하였다. 전통적으로 숭고는 거대하고 압도적이며 남성적인 미학, 아름다움은 자그맣고 귀여우며 여성적인 미학으로 규정되어왔다. 그러나 페미니즘 미학자들과 예술가들은 여성적 숭고를 제안함으로써 전통미학의 미적 범주를 비판하면서 새로운 미적 쾌의 가능성을 모색하였다. 여성적 숭고는 주체의 지배를 통해 타자를 변경하는 것이 아니라 타자와의 통합을 통해 주체인 자기 자신과 자신이 속한 세계를 변경하는 방향으로 나아간다. 여성적 숭고는 줄리아 크리스테바의 아브젝시옹을 통해 보다 분명해진다. 내부에게 감춰진 더럽고 비천한 속성을 드러내는 행위로서 아브젝시옹은 그로테스크, 역겨움, 추악함과 같은 반미학과 연결이 된다.

두려운 낯섦으로서도 표현될 수 있는 그로테스크는 정신분석에서 매우 중요한 위치를 차지한다. 〈유령과 좀비로 본 그로테스크의 공간 두 죽음 사이〉의 저자는 좀비 영화를 통해서 우리의 일상으로 귀환하는 그로테스크의 현상을 논의하였다. 라캉에 따르면 언어는 사물을 개념이나 상징을 통해 기호화하면서 배제한다. 이때 사물이 살해되면서 언어화된 상징적 질서를 빠져 나가는 영역이 실재로서 남게 된다. 이 글에서 다루는 두 죽음이란 실재의 죽음과 상징적 죽음을 말하는데, 두 죽음 사이는 현실과 실재가 겹쳐진 공간에서 증상적으로 분출되는 존재의 모순을 일컫는다. 두 죽음 사이에 위치한 존재를 통해서 우리는 두려움이나 혐오와 같은 그로테스크한 감정을 경험하게 된다. 유령과 좀비는 실재의 죽음을 죽었지만 그럼에도 불구하고 여전히 사라지지 않고 상징계를 교란시키며 배회하는 중간자들로서, 실재의 귀환을 잘 보여준다. 우리가 이러한 존재를 두려워하면서도 매료되는 것은 실재에 대한 갈망 때문이라고 할 수 있다.

그로테스크의 흐름을 살피는 2부의 첫 글은 〈판소리의 기괴奇怪 혹은 그로테스크〉로 시작이 된다. 판소리를 그로테스크하다고 이야기하면, 많은 사람들이 고개를 갸우뚱할 것이 분명하다. 판소리하면 떠오르는 정서는 아련한 슬픔과 같은 '한恨'이나 아니면 전통적인 '해학'이 먼저 이기 때문이다. 하지만 바로 그 '한'과 '해학', '슬픔'과 '기쁨'을 한 자리에서 보여주는 것이 판소리이고, 더 나아가 이 어울리지 않는 두 정서가 공존하는 바로 그 지점에서 그로테스크한 정서가 드러나기도 한다. 삶의 온전한 양태가 기쁨과 슬픔 어느 한쪽에만 쏠려 있는 것이 아니라면, 판소리가 가지고 있는 그로테스크는 바로 삶의 두 가지 모습을 한꺼번에 보여주는 바로 그런 정서라 할 수 있다.

〈판소리의 기괴奇怪 혹은 그로테스크〉가 조선시대라는 역사적 배경에 놓여있다면 〈식민지 대중문화와 기괴/괴기/그로테스크〉의 배경은 20세기 초반, 식민지시대이다. 이 글에서 저자는 식민지 시기 대중문화 속에서 그로테스크(괴기)가 잔혹성과 공포, 마술적 신비를 표상하는 취미기호의 하나로 성립한 과정을 추적했다. 중세에는 빼어난 문장과 산수를 경탄하는 수사로 활용되곤 하던 '기괴/괴기'라는 말이 공포와 잔혹성, 신비를 표상하는 취미기호가 된 것은 1930년대에 들어서였다. 식민지 시기 '괴기'의 취미는 소비적 대중문화의 발전, 지식인의 관심을 정치에서부터 이탈시키려는 식민제국의 의도, 계몽의 좌절로 인한 나르시시즘의 상처, 국경 너머의 타자에 대한 관음증적 시선과 앎에 대한 욕망 등의 복합 속에서 탄생했다. '괴기'라는 취미기호의 성립에 일차적으로 영향을 준 것은 에로-그로 문화와 그로테스크 개념 및 울트라 모던의 유흥적 기호의 유입 등 외래적 요소였다. 그러나 이 같은 기호嗜好가 신속하게 전파될 수밖에 없었던 문화적 저변을 형성했던 것은 계몽의 실패에 대한 뿌리 깊은 절망, 그로부터 발생하는 모던에 대한 양가적 환멸과 자학적 냉소주의 등 내적 요소들이었다. 근대 대중문화의 유흥적인 기호로 성립했음에도 불구하고 오늘날 '괴기'는 종종 '괴담'이라는 기표와 결합하여 오히려 전근대적 전설과 미개의 시대를 표상한다. 근대의 산물인 취미기호가 그 태생을 은폐하고 자신의 부정적인 성격을 전근대의 그것으로 전도시키는 현상은, 내부의 모순과 불합리성을 타자에게 전가함으로써 자신의 정체성을 유지하는 근대의 자기운동방식을 확인해 준다.

〈상이군인 · 그로테스크 · 현대성〉에서 중심적 논의의 무대는 20세기 중반에 초점이 모아진다. 저자에 따르면 한국전쟁 이후 상이군인은 그로테스크한 몸을 가장 드라마틱하게 전시하는 기표로서 작용하였다. 불구가 된 상이군인의 몸은 분명히 보임에도 불구하고 보지 않아야 하는 것, 언표화되지 않아야 하는 것으로서 공적 담론의 영역에서 배제되었다. 그들은 국민이면서도 그로테스크한 비국민이나 마찬가지였다. 1950년대는 몸이 표준화되고 규범화되는 시대였다. 정상적인 몸과 비정상적 몸의 경계와 구분도 뚜렷해지기 시작하였다. 상이군인의 몸을 배제함으로써 긍정적 몸의 이념이 제시되었던 것이다. 이 글은 상이군인의 몸을 그로테스크하다는 이유로 배제함으로써 생산되는 규범적 몸에 대하여 논의하였다.

〈그로테스크한 몸인가, 그로테스크한 세계인가〉는 현대사회에서의 그로테스크를 다룬 글이다. 이 글의 저자는 젊음과 미의 이름으로 개인의 정체성이 규명되는 현대사회에서 그로테스크가 어떻게 경험되는지에 논의의 초점을 맞추고 있다. 그로테스크는 그 자체로 기괴하고 추한 몸일 뿐만 아니라 초자연적이고 부조리한 것처럼 보이는 주변 현실을 일컫는다. 노화된 몸이 성숙함을 갖춘 미인이 아니라 고령의 추한 노인으로 비치기 때문에 자연스런 노화의 과정을 역행해서 끊임없이 훈육하고 포장해야 하는 현실이야말로 그로테스크한 몸을 재생산해내는 이상한 나라인 것이다. 그러나 이 이상한 나라가 우리의 현실이다. 이 현실에서 키 180cm 기준의 루저와 위너 소동이 위치해 있다. 이 글에서 특히 저자의 관심은 사진으로 재현된 어머니의 몸에 있다. 대중목욕탕 속의 어머니의 몸은 숭고와 그로테스크의 경계에 있다고 할 수 있다. 이 어머니의 몸에 대한 논의를 통해서 저자는 '우리의 몸은 도대체 누구를 위한 몸인가?'라는 질문에 대답하고자 시도하였다.

3부 〈그로테스크의 재현〉은 해외입양아의 몸을 다룬 〈초국가적 입양인의 그로테스크적 자기인식〉과 더불어 시작된다. 눈이나 머리, 피부와 같이 신체적 특징이 다른 외국인들 속에서 한국계 입양인은 얼마나 그로테스크하게 자신의 몸을 경험하는가 하는 문제가 논의의 초점이다. 해외 입양은 한국전쟁 이후 우리나라에서 고아와 미혼모 문제를 해결하는 손쉽고도 정당한 방법이었다. 그러나 입양인들은 자신을 끔찍이 사랑하는 양부모의 보살핌을 받으면서도 자신이 너무나 상이한 몸을 가지고 있다는 이질감으로 인해서 고통을 받아야 했다. 과거 입양인에 대한 연구에서도 초국가적 입양인들의 그러한 고통은 '양부모의 사랑'이나 '불행으로부터의 구원'이라는 수사에 묻혀 제대로 성찰되지 못하였다. 이 글에서 저자는 시공간을 넘어 백인가정에 접붙여진 초국가적 입양인의 '그로테스크'한 자의식은 어떻게 형성되어, 또 어떻게 극복, 혹은 확장되는지를 살펴보았다.

〈"기억 전쟁"과 기억의 괴물들〉에서 저자는 소위 "기억 전쟁"으로 일컬어지는 기억 논쟁들을 통해 기억의 그로테스크한 특성을 고찰하였다. 일반적으로 기억은 우리의 정체성을 확증해 주는 보증자로 통용되어 왔다. 우리의 정체가 위험에 처할 땐 언제든 달려와서 우리의 우리인 바를 확인해 주는 역할을 했다. 그러나 1980년대와 1990년대 북미대륙을 강타한 기억 논쟁들은 기억에 대한 우리의 통상적인 관념을 비틀어놓는다. 살벌한 "기억 전쟁"은 우리의 정체를 보호해 준다고 믿었던 기억이 일순간 우리 자신과 가족, 더 나아가 사회를 겨냥한 살상무기가 될 수 있다는 점을 보여준다. 특히 결과적으로 거짓기억으로 판명되는 '회복된 기억'으로 인해 자신의 부모를 파렴치한 성학대범과 사탄을 숭배하는 괴물로 변형시키는 이상한 현상들은 바로 그러한 위험성을 가장 잘 드러내 보여준다. 이 글에서 저자는 "기억 전쟁"의 그로테스크한 풍경을 경유해서 그러한 기현상을 만드는 궁극적인 원인들을 규명하였다.

미래의 사회가 논의의 주제이기 때문에 말미에 실리기는 했지만 〈미래의 미노타우로스 혹은 신인류〉는 이 책에서 가장 비중이 큰 글의 하나이다. 이 글에서 저자는 미노타우로스 신화를 경계를 흐리는 모든 잡종적인 존재들에 관련된 탁월한 하나의 심리학적이고 정치학적인 은유로 사용하였다. 그 은유는 근대 과학시대의 출현과 함께 최초에는 프랑켄슈타인의 괴물로 재등장했지만, 지금 21세기는 이러한 미노타우로스의 은유를 하나의 '현실적인' 문제로 만든다. 상상계에서 실재계로 출몰하는 미노타우로스, 그것은 사이보그, 인간을 닮아가는 로봇이란 존재에서 자신을 되찾는다. 그것은 바로 인간 자신의 은폐된 본질인지도 모른다. 극단화되어가는 기술 자본주의 시스템은 인간의 정체성을 다시 한 번 위험한 시험대에 올리고 있다고 저자는 경종을 울리면서 논의를 끝맺는다.

Ⅲ

건국대학교출판부를 비롯해서 이 책이 출판되기까지 많은 분들의 도움이 있었다. 강의와 연구로 바쁜 와중에도 귀중한 시간을 할애해서 원고를 집필했던 모든 필자 선생님들, 몸문화연구소의 연구원이 아님에도 불구하고 옥고를 총서에 싣도록 허용해 주신 김운하 선생님과 김지영 선생님, 특히 편집의 책임을 담당하면서 책의 골격을 짜임새 있게 만들어주었던 이영아 선생님, 그리고 연구소의 살림을 도맡아서 챙겨주었던 서유석 선생님에게 감사의 말씀을 드리고 싶다.

몸문화연구소

소장 김종갑

차 례

01

그로테스크의 눈 — 이론

철학적 스캔들로서의 괴물

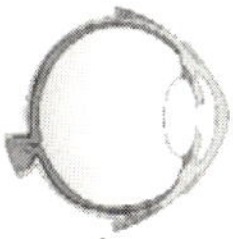

괴물이란 무엇인가? 괴물은 인간과 사회, 이해, 지식, 진리의 타자이다. 무엇보다도 괴물은 사건으로서 이해되어야 한다. 기존의 지식이나 범주로 포섭되거나 설명되지 않은 미지의 존재의 출현을 알리는 사건, 정상적 일상의 질서를 마비시키거나 교란시키는 충격적 사건이 다. 괴물은 정상과 비정상의 구분을 해체하고 이완시키는 변방에 위치해 있다. 여기에서 문제가 되는 것은 괴물에 대한 우리의 윤리적인 태도이다. 우리에게는 안정된 동일성과 정체성을 유지하기 위해서 괴물 타자를 추방하고 배척하는 길이 있는가 하면, 정체성이 심각하게 위협받고 해체되는 위험을 감수하면서 괴물 타자를 반기고 환영하는 또 다른 길도 있다. 데이비드 흄은 전자를, 소크라테스는 후자를 대표하는 전범적인 철학자이다. 이 글은 소크라테스라는 탁월한 인물을 통해서 괴물과의 만남이 갖는 윤리성을 규명하려는 시도이다.

김종갑

1960년대 후반 유럽의 학계에 신선한 충격을 안겨주었던 ≪그라마톨로지*De la Grammatologie*≫의 서문에서 데리다Jacques Derrida는 미래의 철학의 가능성을 언급하면서 다음과 같이 인상적인 말을 남겼다. "미래는 절대적 위험의 형식으로서만 예기될 수 있다. 미래는 구성된 정상상태la normalité constituée로부터 절대적으로 단절되는 무엇으로서, 일종의 괴물성monstruosité으로서 선포되고 제시될 수 있다."[1] 흥미롭게도 데리다는 철학의 운명을 정상성이 아니라 괴물성, 정상적인 지식과 사유가 아니라 기괴한 괴물적 사유와 동일시하였다. 철학적 사유는 정상의 테두리에 안전하게 머무를 것이 아니라 흉흉하게 괴물이 출몰하는 비정상의 영역을 향한 위험한 여행이어야 한다는 것이다. 일상인들은 예전에 보고 듣지 못했던 낯선 물체가 출현할 조짐이라도 보이면 간담이 서늘해져서 안전한 피난처로 도망하기에 바쁘다. 그 낯선 대상이 괴물인지 아닌지를 멈춰서 생각해볼 마음의 여유도 가지지 못한다. 그럼에도 데리다는 우리가 당연하게 괴물로 여기면서 배제하고 배척하였던 것들에서 미래의 진리를 찾아야 한다고 주장하였다. 정면으로 쳐다보기에 너무나 끔찍한 괴물에게 어쩌면 숨겨진 진실과 진리의 핵이 깃들어 있는지도 모른다. 그렇다면 괴물이라는 말이 떨어지기가 무섭게 안전한 정상성으로 도피하는 대신에 멈춰서 괴물의 얼굴을 정면으로 응시할 용기가 필요하지 않을까? 괴물의 얼굴이 새로운 진리가 출현하는 공간, 해독되기를 기다리는 상형문자일 수 있다. 그렇다면 괴물의 얼굴은 어떠한 모습일까? 〈인간과학 중심의 담론에 있어서 구조와 기호와 놀이Structure, Sign, and Play in the Discourse of the Human Sciences〉라는 글의 말미에서 데리다는 괴물을 모습을 다음과 같이 묘사하였다. "나 자신도 포함되어 있는 사회의 사람들은 이름이 없는 어떤 것이 자신의 존재를 주장하면서 출현하면 그것으로부터 시선을 돌려버린다. 종種이 아닌 종으로서, 형상이 없는 형상으로서, 말이 없고 어리고 끔찍한 괴물의 형상으로서 무언가가 출현을 하면."[2] 이 대목에서 우리는 괴물이 끔찍한 이유를 어렵지 않게 짐작해볼 수 있다. 그것은 이름도 형상도 없는데다가, 지금까지 알려진 어떠한 지식의 범주로도 포획되지 않는 미지의 존재이며 캄캄한 인식의 어둠, 얼굴이 없는 얼굴이기 때문에 끔찍한 공포를 야기한다.

뚜렷한 형상과 이름을 가지고 있는 존재만이 정상의 범주에 속할 수 있다. 다윈Charles Darwin이 ≪종의 기원*The Origin of Species*≫에서 사용했던 생물학적 분류의 단위로 환원될 수 있는 존재이어야 한다. 현재 우리에게 알려진 생물의 종은 약 300만 종에서 1000만 종에 이른다. 괴물이란 이러한 분류와 범주에 포함될 수 없는 낯설고 이질적인 존재, 사전적인 이름을 부여할 수 없는 미지의 존재를 말한다. 기존의 지식의 빛이 스며들지 않는 불투명의 존재, 지식의 한계가 폭로되고 지식이 실패하는 존재의 잉여를 달리 부를 마땅한 이름이 부재하기 때문에 잠정적으로 괴물로 부르는 것이다. 괴물은 고유한 이름이라기보다는 이름의 불가능성과 이름의 자기모순을 지시한다고 봐야 옳다. 그럼에도 불구하고 낯선 존재들은 괴물이라는 이름으로 불렸다. 그리고 시대와 문화에 따라서 유난히 사람들의 관심을 끄는 괴물들이 다양하게 출현하였다. 푸코Michel Foucault는 1974년과 1975년에 콜레쥬 드 프랑스에서 비정상Abnormal이라는 주제로 행한 강연에서 그러한 괴물의 계보를 추적하였다. 그에 따르면 중세에는 미노타우로스처럼 절반은 동물과 비슷하고 절반은 사람과 비슷한 반인반수가 괴물의 전형이었다. 르네상스에는 샴쌍둥이가, 고전주의 시대에는 자웅동체, 즉 양성구유자가 그러한 전형적 괴물로서 당시 사람들의 호기심과 공포의 대상이었다. 이처럼 시대에 따라서 주목 받는 대상이 달라지기는 하지만 이들은 한 가지 공통점을 지니고 있다. 서로 상이한 영역에 속하며 서로 분리되어 있어야 할 두 개, 혹은 그 이상의 종이나 개체가 한 존재에 동시에 헷갈리게 혼재하는 것이다. 반인반수는 동물과 인간이라는 상이한 종의 혼합이며, 샴쌍둥이는 두 개체의 혼합이고, 양성구유자는 상이한 두 성의 혼합이다. 마지막 양성구유자의 경우 그(녀)는 남자이면서 동시에 여자이다. 그(녀)는 성의 구분과 경계를 해체하고 모호하게 만드는 혼란스런 존재라는 사실을 염두에 두면 왜 양성구유자가 괴물로 불렸는지의 이유를 짐작하기는 어렵지 않다. 그(녀)는 우리가 가지고 있는 사회적, 과학적, 종교적 규범과 오성의 범주를 무너뜨리는 존재, "법을 의문에 붙이고 법을 불가능하게 만드는 자연적 변종의 일종"이다.[3] 아리스토텔레스Aristotle의 형식 논리학에 따르면 사람은 남자이거나 여자의 어느 하나에 속해야 하며 동시에 남자이면서 여자일 수는 없다. 남자이거나 여자(either A or B)인 배타적 성으로 구성된 사회는 동시에 남자이면서 여자(both A and B)인 양성구유자를 수용하지를 못한다. 괴물은 논리와 법, 사회적 의사소통이 불가능해지는 지점, 달리 말해서 인간이 불가능해지는 극한의 지점이기 때문이다. 동서고금을 막론하고 이른바 정상의 범주에 속하는 사람들은 괴물을 사회로부터 추방하거나 아니면 그것의 존재를 부정하고 무시함으로써 이들이 야기한 불안과 공포를 잠재우고자 했다. 예를 들어 로마시대에는 양성구유자가 태어나면 물에 빠뜨려 죽여야 한다는 법령이 공포되었다. 사회와 인간을 보호한다는 명목으로 괴물은 추방되거나 배제되어야 했던 것이다. 이러한 이유로 인해서 데리다는 인간성이 불가능해지고 괴물이 출현하는 지점에서 철학적 사유가 시작되어야 한다고 주장하지 않으면 안 되었다. 우리가 알고 있는 인간이란 다만 "구성된 정상상태"에 지나지 않기 때문이었다. 그렇다면 괴물을 경유하지 않으면 우리는 우리 인간성의 진실에 영원히 무지한 상태로 남게 될지 모른다.

괴물이란 인간과 사회, 이해, 지식, 진리의 타자이다. 여기에서 문제가 되는 것은 괴물에 대한 우리의 윤리적인 태도이다. 우리에게는 안정된 동일성과 정체성을 유지하기 위해서 괴물 타자를 추방하고 배척하는 길이 있는가 하면, 정체성이 심각하게 위협받고 해체되는 위험을 감수하면서 괴물 타자를 반기고 환영하는 또 다른 길도 있다. ≪열린 사회와 그 적들*The Open Society and its Enemies*≫의 저자 칼 포퍼Karl Popper의 용어를 빌면 전자가 "닫힌 사회"라면 후자는 "열린 사회"이다.

물론 우리가 지향해야 하는 목표는 분명하다. 인간이 "구성된 정상상태"라면 우리는 괴물을 인간이 구성되는 진리가 드러나는 계기로서 반기고 환영해야 한다. 이 글에서 필자는 괴물은 우리의 타자가 아니라 우리의 또 다른 얼굴이며, 우리의 숨겨진 진실이라는 것, 따라서 괴물의 배척은 필연적으로 인간성의 배척을 수반한다는 사실을 주장하게 될 것이다. 이러한 논의를 전개하기 위해서 필자는 역사적 · 현상학적 · 심리적 측면에서 괴물에 대해 살펴본 다음에, 윤리적 지평으로 시선을 옮기게 될 것이다. 더불어 괴물에 대한 두 가지의 윤리적 태도를 설명하기 위해서 소크라테스Socrates와 데이비드 흄David Hume을 대조적으로 제시하게 될 것이다. 이 두 철학자에게 괴물은 그들 철학적 성찰의 한 계기이거나 스캔들, 혹은 극복하거나 화해해야 하는 문제였다. 데이비드 흄이 자신에게서 괴물의 흔적을 지워내기 위해서 정상상태에 의존해야 했다면, 가장 전범적 철학자로 일컬어지는 소크라테스는 자신을 괴물과 동일시했다.

괴물과 인간의 정체성

괴물의 존재가 단순히 혐오와 두려움, 공포의 감정만을 유발한다고 생각해서는 안 된다. 프로이트Sigmund Frued가 강조하였듯이 배설물과 같이 더럽고 혐오스러운 대상에 대해서도 우리는 강렬한 호기심을 느끼기도 한다. 혐오감에 등을 돌리고 뒤돌아서면서도 시선이 그 대상에 멈추고 눈을 쉽게 떼지 못하는 순간이 있다. 다윈은 원숭이가 뱀을 보면 위험한 거리 밖으로 재빨리 물러나지만 그럼에도 그 안전한 거리에서는 홀린 듯이 뱀을 뚫어지게 쳐다본다는 사실을 기록한 바가 있다.

물러나려는 척력과 가까이 다가서려는 인력이 동시에 작용하는 것이다. 20세기 중반에 이르기까지 유럽에서는 기형인 사람이나 동물을 진열함으로써 관객들에게 돈을 받고 보여주는 괴물 쇼freak show가 유행했다. 머리가 두 개인 황소, 눈이 하나인 돼지, 뿔이 4개인 염소 등이 그러한 쇼의 단골 메뉴였다. 19세기에는 심지어 기괴한 외모를 가진 사람들도 구경거리로 즐겨 전시되곤 하였다. "코끼리 인간elephant man"으로 불리는 죠셉 메릭Joseph Merrick[4]과 호텐토트 비너스로 불렸던 사라 바트만Sarah Baartman이 대표적인 예였다. 당시의 관객들은 진열대에 전시된 이상한 외모의 사람들을 진귀한 동물을 구경하듯이 바라보면서 즐거워하였다. 만약 이들이 자유롭게 거리를 활보하면서 돌아다닐 수 있었다면 사람들은 공포감을 느꼈을 것이다. 그러나 동물원의 진귀한 동물처럼 쇠사슬에 묶이거나 우리에 갇혀 있었기 때문에 사람들은 안심하고서 마음껏 호기심을 충족시킬 수 있었다. 그러나 20세기에 접어들면서 그러한 괴물 쇼는 비인간적이라는 비난에 직면하면서 자취를 감추었다. 이제 기형의 인간들을 보고 싶은 호기심이 있다면 박물관을 찾아야 한다. 런던의 헌터리언 박물관Hunterian Museum과 미국의 필라델피아에 위치한 머터 박물관Mutter Museum은 그러한 진귀한 견본들을 다수 보관하고 있다. 사라 바트만의 사체에 대해서도 마찬가지이다. 사망한 후에도 그녀의 두개골과 생식기, 뼈대는 1974년까지 파리의 인간박물관Musée de l'Homme에 진열되어 구경꾼들의 호기심을 채워주었다.

우리는 왜 괴물에 대해서 혐오감뿐만 아니라 매혹도 동시에 느끼는 것일까? 이 질문에 대한 대답의 하나는 사라 바트만에게서 찾을 수 있다. 19세기에 식민주의적 팽창에 혈안이 되었던 유럽의 열강들은 아프리카의 흑인을 대상으로 노예 무역을 하였다. 원래 그녀는 케이프 타운 근처에서 농장을 경영하던 네덜란드 농부의 노예였는데, 그녀의 특이한 외모가 백인들의 눈에 띄어서 괴물 쇼에 출연시킬

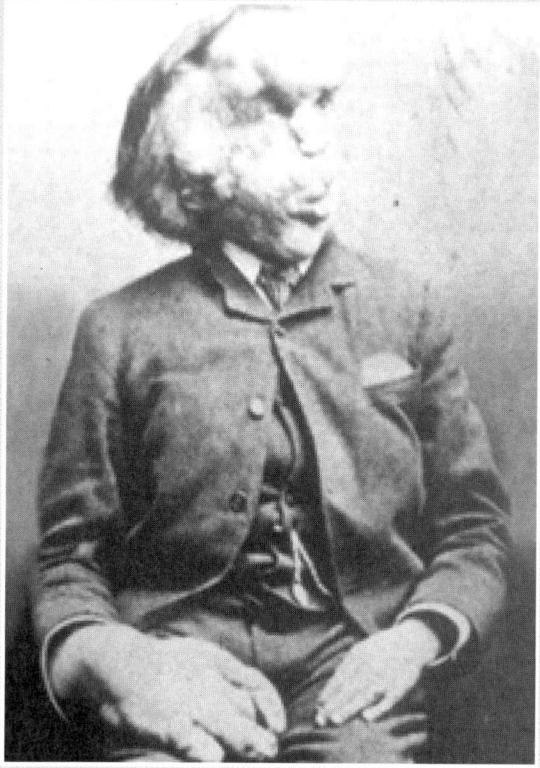

당시에 코끼리 인간으로 불렸던 조셉 메릭(1862~1890), 1890년에 찍은 사진.

출처: http://en.wikipedia.org/wiki/Joseph_Merrick

목적으로 영국으로 데려오게 되었다. 청교도적 금욕과 절제, 특히 여성의 순결과 순수를 강조했던 영국 사람들에게 그녀는 성적인 경이 그 자체였다. 그녀는 엄청나게 커다란 가슴과 그에 못지않게 거대한 엉덩이를 가진 여자였다. 신기할 정도로 제 2차 성징이 발달한 여자였다. 당시 그녀를 구경했던 영국인들에게 그녀는 인간이라기보다는 성, 특히 가슴과 엉덩이가 커다란 암컷의 전형으로 보였다. 아무리 손사래를 치면서 부정을 해도 부정할 수 없이 너무나 분명한 여성의 성이 확대경에 비친 듯이 과장된 모습으로 현시되어 것이다. 빅토리아 시대의 여성들이 성을 억압하고 부정함으로써 성이 극소화되어야 했다면 사라 바트만은 성이 극대화된 경우였다. 이 극대화된 성적 형상에 사람들은 거부감과 혐오감을 느끼면서도 동시에 매혹당했다. 이 지점에서 우리가 잠시 멈춰서 생각을 해야 하는 것은 왜 여성의 성을 보기 위해서 영국 사람들은 구태어 사라 바트만을 필요로 했을까 하는 질문이다. 왜 여자를 보기 위해서 대서양의 그 먼 거리를 항해해서 남아프리카의 흑인을 영국으로 데려와야 했을까? 구경을 하는 남자든 여자든 모두 성을 가진 성적 동물이지 않은가? 그럼에도 왜 호텐토트 비너스라는 타자를 통해서 자신의 성을 확인해야 했을까?

위의 질문에 대한 대답을 우리는 문명화의 이론에서 찾을 수 있다. 프로이트와 노르베르트 엘리아스Norbert Elias의 주장에 따르면 문명화의 과정은 즉각적인 본능 충족의 지연이나 금지와 불가분의 관계를 가진다. 발정기에 처하면 동물들이 즉각적으로 성적 본능을 만족시킨다면 인간은 기나긴 구애 기간을 거치고 결혼식의 의례를 치름으로써 비로소 신혼여행이라는 짝짓기의 행위에 임할 수가 있다. 또 동물들과 달리 인간은 생식기와 제2차 성징을 의복으로 꽁꽁 동여매어 가림으로써 자신의 성이 밖으로 드러나지 않도록 최대한 주의를 한다. 근대화되기

이전에 양가집 규수들은 바깥출입도 자유롭게 할 수가 없었다는 것은 잘 알려진 사실이다. 19세기 말에 이르기까지 우리나라와 유럽에서 보호자가 없이 혼자서 거리를 걸어 다니는 여자들은 말 그대로 거리의 여자들, 화류계의 여성들뿐이었다. 점잖고 교양 있는 인간으로서 인격을 존중받으며 살아가기 위해서는 자신의 성을 억압하지 않으면 안 되었다. 자신의 동물성을 최대한 은폐함으로써 인간적 위엄을 확보하게 되는 것이다. 이때 문명화된 인간은 사르트르Jean-Paul Sartre적인 의미에서 일종의 "허위의식"의 소유자가 된다. 그(녀)는 성적인 동물이지만 그렇지 않은 듯이 말하며 행동을 하는 것이 다. 그럼에도 불구하고 억압된 동물성은 흔적이 없이 깨끗이 무대에서 사라지지 않는다. 프로이트에 의하면 그것은 무의식이 활동하는 무대가 된다. 사회화된 인격적 주체가 부인하는 성적인 충동("나는 성적인 동물이 아니다")이 비사회적인 무의식에게 자리를 내주는 것이다. 그러면서 억압된 충동은 기회만 주어지면 변형된 형태로나마 직간접적 충족의 가능성을 모색하게 된다. 이 지점에서 투사의 기제가 작동하기 시작한다. 인격적 주체가 스스로에게 부정하는 동물성을 사라 바트만과 같은 타자에게 투사하기 시작하는 것이다. 그녀를 바라보는 주체가 탈동물화된 인격체라면 그녀는 탈인격화된 동물에 지나지 않는다. 주체의 동물성이 타자에게로 투사되는 것이다. 주체가 품위가 있고 예의가 바르며 성적으로 순수하다면 그녀는 지극히 본능적이며 동물적이고 음란한 암컷이 된다. 그러니 인격적 주체가 마음 놓고서 그녀의 성을 바라봐도 좋다. 그리고 그녀를 바라보면서 성적인 쾌감까지 느끼게 된다. 자신이 억압하고 부정해야 했던 성을 그녀를 경유해서 간접적으로 인정하고 긍정하며 즐길 수 있게 되는 것이다.

투사의 기제와 괴물은 뗄 수 없이 긴밀한 관계를 가진다. 앞서 언급했듯이 괴물이란 범주의 혼란이다.[5] 올바른 범주의 문법과 논리에 따르면 인간은 인간이고 동물은 동물이어야 한다. 남자는 남자이고 여자는 여자이며 동시에 남자이며 여자이어서는 안 된다. 이러한 범주의 구획을 통해서 개인은 사회적 주체로서의 정체성을 가질 수 있다. 예컨대 나는 한국인이며 남자라는 식이다. 이러한 사회적 정체성에 위협을 가하는 것은 괴물로서 기피와 혐오의 대상이 된다. 사라 바트만이 괴물 쇼에 전시될 수 있었던 까닭은 그녀가 인간이기에는 너무나 동물적으로 성이 발달했다는 까닭이었다. 교양을 갖춘 인격적 주체로 간주되기에는 그녀가 너무나 성적인 특징이 두드러지는 육체를 가지고 있다는 것, 말하자면 그녀는 걸어 다니는 생식기와 비슷하다는 것이었다. 그러나 그녀에 관한 논문을 썼던 유명한 박물학자 조르주 퀴비에Georges Cuvier에 따르면 그녀는 기억력이 뛰어나며 네덜란드어를 훌륭하게 구사했던 지적인 여성이었다고 한다. 그럼에도 당시의 유럽 사람들은 그녀의 인격을 부정하고 자신의 동물성을 그녀에게 투사함으로써 그녀를 괴물로 만들었다. 그녀는 아프리카에서 괴물로 태어난 것이 아니라 유럽인들의 괴물 만들기의 결과로 괴물이 되었던 것이다. 그녀의 괴물 쇼를 구경했던 유럽인 사이에도 물론 제2차 성징이 보다 발달한 여자와 그렇지 않은 여자들, 사라 바트만에 보다 가까운 여자와 그렇지 않은 여자들, 우리 논의의 맥락에서 보나 동물에 가까운 여자와 그렇지 않은 여자들이 있었다. 그러나 그들의 허위의식은 자신의 동물적 성을 있는 그대로 인정하기를 원치 않았다. 대신 타자를 동물로 만들지 않으면 직성이 풀리지를 않았다. 괴물이란 괴물 만들기의 요청에 의해서 괴물이 된 결과이다. 그렇다면 괴물 만들기가 선행되지 않으면 괴물도 존재하지 않는다고 말할 수 있다.

사라 바트만의 경우가 말해주듯이 괴물 만들기의 반대는 인간 만들기이며, 양자는 상호 의존 관계에 있다. 물론 유럽 사람과 아프리카 사람은 피부와 머리색, 체격, 언어 등에서 서로 다르다. 그러나 19세기에 보다 많은 식민지를 확보하려는 제국주의적 경쟁이 심화되고 짐승을 사냥하듯이 아프리카의 흑인을 사로잡아서 노예로 유럽에 수출하던 유럽 사람들의 눈에, 특히 유럽우월주의에 젖은 유럽인의 눈에 백인과 흑인의 차이는 단순한 차이가 아니라 우월과 열등의 위계적 차이, 인종적 차별로 비쳤다. 유럽인이 문명화된 우월한 인간이라면 흑인은 인간이라 불리기에는 동물에 가까운 야만인이 된다. 흑인을 동물 취급함으로써 유럽인은 특권적 인간으로 발돋움하는 것이다. 이때 굴뚝 청소부의 상황이 괴물 만들기와 인간 만들기를 축으로 재연이 된다. 굴뚝 청소를 마친 두 청소부는 모두 얼굴이 검댕이 투성이다. 자신의 얼굴은 보지 못하기 때문에 상대의 얼굴만 바라보는 두 청소부는 서로를 손가락질하면서 검댕이 묻었다고 놀리기 시작한다. 검댕을 상대방에 투사해버리면 자기는 깨끗하다는 행복한 착각에 빠질 수가 있는 것이다. 자기의 비정상성이나 동물성을 상대방에 투사하면 자기만 정상이며 인간인 듯한 즐거운 착각에 잠길 수 있는 것이다. 상대방이 괴물로 비하되는 정도에 비례해서 자신의 인간성은 상승하기 시작한다. 이러한 괴물 만들기와 인간되기의 짝패는 개인적 · 사회적 · 인종적 차원에서 이루어질 수 있다. 타자를 괴물로 만들지 않으면 주체는 인간적 특권을 누리지 못하는 것이다.

이러한 이유로 인해서 괴물에 대한 관심이나 질문은 인간에 대한 관심이나 질문과 떼어놓고 생각을 할 수가 없다. 이 지점에서 서두에서 인용했던 데리다의 말을 다시 음미할 필요가 있다. "미래는 구성된 정상상태로부터 절대적으로 단절되는 무엇으로서, 일종의 괴물성으로서 선포되고 제시될 수 있다." 괴물과 관련해서 우리는 두 가지의 상반된 태도를 취할 수가 있다. 하나는 특권적 인간의 열등한 대당으로서 괴물을 바라보는 자세, 우월한 인간의 입지를 확보하기 위해서 타자를 괴물화시키는 자세, 아름답고 이상적인 것을 자기에게 전유하며 추하고 동물적인 것을 타자에게 투사하는 태도이다. 이와 상반된 또 하나의 자세는 인간과 괴물의 구별이나 대립을 허구적 구성물로 바라봄으로써 인간이라는 범주를 의문에 붙이고 해체하는 관점, 즉 인간을 자연적인 것이 아니라 "구성된 정상상태"나 허구로서 바라보는 관점이다. 인간이 정상적 인간이 되기 위해서 괴물화시켰던 타자로부터 인간됨의 진리를 구하는 것이다. 타자에 깃든 괴물이 아니라 주체의 중심에 깃든 괴물 타자가 전경화되어야 하는 것이다. 괴물은 주체가 정상적 주체로서 정립되기 위해서 거부하고 억압해야 했던 주체의 일부인 것이다. 물론 우리가 나아가야 할 방향은 타자를 괴물화하는 태도가 아니라 주체 내부의 타자를 성찰하고 반성하는 자세이다. 정상적 인간이라는 범주는 타자를 타자화시킴으로써 얻어진 구성적 정상이기 때문에 우리가 자신의 특권적 인간성을 심각하게 사유하면 할수록 우리는 자신이 괴물과 점차 구별할 수 없게 되는 혼란의 지점으로 나아가게 된다. 이 점에서 소크라테스는 전범적 인간이라고 할 수 있다. 그는 인간이 정의가 불가능한 아포리아aporia의 지점으로까지, 자신이 괴물이 되는 지점으로까지 사유를 극한으로 밀어붙였다. 소크라테스 대조적인 철학자로서 살펴볼 흄도 소크라테스에 못지 않게 회의에 회의를 거듭하였던 철학자이다. 그러나 그는 소크라테스와 달리 자신이 괴물로 돌변하는 극한 지점에서 사유를 중단하고 구성된 정상상태로서 상식과 일상의 세계로 복귀하였다.

사람되기: 데이비드 흄

인간과 괴물의 구분은 분류와 경계, 정체성의 문제와 관련되어 있다. 주체가 하나의 독립적이며 정상적인 주체로서 온전하게 정립되기 위해서는 타자와 구별되어야 한다. 주체의 안과 바깥의 구분, 주체에 속하는 것과 그렇지 않은 것의 구분이 분명해야 하는 것이다. 배타적으로 "나"에게 속하는 어떤 핵심이 없다면 어떻게 그것을 다른 사람이 아니라 나의 것이라고 할 수가 있겠는가? 그러나 과연 그와 같이 타자와 확연하게 구분되는 자아 정체성이 있는 것일까? 모든 지식과 관념의 원천을 감각에서 찾은 경험론자로서 흄은 이 질문을 가지고 씨름하지 않으면 안 되었다. 그러나 그의 철학적 탐구는 그에게 진리의 빛을 비춰주는 대신에 무지의 어둠속으로 빠뜨렸다. 나중에는 자신이 괴물이지 않을까 하는 혼란에 빠지기도 하였다. 왜 엄밀하게 사유하면 할수록 우리는 자신의 인간적 정체성을 확신하게 되는 것이 아니라 반대로 괴물을 닮아가는 것일까? 우리는 흄이 ≪인간본성론*A Treatise of Human Nature*≫에서 정체성의 문제를 집중적으로 다룬 〈개인적 정체성Of Personal Identity〉이라는 항을 중심으로 정체성과 괴물의 관계를 살펴보게 될 것이다. 그리고 괴물을 바라보는 그의 태도를 소크라테스와 비교하게 될 것이다.

흄에 따르면 인간의 본질은 외부의 대상을 지각하고 인식하는 마음에 있다. 마음은 하나의 독자적인 실체라기보다는 대상의 이미지가 비치는 극장의 스크린과 흡사하다. 외부의 대상이 없으면 마음도 존재할 수가 없다는 점에서 마음은 대상의 그림자라고 할 수 있다. 인간의 본질로서 마음 자체가 외부 대상에 의존하고 있는 것이다. 따라서 우리는 마음 자체를 절대로 직관할 수가 없다. 마음을 지각하기 위해 아무리 대단한 노력을 하더라도 마음 대신에 이미지들, 기억, 경험한 내용들만 떠오를 따름이다. 더구나 그러한 내용물은 변치 않고 영속적이며 항구적인 것이 아니라 계속해서 부단히 변화하고 생성하는 과정에 있다. 1분 전에 장미를 떠올렸던 마음이 10초 후에는 구름을 생각하다가, 잠시 후에는 차의 경적 소리에

소스라치게 놀라서 모든 생각이 한꺼번에 달아날 수도 있다. 이와 같이 마음이 흘러가는 강물처럼 끊임없이 변화생성하는 과정이라면 개인적 정체성에 관한 탐구는 엄청난 혼란에 빠지거나 난관에 봉착하게 된다. 한편으로 이러저러한 이미지를 마음에 떠올리고 있는 사람이, 예를 들어, 데이비드 흄이라는 사실은 누구도 부정하지를 못한다. 그러나 데이비드 흄은 데이비드 흄의 내용으로 꽉 찬 데이비드 흄이라기보다는 다양한 이미지와 기억이 담기는 텅 빈 형식에 지나지 않는 듯이 보인다. 여기에서 문제의 핵심은 과연 다양한 인상들과 관념들을 하나로 통합해주는 단일한 주체가 존재하는가 하는 질문이다. 혹시 단일한 주체라는 것은 하나의 신기루에 지나지 않는 것이 아닐까? 주체가 있어야 할 자리에는 다만 끊임없이 변하는 인상과 관념의 연속된 흐름 밖에 없는지 모른다. 그렇다면 정상적 인간이라는 관념도 하나의 신기루에 지나지 않는 것이 아닐까?

주체를 주체로 만들어주는 것이 자기 동일성self-identity의 관념이다. 이 동일성이 전제되지 않으면 주체는 단일한 독립적 주체일 수가 없게 된다. 가령 A는 A이지만 B가 아니어야 한다. 만약 A가 A이면서 동시에 B라고 하면 B는 A와 구분되는 자기동일성을 상실하게 되며, A와 B의 구분 자체도 폐기되어야 한다. 이것은 개인적 정체성에 대해서도 마찬가지이다. A가 A이기 위해서는 B가 아니어야 한다. 그러나 A와 B가 같은 동네에서 태어나 같은 학교에서 같은 교육을 받았다면 A의 마음에는 B가 가지고 있는 인상과 관념으로 가득 채워져 있을 것이다. A는 B와 완전히 다른 독립적 주체가 아니다. 달리 말해서 A는 B와 뚜렷하게 구분되는 자기 동일성이나 정체성을 갖지 못한다고 할 수 있다. 더구나 앞서 언급하였듯이 A의 마음은 하나의 고정된 실체가 아니라 흘러가는 강물처럼 계속해서 변화하는 진행형의 과정이지 아니한가? 누구보다도 흄은 이 사실을 명료하게 의식하고 있었다.

그래서 그는 동일성이라는 용어는 다양성diversity이라는 용어로 대체되어야 한다고 주장하였다. 하나의 단일한 불변의 주체가 아니라 복수의 주체가 있다. 장미를 바라보든 구름을 바라보든 똑같이 변함없는 하나의 주체가 아니라 바라보는 대상에 따라서 장미도 되고 구름도 되는 다양한 주체가 존재하는 것이다. 그렇다면 이와 같이 다양한 나를 하나로 일관되게 통일하고 단일화시켜주는 어떤 원칙이나 중심이 있는 것일까? 흄의 대답은 부정적이다. 하나의 단일한 주체는 허구fiction에 지나지 않는다.

개인적 정체성에 대해서 결국 흄은 다음과 같이 유명한 결론에 이르게 된다. "인간은 상이한 지각perception의 뭉텅이나 집합에 지나지 않는다. 이들 지각은 눈에 보이지 않을 정도로 빠르게 변화한다. 영원한 변화와 운동의 상태에 있는 것이다"(165).[6] 동일성이라는 것도 따지고 보면 서로 다른 것들을 같은 것으로 착각하며 변화하는 과정을 고정된 존재로 혼동하는 결과에 다름이 아니다. 인간이란 무엇인가 라는 질문을 거듭하는 와중에 흄의 사유는 이와 같이 주체가 해체되고 실종되는 지점에 이르지 않을 수 없었다. 이것이 철학의 힘이다. 자기동일성을 부정하는 힘이 철학적 사유에 내장되어 있는 것이다. 이때 우리는 여기에서 이러한 단일한 주체의 죽음을 부정적으로 바라보며 슬퍼하는 대신에 다양한 복수적 주체의 새로운 탄생으로서 반기고 환영할 수도 있다. 원치 않은 비극적 결과일지라도 철학적 사유의 결과를 윤리적으로 긍정하고 수용하는 것이다. 그럼으로써 예전에 괴물로 간주되었던 주체들을 복수적 주체의 이름으로 환영할 수가 있다. 그러나 흄은 자신의 철학적 사유에서 필연적으로 빚어진 복수적 주체라는 결과를 윤리적으로 인정하려고 들지 않았다. 대신 그는 단일한 주체의 꿈을 포기해야 한다는 사실에 절망감을 느끼고 우울증에 빠지기도 하였다. 더구나 엄밀한 철학적 사유가 자신을 괴물로 만들었다는 생각에 두려움을 느끼기도 하였다.

> "나의 철학으로 인해서 내가 처하게 된 절망적 고독과 더불어 나는 두려움과 혼란에 빠졌다. 내 자신이 이상하고 낯선 괴물처럼 생각되었다. 사회에서 사람들과 어울리지 못하고 모든 인간관계로부터 추방당한, 비참하게 버림받고 홀로 남겨진 괴물말이다. 내가 추위를 피할 거처를 찾아 사람들이 사는 인가로 내려왔다고 상상해 보자. 그러나 나의 괴물같은 생김새로 인해서 나는 사람들에게 도움을 구할 수가 없다."(172)

물론 이 인용된 구절에서 흄이 언급한 괴물은 글자 그대로가 아니라 메타포로 이해되어야 할 것이다. 카프카Franz Kafka의 ≪변신*Die Verwandlung*≫에서 기괴하고 거대한 지네로 변한 그레고르 잠자Gregor Samsa처럼 그가 괴물의 모습으로 변하지는 않았기 때문이다. 그럼에도 자신을 괴물로 느꼈던 흄의 당혹감과 두려움은 한갓 비유적 표현으로서 사소하게 취급될 수가 없다. 그는 "실제로" 자신을 괴물로 느꼈다. 앞서 강조했듯이 괴물은 자연적 존재가 아니라 기존의 지식으로 분류될 수 없는 미지의 존재, 즉 이해와 설명이 불가능한 영도零度의 지점에서 돌발적으로 출현하는 담론적 대상이기 때문이다. 샴쌍둥이나 양성구유자처럼 하나이면서도 복수인 존재, "종이 아닌 종, 형상이 없는 형상"이 괴물이다. 고독과 절망, 두려움에 사로잡힌 흄은 형상이 없는 괴물 같은 존재로서 자신을 경험해야 했다. 철학적 사유가 그에게 진리의 선물을 안겨주는 것이 아니라 그를 괴물로 만들어놓았던 것이다. 사유를 거듭할수록 처음에 분명한 듯이 보였던 진리와 거짓, 정상과 비정상의 경계가 점차 이완되고 끝내는 사유의 주체를 아포리아에 처하게 한다. 여기에서 그는 소크라테스와 달리 아포리아를 철학의 운명으로서 받아들이지 않았다. 대신 사유의 요청으로부터 몸을 돌리고 건강한 상식의 이름을 빌어서 철학적 혼란과 괴물의 위험에서 벗어나기로 결심을 한다.

> 이성은 이들 [혼란의] 안개를 걷어낼 수가 없었다. (……) 다행히 자연이 나의 철학적 우울과 정신착란을 치료해주었다. (……) 나는 식사를 하고 주사위놀이를 하고 친구와 즐겁게 담소를 나눈다. 그렇게 서너 시간을 재미있게 보내고 난 다음에 나의 철학적 논의를 다시 생각해보면 참으로 어둡고 인위적이며 우스꽝스럽게 느껴지고, 그러한 철학적 사유를 계속하고 싶은 마음이 들지 않는다.[175]

흄은 정상과 비정상, 주체와 타자, 단수와 복수의 경계가 해체되는 철학적 사유의 고도에서 현기증과 두려움을 느낀 나머지 서둘러서 "구성된 정상상태"의 일상으로 내려온다. 그리고 철학적 사유가 그에게 부과했던 괴물의 경험은 단순한 상상력의 변덕이나 우스꽝스러운 백일몽으로 간주될 따름이다. 철학적 사유는 정상상태를 비판적으로 개입하거나 재구성하는 것이 아니라 단지 그것의 유효성과 권위를 추인하고 확인하는 요식 행위가 되어버린다. 근본적인 진리가 불가능하다는 깨달음이 상식을 진리의 차원으로 승화시키는 것이다. 엄밀한 의미에서 정상과 비정상, 괴물과 인간의 이론적 구별이 근본적으로 불가능하다는 깨달음이 양자의 실용적이며 상식적인 구별을 무조건적으로 승인하는 계기가 되는 것이다. 진리가 불가능하기 때문에 거짓이 진리가 되는 것이다. 그러나 건강한 상식의 세계가 과연 건강한 상식의 세계일까?

참고로 흄이 경험했던 철학적 위기와 일상으로의 복귀라는 에피소드는 1세기 후에 메리 셸리Mary Shelley의 상상력에 의해서 프랑켄슈타인의 피조물로 구체화되는 기회를 얻는다. 프랑켄슈타인 박사의 피조물은 비록 흉하게 생긴 외모를 가진 거구이기는 하지만 어린아이처럼 순진하고 선량하며 동정심이 많은 존재이다. 그러나 그를 보는 순간 사람들은 "괴물이야!" 소리를 지르고 돌멩이를 던지면서 그를 멀리 내쫓는다. 그 결과 흄이 상상하면서 두려워했던 상황이 실제로 피조물에게 들이닥친다. "내 자신이 이상하고 낯선 괴물처럼 생각되었다. 사회에서 사람들과 어울리지 못하고 모든 인간관계로부터 추방당한, 비참하게 버림받고 홀로 남겨진 괴물." 프랑켄슈타인을 빌어서 필자가 말하고자 하는 것은, 죄가 없는 피조물에게 돌을 던지는 사람들이, 흄이 철학적 사유를 포기하는 대신에 선택했던, 건강한 상식의 세계에 속한 사람들이라는 사실이다. 이 세계는 인간과 동물, 정상과 비정상, 남자와 여자가 칼로 자른 듯이 분명하게 구별되고 위계화·서열화되는 세계이다. 남자는 남성적으로 행동하고 여자는 여성적으로 행동을 해야 하며, 남자와 같은 여자나 여자와 같은 남자는 괴물로 간주되는 세계이다. 실제로 흄은 ≪도덕 원리 탐구An Enquiry Concerning the Principles of Morals≫에서 다음과 같이 말했다. "남자의 여성적인 행동이나 여성의 남성적 행동은 모두 보기에 흉하다. 남자와 여자 각각의 인물됨에 어울리지 않기 때문이다. 또 성에 대해서 우리가 기대하는 특징과 다르기 때문이다."

괴물되기: 소크라테스

인간과 괴물의 경계가 불분명해지는 철학적 사유의 극한에서 흄이 서둘러 일상의 정상으로 복귀했다면 소크라테스는 극한에서 발자국 더 나아가 아예 스스로가 괴물이 되었던 인물이다. 흄이 절망과 고독으로부터 몸을 돌려 오락과 사교에서 위안을 발견하였다면 소크라테스는 절망과 고독을 철학의 운명으로 기꺼이 수용하였던 듯이 보인다. 대부분의 사람들이 의문 없이 당연한 것으로 받아들였던 변별적이며 위계적인 일상의 세계에 대하여 그는 끊임없이 거듭되는 의문을 제기함으로써 그것의 유효성과 정당성을 심문하고, 그것이 해체되는 지점으로까지 몰아넣었다. 그는 진리의 목표를 추구하였지만 그의 사유의 여정은 아포리아의 가시밭길이었다. 아포리아는 베잇슨Gregory Bateson의 용어를 빌면 이중구속double bind의 상태, 진리와 거짓이 구별할 수 없이 혼재하는 상태, 논의가 더 이상 앞으로 나아갈 수도 없고 그렇다고 뒤로 물러설 수도 없는 위기의 상태를 일컫는다. 흄이 직면했던 개인적 정체성의 문제를 예로 들면 한편으로 우리는 자신의 개인적 정체성을 직관적으로 확신하고 있지만, 다른 한편으로 철학적 사유는 그러한 확신을 불가능하게 한다. 이때 우리는 정체성을 긍정할 수도 없고 부정할 수도 없는 진퇴양단에 빠지게 된다. 한편으로 괴물과 인간의 차이가 분명한 듯이 보이지만 철학적으로 그 차이를 규명하려 하면 할수록 양자의 차이는 점차 소멸하기 시작한다. 흄의 증언에서 알 수 있듯이 이것은 매우 고통스러운 상황이다. 그래서 ≪메노*Meno*≫에서 플라톤은 아포리아에 처한 사람을 무서운 독에 중독되어 전신이 마비된 사람으로 비유한다. "바다에서 [꼬리에 맹독 가시가 있는] 노랑가오리의 꼬리에 찔린 사람"처럼 아포리아에 처한 사람의 "마음과 입술은 문자 그대로 얼어붙는다. 아무런 대답을 할 수가 없기 때문이다"(80a6-b1).[7]

진리와 거짓, 아름다움과 추함, 주체와 타자의 양 극단의 중간 지점에서 얼어붙은 미결정의 상태는 정상상태의 작동이 불가능해지는 고통스런 순간인 것이다. 그러나 흄과 달리 소크라테스는 그러한 미결정의 상태를 자신과 동일시하였던 듯이 보인다.

그렇다고 소크라테스가 스스로 자신을 인간과 대립되는 괴물로 자처하거나 괴물과 동일시하였다는 말이 아니다. 그는 외부의 타자로서 괴물에는 관심을 가지지 않았다. 중요한 것은 인간의 외부에 있는 괴물이 아니라 내부의 괴물, 외화된 괴물이 아니라 내화된 괴물이었다. ≪파에드러스*Phaedrus*≫에서 소크라테스는 괴물의 존재에 대한 물음에 다음과 같이 답한다. "나는 [신화]에 관심이 없네. 상식 정도의 수준에서 알고 있는 것으로 충분하네. 나는 [괴물이] 아니라 내 자신에 대해 관심이 있네. 과연 내가 큰 뱀 티포보다 더욱 심하게 감정에 사로잡히고 복잡한 괴물이란 말인가?" 그는 타자에게 투사할 있는 질문을 자기 자신을 향한 반성적 질문으로 바꿨던 것이다. 그러나 여기에서 필자가 말하고자 하는 것은 소크라테스의 괴물에 대한 태도가 아니라, 플라톤의 ≪향연*Symposium*≫에 훌륭하게 묘사되어 있듯이 그가 알키비디아데스Alcibiades와 같은 당시의 젊은이에게 분류나 범주화가 불가능한 괴물처럼 보였다는 사실이다. 잘 알려있다시피 ≪향연≫에서 아가손Agathon의 연회에 조대받은 사람들은 서로 돌아가면서 사랑에 대한 나름의 정의와 찬양의 웅변을 펼친다. 향연이 파할 무렵에 당시에 전도유망한 귀족 청년이던 알키비디아데스가 술에 취해서 아가손의 집에 들이닥친다. 그리고는 소크라테스에 대한 자신의 사랑을 피력하기 시작한다. 그런데 흥미롭게도 그의 찬양은 소크라테스가 정의가 불가능하며 아포리아처럼 요령부득인 괴물과 흡사하다는 사실에 집중된다. 흄이 두려움에 떨면서 거부했던 괴물의 모습이 소크라테스에게 체화되어 있는 것이다. 알키비디아데스에 의하면 소크라테스는 너무나 독특하고 특이해서 유례를 찾아볼 수 없는 사람이다. 아킬레스Achilles처럼 용감한 사람이나 네스토르Nestor처럼 현명한 사람은 드물지 않다. 그러나 소크라테스는 — 데리다의 표현을 빌리면 — "종이 아닌 종," 인간이 아닌 인간이다. 이 인간이 아닌 인간이라는 역설을 어떻게 설명하고 묘사할 수 있을 것인가? 적절한 언어를 찾지 못해 고민을 하던 알키비디아데스는 그를 실레노스sileni나 사티로스satyrs와 비교를 한다.

> 저는 소크라테스의 주장이 가운데가 열리는 실레노스와 얼마나 흡사한지 설명을 해야 합니다. 처음 소크라테스의 말을 들으면 그의 이야기가 매우 우스꽝스럽게 들립니다. 그는 자기의 주장을 망측한 사티로스나 사용할만한 표현으로 포장을 합니다. 그는 당나귀떼, 대장장이, 제화공, 무두장이에 대해 말합니다. (……) 헛소리처럼 들리지요. 그러나 그의 이야기를 열고 껍질을 벗기고 들어가면 당신들은 그의 말이 이 세상에 유일하게 의미심장한 말이라는 사실을 깨닫게 됩니다. 어느 누구도 그처럼 신적이지 않습니다.(221e-222a)

실레로스와 사티로스는 역설적 존재의 전형으로서 제시가 된다. 실레노스는 언제나 술에 취해 있는 수염이 더부룩한 노인 요정으로, 때로는 말(馬)의 다리와 꼬리를 가진 모습을 하고 있다. 이처럼 괴상망측하고 우스꽝스러운 외모에도 불구하고 그는 무궁무진한 지혜를 가진 요정으로 간주된다. 그의 지혜는 말의 다리와 꼬리를 가진 술 취한 늙은 괴물의 외모에 담겨 있는 것이다. 사티로스도 실레노스와 마찬가지로 범주화가 불가능한 괴물이다. 그는 얼굴은 사람의 모습이지만 머리에 작은 뿔이 있으며, 하반신은 염소의 모습을 하고 있다. 인간이기에는 너무나 동물과 흡사하고 동물로 간주되기에는 너무나 인간적 특징을 많이 가지고 있는 혼종적 존재이다. 왜 알키비디아데스는 소크라테스를 번듯한 인간의 모습이 아니라 인간과 동물의 경계에 있는 실레노스나 사티로스에 비교를 하였을까? 흄에 따르면 이러한 외모를 하고 있는 사람은 프랑켄슈타인의 피조물처럼 돌팔매질의 수모를 당하면서 사회에서 쫓겨나 처절한 고독과 절망 속에서 이를 갈아야 할 것이다. 그래서 흄은 사유의 아포리아를 가리기 위해서 짐짓 정상상태의 외모를 유지하지 않으면 안 되었다. 그런데 흄과 정반대로 소크라테스는 사유의 아포리아를 실레노스와 사티로스로 외화시켰던 것이다.

물론 알키비디아데스의 비유를 액면 그대로 받아들이면 안 될 것이다. 소크라테스가 보기 드물게 외모가 추한 인물이었다는 것을 잘 알려진 사실이다. 또 철학이 현상과 표면에 머물지 않고 그것 너머의 본질을 추구하는 학문이라면 소크라테스의 인물 자체가 철학의 메타포로 간주되기도 했다는 것 역시 잘 알려진 사실이다. 현상과 본질이 일치하지 않듯이 그의 흉한 외모와 아름다운 지혜의 내면도 일치하지 않는 것이다. 바로 이러한 이유로 알키비디아데스는 소크라테스를 실레노스나 사티로스에 비유했을 것이다. 그러나 이러한 비유가 단순히 소크라테스의 외모에 관한 것이라고 생각해서는 안 된다. 실레노스나 사티로스와 같은 괴물의 비유는 보나 중요하게는 그의 철학적 사유의 특징과 연관이 된다. 철하저 사유는 우리가 당연하게 받아들이던 현상의 질서가 근본적으로 의문시되고 해체되는 순간을 초래한다. 진리와 거짓, 아름다움과 추함, 인간과 괴물이라는 이항대립적이며 위계적인 범주들을 통해서 일상의 질서가 구성되었다면 철학적 사유는 그러한 질서의 외곽, 질서가 해체되는 혼란의 가장자리를 향해 나아간다. 이러한 혼란의 가장자리에서는 괴물의 외면과 괴물의 내면이 일치하지 않는다. 괴물과 같은 외모를 가졌다고 해서 배척하지 않고 가까이 다가서면 가장 인간적인 내면이 드러날 수가 있다. 또 가장 아름다운 인간의 외모의 뒤에는 사악한 내면이 깃들어 있을 수 있다. 알키비디아데스가 소크라테스에게서 발견한 것은 안정된 현상의 질서나 지식이 아니라 그러한 혼란과 무지의 가장자리였다. 진리에 이르기 위해서는 우선 혼란과 무지의 사막을 가로지르면서 아포리아의 고통과 좌절을 경험하지 않으면 안 되는 것이다. 일상의 개념들과 범주들이 이완되고 해체되는 혼란의 지점에서는 신적인 것들, 또 실레노스와 사티로스와 같은 괴물이 출현한다. ≪테아에테투스*Theaetetus*≫에서 소크라테스는 자신에 대해서 다음과 같이 말했다. "나는 사람들을 매우 혼란스럽게 만들고(atopos) 당혹감(aporia)을 야기한다." 그는 자신이 괴물처럼 다른 정상적인 사람들을 혼란스럽고 당황케 한다면서 자신을 괴물과 동일시했던 것이다. 여기에서 아토포스atopos는 실레누스처럼 낯선, 기괴한, 불합리한, 분류할 수 없는, 혼란스런 등의 의미를 가지고 있다. 소크라테스는 흄이 두려워하였던 괴물을 철학의 운명으로 받아들였던 것이다.

괴물을 견디기

알렉산더 포프Alexander Pope는 ≪인간론*Essay on Man*≫에서 다음과 같이 읊었다. "악은 끔찍한 모습의 괴물이어서, 보기만 해도 증오하게 된다(Vice is a monster of so frightful mien/As, to be hated, needs but to be seen)." 악은 보기만 해도 너무나 두렵고 끔찍하고 추악해서 도저히 가까이 하기 싫은 괴물처럼 묘사되어야 한다는 것이다. 왜 그래야 하는 이유를 짐작하기는 어렵지 않다. 선과 악이 눈에 보이지 않는 동기나 의도의 문제이기 때문에 양자를 혼동하기 쉽다면 괴물은 눈에 뻔히 보이기 때문에 장님이 아니라면 모르고 지나칠 수가 없다. 그러니 악한 사람은 괴물처럼 묘사해야 마땅하다는 것이다. 괴물을 보고 가까이 다가서지 않고 멀리 도망하면 우리는 선한 사람이 된다. 즉 괴물에 대한 혐오감과 거부감은 우리가 선하다는 증거가 되는 것이다. 어원적으로 괴물이란 이와 같이 보여지고 현시되는 것이었다. Monster는 "보여주다"나 "증명하다"를 뜻하는 라틴어 monstrare에서 유래하였다. 보여줌으로써 악에 빠지기 쉬운 인간에게 경고(라틴어 monere)를 하는 것이다.[8] 이때 괴물은 보이지 않은 악의 가시적 체화가 된다. 더불어서 비정상적이거나 표준에서 벗어나는 외모도 악으로 간주되게 된다.

괴물의 존재는 정상이나 표준으로부터의 일탈이나 변종을 가리킨다. 그러나 그러한 표준이나 정상은 선험적으로 존재하지 않는다. 앞서 강조하였듯이 정상은 사회적으로 구성된 허구에 지나지 않는다. 인간은 그냥 인간이 아니라 동물과 확연하게 구분되는 이상적 인간이 되기 위해서 자기와 다른 타자들에게 괴물이라는 이름을 붙이곤 하였다. 이상적 인간이란 동물성의 흔적이 지워진 인간을 의미하는 것이었다.[9] 인간은 동물로부터 최대한 거리를 유지함으로써 더욱 더 인간적으로 되고 싶어하였다. 그 결과로 동물을 상기시키거나 동물과 흡사한 외모의 소유자는 괴물로 철저히 타자화되어야 했다. 이상적 인간이라는 규범이 억압과 배제의 기능을 했던 것이다. 그러나 과연 이러한 이상적 인간의 규범에 일치하는 사람이 얼마나 있을까? 어빙 고프만Irving Goffman은 ≪오명*Stigma*≫이라는 책에서 미국에서 그러한 범주에 해당하는 행복한 사람을 다음과 같이 묘사하였다. "젊고 결혼했으며 백인이고 도시에 살며, 북부 출신이고 이성애자, 개신교, 대학교육, 좋은 직업, 혈색이 좋고 몸매, 키가 받쳐주고, 운동도 잘하고."[10] 물론 미국에서도 이러한 기준을 모두 충족시키는 사람은 소수에 지나지 않을 것이다. 그럼에도 이러한 기준은 무수히 많은 비정상을 생산해낸다.

괴물이란 정상과 비정상의 구분을 해체시키는 존재이다. 괴물은 악이 아니라 선과 악의 경계, 정상과 비정상, 인간과 비인간의 경계를 뒤흔들고 혼란에 빠뜨리는 소크라테스적인 의미의 아포리아로서 이해되어야 한다. 소크라테스가 자신을 묘사한 대목에서 짐작할 수 있듯이 괴물의 출현은 뭔가 낯설고 기괴한 것의 도래, 기존의 지식과 범주로 환원되지 않는 특개성singularity의 등장이다. 이때 우리는 "바다에서 노랑가오리의 가시에 찔린 사람"처럼 아포리아의 무능력과 고통, 혼란을 경험하게 된다. 또 흄이 그러했듯이 두려움과 절망에 압도되고 자신을 이상하고 낯선 괴물처럼 생각하게 될 수도 있다. 정상상태의 질서가 근본적으로 뒤흔들리는 순간은 두려운 순간이다. 그러나 우리는 소크라테스처럼 괴물이 되는 위험을 감수하면서도 그 두려운 순간을 견뎌내야 하지 않을까? 조르주 바타이유 George Bataille는 다음과 같이 말한 적이 있다. "우리는 명백히 불가능 앞에 있다. 우리가 그 어려움을 굳이 견딜 필요는 없다. 그러나 견딤이 없이는 우리가 결코 자유로울 수 없음도 인정해야 한다."[11] 여기 인용문에서 우리가 주목해야 하는 것은 "견딤"이라는 윤리적인 개념이다. 누구도 우리에게 견딤을 강요할 수는 없다. 내면의 괴물을 견뎌야 했던 소크라테스는 나중에 독당근을 마시고 철학의 순교자가 되어야 했다. 니체Nietzsche가 심연에 대해 말하였듯이 괴물을 오랜 동안 들여다보면 우리는 어느새 스스로도 괴물이 되는 위험을 감수해야 한다. 그러한 위험을 견디는 것이 소모적이며 무의미하고 자기파멸적이라고 생각했던 데이비드 흄은 오락과 사교활동에서 위안을 찾았다. ≪광기의 역사≫에서 푸코Michel Foucault가 지적하였듯이 중세까지 희미하고 느슨했던 정상과 비정상의 범주가 근대로 넘어오면서 점차 이분법적으로 첨예하게 대립하기 시작하였다. 그러한 시대를 살았던 흄을 비롯해서 로렌스 스턴Lawrence Stern, 사무엘 존슨Samuel Johnson과 같은 문필가들이 평생 광기의 위험에 심리적으로 시달렸던 것은 단순한 역사적 우연이 아니었다. 자칫 한 발자국 더 나가면 괴물이 되어버리는 사유를 기분전환해서 정상으로 돌려놓기 위해 18세기에 희유곡이 유행했던 것도 단순한 우연이 아니었다. 모차르트와 흄, 존슨이 동시대인이었으며, 이들이 보수적으로 전통과 질서를 유난히 강조했던 것도 단순한 우연이 아니었음은 물론이다. 그럼에도 우리는 탁월한 철학자였던 소크라테스처럼 우리의 일상과 정상성을 위협하는 괴물의 목소리를 듣고 그것과 대면하면서 견뎌내는 법을 배워야 하지 않을까? 메리 쉘리의 프랑켄슈타인 박사는 자신이 만든 피조물, 아니 자신의 분신을 외모가 흉한 괴물이라는 이유로 어둠 속에 유기해둔 채, 친구와 가족의 품에 안겨서 행복을 찾으려고 하였다. 자기 눈에 대들보가 있었던 그는 타자의 눈에 있는 티끌을 엄청난 괴물로 확대함으로써 스스로는 괴물이 아니라는 심리적 위안을 얻고 싶어 하였던 것이다. 그러나 괴물은 배척해야 하는 인간의 타자가 아니라 견뎌내야 하는 인간의 내부의 진실이다. 괴물되기의 위험을 감수하고 견뎌냄으로써만이 우리는 윤리적인 차원을 향해 나아갈 수가 있다.

여성적 숭고와 아브젝시옹[1]

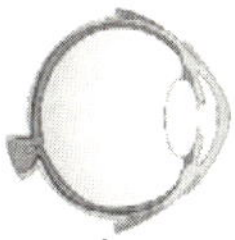

이 글은 그로테스크와 반미학의 기초 개념인 여성적 숭고와 아브젝시옹을 탐구한다. 전통 미학은 숭고를 남성적 경험으로 규정했고, 작고 부드럽고 반이성적이며 몰도덕적인 여성은 숭고의 대상도, 주체도 될 수 없다고 보았다. 그러나 페미니즘 미학자들과 예술가들은 여성적 숭고를 제안함으로써 전통미학의 미적 범주를 거스르고 새로운 미적 쾌락의 가능성을 모색한다. 여성적 숭고는 주체의 지배를 통해 타자를 변경하는 것이 아니라 타자와의 통합을 통해 주체인 자기 자신과 자신이 속한 세계를 변경해 나간다. 체제를 변경하는 투쟁의 과정은 그로테스크하다. 줄리아 크리스테바는 내부에 감춰진 더럽고 비천한 속성을 드러내는 행위인 아브젝시옹을 분리와 승화의 두 단계로 구분한다. 분리의 아브젝시옹은 가부장제가 여성의 몸에 아로새긴 여성 자신의 추악함을 드러낸다. 반면 승화의 아브젝시옹은 가부장제를 넘어서는 새로운 미적 경계를 체화한다.

김주현(건국대 교양학부)

아일랜드 작가 도로시 크로스Dorothy Cross의 설치 작품 〈발전소〉(1991)는 소의 유방으로 만들어졌다. 관례상 소의 유방은 시골 생활의 평화, 땅의 풍요로움과 같은 목가적인 이미지처럼 보인다. 그러나 잘린 소의 유방은 계급과 성별 분업을 표상한다. 잘린 소의 유방은 역설적으로 여성이 양육과 가사 노동에 예속되어 있으며 성적으로 착취당하는 역사를 보여준다. 또한 태국 작가 아라야 라스지름레안숙Araya Rasdjarmrearnsook은 1996년 요하네스버그 비엔날레가 열린 '전기 공방' 산업창고에 "매춘부의 방"을 설치했다. 커튼으로 구획된 세 방의 바닥 경계선은 피, 기름, 재, 물로 채워졌다.[2] 이 작품에서 아시아인과 여성은 타자로서, 서구적 스테레오타입 속에 갇힌 고통 · 폭력 · 고립 · 소외의 봉헌물로 나타난다.

반미학anti-aesthetics은 여성 예술가들의 전유물은 아니다. 매튜 키이란Matthew Kieran은 현대 예술의 주류가 반미학이라고 말한다.[3] 신인상주의, 표현주의, 다다, 초현실주의, 추상주의, 아르 누보, 플럭서스, 팝아트, 개념아트, 레디메이드, 그리고 다양한 포스트모던 작품들은 전통적인 미적 가치에 저항한다.[4] 그러나 이러한 예술적 실천과는 달리 철학적 미학에서 반미학에 대한 논의를 찾아보기는 어렵다. 움베르토 에코Umberto Eco는 철학자들과 예술 이론가들은 미의 정의와 이론에 몰두해온 반면, 추에 대해 연구한 경우는 드물다고 지적한다. 각 시대마다 추는 미의 반대 개념으로만 정의되었을 뿐이다.[5]

그러나 이러한 이론적 지형에서 페미니즘은 앞서서 반미학을 탐구했다. 현대 문화 · 예술 이론에서 페미니즘의 통찰과 선도는 중요한 의미를 갖는다. 더글라스 켈너Douglas Kellner는 비판적 다문화주의를 논의하면서 차이와 다양성을 고려하는 포스트예술을 이끈 주요한 계기가 페미니즘이었음을 높이 평가했다.[6] 남녀의 차이, 여성 집단 안에 살아 있는 여성들 간의 차이, 그리고 그 여성 개인의 시간적 차이를 논의한 페미니즘은 문화 연구에서 차이의 담론을 이끌었고 다원주의와 소통의 가치를 일깨웠다. 따라서 페미니즘이 현대 문화 분석을 위한 패러다임 중 하나로 언급되는 것은 필수적이며, 나아가 다양한 포스트이론을 선도한다는 점에서 기초적이라고 할 것이다. 그래서 켈너의 통찰대로 직접적으로든 간접적으로든 페미니즘을 참조하지 않고 1970년대 이후의 현대 문화를 논의하는 것은 불가능하게 되었다.

그러나 아쉽게도 한국의 학계에서는 포스트구조주의, 포스트마르크스주의, 포스트분석철학과 같은 포스트이론들에 무지한 것을 부끄러워하면서도, 정작 페미니즘만은 종료된 것으로 선언하는 학자들이 많다. 이들은 포스트페미니즘의 이론적 지형을 단순화하면서 탈페미니즘과 후기페미니즘 간의 갈등과 협력을 보지 못한다. "아직도 페미니즘을!"이라는 수사를 사용하며, 포스트페미니즘을 탈페미니즘으로 간주하는 것은 현대 문화 운동의 중요한 출발점인 페미니즘을 경유하지 않겠다는 명시적/암시적 고백이라 할 것이다. 물론 포스트페미니즘의 일면은 탈페미니즘이라 할 수 있다. 수잔 팔루디Susan Faludi가 언급했듯이 3세대 페미니즘의 대중적 양상으로서 '반격backlash'은 1, 2세대 페미니즘 정치학에 대한 도전이었다. 그러나 그것은 페미니즘 자체에 대한 도전은 아니었다. 포스트페미니즘의 새로운 세대는 더 많은 차이와 연대를 이론과 실천의 구체적 위치에서 고려한다. 따라서 포스트페미니즘은 페미니즘과의 결별이 아니다. 문화 이론과 비평에 헌신하는 한국 학자들의 참고 문헌에서 페미니즘 영역의 전문 자료를 찾을 수 없는 것은 안타까운 일이라 할 것이다.

그렇다면 반미학에서 페미니즘의 선도를 다시 생각해보자. 성별 중립적 미학에서 그 연구가 지연되고 있는 반미학을 왜 페미니즘은 이론화하고자 했을까? 또한 왜 현대 예술가들은 주류 미학을 거스르며 그로테스크와 반미학의 예술적 실천을 계속해 왔을까? 관례와 정상성에 개입하고 도전하면서 그 경계선을 날카롭게 드러내고 확장된 지평을 제시하는 페미니스트들과 예술가들은 초연한disinterested 미적 세계가 유통기한을 넘겼음을 꿰뚫어 보았다. 보편성의 이름으로 천상의 미적 세계를 유지하기에는 현실의 세계는 격렬히 요동쳤고, 이를 제압할 인간의 능력도 한계에 도달했다. 물론 이상적 비평가와 자격 있는 주체라는 이름으로 천상의 미적 세계와 화해할 수 있는 사람이라면 굳이 반미학의 가능성을 탐색하지 않았을 것이다. 그러나 견고한 미적 세계와 분리되어 있거나 그것에 적대적인 사람들은 또 다른 미적 가능성을 모색한다. 모순적이고 불안정하게 얽혀 있는 자기 존재의 위치를 인식하는 이들이 반미학의 희열과 정치적 힘을 감지했던 것이다.

반미학

미학에서 반미학은 보통 두 가지로 이해된다. 첫째로 반미학은 더 이상 미적인 것을 염두에 두지 않는 미적, 예술적 실천을 의미한다. 반미학은 예술 작품의 최종 목적을 대상의 형식미로부터 직접 유발되는 감정적 경험에 두지 않는다. 즉 지각과 감정이라는 미적 경험이 예술의 의미와 가치를 판단하는 것에 필수적이지는 않다는 것이다. 이러한 입장은 엄밀하게 말하자면 반미학이라기보다는 비미학non-aesthetic이라고 불러야 할 것이다. 비미학은 예술에 대한 경험에서 미적 경험 여부를 중시하지 않으며 인식적, 윤리적, 정치적 메시지, 혹은 예술사의 맥락과 독창성 등을 파악하는 것에 초점을 맞춘다. 비미학에 따르면 작품에 대해 어떠한 쾌도 느끼지 않으면서도 그 작품의 위대성을 인정할 수 있다.

두 번째 반미학은 자연, 인간, 예술 작품 등의 미적 대상을 바라보며 우리가 느끼는 감정에는 긍정적인 것과 부정적인 것이 있는데, 이 중 부정적 감정들에 초점을 맞춘다. 부정적 감정의 대표적 예로는 '추'를 들 수 있다. '협의의 추'는

'협의의 미'에 반대되는 것으로 균제, 비례, 조화, 통일성과 같은 형식미를 갖추지 못한 상태를 의미한다. 그러나 미가 미적인 것을 대표하여 다양한 긍정적인 미적 가치들을 포괄하는 광의의 의미로 사용되듯이, 추 역시 다양한 부정적인 미적 가치들을 포괄하는 광의의 의미로 사용될 수 있다. 이때 추는 형식의 결여 외에도, 불균형, 부조화, 외관 손상 및 변형(비참한 것, 꼴불견, 진부함, 우연적인 것, 임의적인 것, 엄청나게 큰 것), 다양한 불쾌한 현상들(볼품없는 것, 죽음, 공허한 것, 소름 끼치는 것, 무의미한 것, 구역질나는 것, 극악한 것, 괴기한 것, 악마 · 마녀 · 사탄에 관련된 것) 등을 의미한다.

페미니즘 미학이 주목한 반미학은 위의 용법 중 두 번째 것이다.[7] 이때 반미학에는 광의의 추에 해당하는 모든 부정적인 미적 감정들이 포함된다. 물론 부정적인 미적 가치와 긍정적인 미적 감정을 나누는 기준이 명확한 것은 아니다. 흔히 긍정적 미적 감정으로서 '황홀한, 신기한, 굉장한, 환상적인, 마법 같은, 감탄스러운, 최고의'와 같은 것은 부정적인 것으로도 이해될 수 있다.[8] 그래서 에코는 부정적, 긍정적인 미적 가치들은 시대와 장소, 문화에 따라 상대적일 수 있음을 지적했다. 그는 미/추의 기준이 단지 자율적인 미적 기준에 의한 것이 아니라 정치적, 사회적 기준에서 기인한다는 점을 지적했다.[9] 힘센 여성, 목소리가 큰 여성, 행동이 거친 여성, 자기주장이 강한 여성, 다리를 벌리고 앉는 여성, 웃을 때 목젖이 보이는 여성이 추하다는 판단은 가부장제의 기준에 따른 것이다.

그렇다면 미적 긍정성과 부정성은 역설적 구조를 갖는다. 울스턴크래프트Mary Wollstonecraft가 지적했듯이, 긍정적 감정이라고 간주된 미는 오히려 부정적인 것일 수 있다.[10] 가부장제의 성별 체계와 규범을 따르는 여성미는 페미니즘의 관점에서 보면 나쁜 것이다. 페미니스트들이 당당히 미적 권리를 행사하려면 가부장제 미학에 제약을 받지 않는 새로운 미적 기준이 필요하다. 이것이 페미니즘이 반미학에 관심을 기울인 이유이다. 즉 부정적인 미적 가치들을 통해 가부장제의 공포를 드러내고 그로부터 '경계 넘기'라는 극한의 고통을 적극 활용하는 것이다.

여성적 숭고

코스마이어Carolyn Korsmeyer는 여성들이 가부장제를 거스를 미적 경험과 쾌락을 적극적으로 찾아야 한다고 주장한다. 가부장제와 화해할 수 있는 여성미를 찾는 것은 이제 그만두어야 하며, 차라리 가부장제를 거스르는 여성들의 미적 가치들을 찾아내 이를 체현하는 일이 더 바람직하다고 본다. 코스마이어는 그 대안적인 미적 가치로 여성적 숭고와 그로테스크를 제안한다.[11] 버크와 같은 가부장제의 미학자들에게는 개념적 오류에 불과했으며 결과적으로 쾌를 도출할 수 없다는 점에서 '숭고'로 불리기에 자격 미달이었던 '여성적 숭고'를 여성들을 위한 긍정적 가치로 재정립해 보자는 것이다.

가부장제 미학은 여성적 숭고를 '나쁜 숭고'라는 명칭으로 부른다. 가부장제 근대 미학은 숭고를 남성적인 것으로 규정하면서 여성에게 미를 양도했는데, 이제 와서 여성들 역시 숭고에 참여하겠다는 것은 부적절하다는 것이다. 여성은 남성이 얼마든지 통제할 수 있다는 점에서 남성들을 위협하는 대상일 수 없었다. 그런데 여성들이 남성들의 상상과 예측을 뛰어넘어 강력한 힘을 가진 거대한 존재로 나타난다면, 이 여성들은 남성들에게 공포일 뿐 어떤 식으로도 남성적 체제에 화합하고 조화하는 쾌로 전이되지 못하기 때문에 여성적 숭고는 '나쁜 숭고'로 간주되었다.

그런데 여성적 숭고가 정말로 나쁜가? 여성들이 여성적 숭고를 추구하는 것은 미와 숭고의 범주 체계를 둘러싼 남성의 특권과 그에 따라 예시되고 상징화되는 사회적 차별을 폐지하기 위해서이다.[12] 그러나 가부장제 미학 체제에 부합하지 않기 때문에 여성적 숭고를 비난하는 것은 어떤 식으로든 가부장제를 지켜야 하는 사람들의 정치적 주장에 불과하다. 여성적 숭고와 같은 새로운 미적 범주는 얼마든지 창안될 수 있다.

남성적 숭고는 공포를 불러일으키는 타자(대상)에 의해 결코 제한되거나 압도당하지 않는 주체의 통제력과 지배력의 승리로 귀결된다. 숭고의 대상은 유한한 인간에게 알려지지 않은 타자로서, 그 크기나 힘이 너무 커서 공포스럽고 불쾌한 것이다. 그러나 가부장제의 남성적 주체들은 이성적이고 도덕적이기에, 이들을 위협하는 타자들을 압도할 힘을 내부에 가지고 있다. 공포스러운 타자들은 주로 비합리적인 자연의 힘이거나 욕망의 분출로서, 가부장제의 남성적 주체는 이것들을 이성적이고 도덕적인 방식으로 길들이며 이를 통해 공포를 쾌로 전환시킨다. 이때 남성적 숭고의 경험이 가능하기 위해서는 주체와 타자, 지배와 굴복의 이분법적 권력관계가 작동해야 한다.

그러나 여성적 숭고는 대상과의 관계 설정이 다르다. 여성적 숭고는 위협하는 타자를 길들이려고 하지 않는다. 또한 타자와 주체가 분리되어 있다고 전제하지 않는다. 주체의 지배를 통해 타자를 변경하는 것이 아니라 타자와의 통합을 통해 주체인 자기 자신과 자신이 속한 세계를 변경해 나간다. 즉 '여성적' 숭고에 '여성적'이라는 한정사를 단 이유는 위협을 가하는 공포스러운 타자가 여성이라는 의미도 있지만, 그 타자와 주체가 맺는 관계가 압도와 지배가 아니라 통합하는 것이고, 불쾌가 쾌로 전이되기 위해 타자가 아니라 주체 자신과 기존 세계 체제를 변경한다는 데 있다. 그러나 그 변경된 새로운 체제가 충분히 자리 잡지 못한 상황에서 주체는 투쟁을 계속해야 하므로 손쉽게 쾌로 전이되지 않고 불쾌의 감정이 지속된다. 따라서 여성적 숭고는 남성적 숭고와 경험의 대상, 과정, 결과가 다르다.

여성적 숭고는 '부정적 숭고'로서 공포스러운 대상을 직면한 불쾌감이고, 이 불쾌감은 지속된다. 그러나 이 불쾌감은 강력한 미적 힘을 가진다. 이 불쾌감은 주체의 세계로 화해되고 통제되는 긍정적 쾌가 아니라, 불쾌감 그 자체가 제공하는 풍부한 매력이 주는 희열, 곧 부정적 쾌이다. 타자들은 주체의 (인식) 한도를 넘어선 것이며 표상되지 않는 것들이다. 여성적 숭고에서 주체는 자신의 인식 체계나 표상 체계를 버리고 타자와 직접 관계를 맺는다.[13] 주체가 타자와 결합하면 이제 주체도 타자와 함께 세계를 위협하는 존재가 된다. 주체는 더 이상 주체이기를 멈추고 추하고 잔인하고 끔찍한 것, 경계를 넘어선 것, 위협하는 타자가 되는 것이다. 이 점에서 여성적 숭고는 가부장제의 범주화—주체, 지배, 화해, 쾌—에 저항한다.

그러나 실제로 여성적 숭고에서 가부장제 미학에 반기를 든 타자들(기운 센 여성들, 반가부장제적인 미적 대상들)이 반가부장제적 탈주체로서 가부장제를 위협하는 과정은 그리 쉬운 일이 아니다. 그것은 범주의 경계를 뛰어넘는 결합, 이질성들의 결합이기에 내부 안에서의 갈등이 계속된다. 이질성의 결합은 쾌를 산출하지 않는다. 결합의 순간에도 이질적 타자들이 느끼는 갈등은 부정적인 감정으로 지속된다. 타자와 결합하면서 오히려 가부장제적 주체 안에 내면화된 기존 질서의 추악함을 끊어내는 일은 고통 속에 계속된다. 곧 기존 세계 질서를 벗어난 타자와의 결합을 지속하면서 주체에 내면화된 기존 질서(가부장제)의 추악함(부당함)을 인지하고, 이를 분리(탈가부장제)하고 나아가 새로운 자신으로 승화하는 일(포스트가부장제)은 가부장제에서 포스트가부장제로 향하는 지난한 과정이다. 가부장제에서 '분리를 통한 탈가부장제'를 거쳐 '승화를 통한 포스트가부장제'로 이르는 과정은 결코 평화롭게, 순조롭게 일어나지 않는다. 내 자신 속에 숨어 있는 가부장제적 욕망과 투쟁해야 하며, 다른 한편으로 외부에서 여전히 억압 기제로 작동하는 가부장제와도 투쟁해야 한다. 이것이 내가 싸우는 위치이다.

아브젝시옹

여성적 숭고, 페미니즘의 반미학은 줄리아 크리스테바Julia Kristeva의 아브젝트abject, 아브젝시옹abjection 개념을 통해 잘 설명된다. 크리스테바는 아브젝트란 명명하고 상상할 수 있는 대상이나 관계 항이 아니라 오직 나에게 대항하는 것이라고 설명한다. 아브젝트는 타자가 아니라 '나 자신으로서' 일종의 자기 분열이나 공포라고 설명할 수 있다. 나는 특정 위치에서 내가 어떠어떠한 존재라고 정체성을 확인하지만, 바로 그 순간 아브젝트는 내 안에서 배타적으로 나타나 나의 정체성이 붕괴되는 장소로 이끈다.[14] 아브젝트는 어디에 속하기보다는 밀려나고 분리되고 방황하는 존재이다. 아브젝시옹은 아브젝트에 이끌려 모든 곳에서 배제되고 길을 잃게 되는 것을 말한다. 아브젝시옹은 일종의 (모호한) 경계선을 만들어내는데, 이는 주체를 위협하는 것들을 막아주는 것이 아니라 주체에게 끊임없는 위험을 상기시킨다. 언제든 경계선 너머의 아브젝트들이 밀려들어 올 수 있는 무한한 적대적인 상황인 것이다.

그런데 크리스테바는 아브젝시옹이 희열을 가져다준다고 말한다.[15] 이제 이 희열의 특이성에 주목할 필요가 있다. 아브젝시옹의 불쾌는 쾌로 전이되지 않고 불쾌로 남는다. 그러나 이 불쾌는 도전, 해방, 경계를 넘어서기 등의 광활하고 풍부한 미적 감정이 된다. 불쾌는 불쾌이되, 여기에서 우리는 반미학의 쾌를 느끼게 된다.

아브젝시옹의 분리의 단계는 가부장제의 추악함을 보여준다. 아브젝트에 빨려 들어가는 여성의 고통은 죄 없는 여인의 시련이 아니라 스스로가 아브젝트라는 인식에서 나온다. 이때 가부장제에 거주하면서 여성의 신체 위에 새겨진 가부장제의 추악함을 더욱 강력하게 드러나고 이에 대한 공포감과 불쾌감은 극대화된다. 이 공포와 불쾌를 더 날카롭게 체현할수록 분리에 더 가까이 다가간다. 분리는 아브젝트를 잘라내는 것이 아니라 아브젝트와 묶인 나 자신을 분할하고 잘라내는 일이다. 내면에 존재하는 가부장제를 끄집어내서, 외부에 존재하는 가부장제와 싸우게 하는 것이다.

다른 한편 승화는 불쾌의 쾌, 반미학의 쾌의 단계이다. 아브젝시옹의 끝없는 적대적 상황은 해방의 탈주를 모색하게 만든다. 가부장제적 질서에 꽁꽁 묶인 여성 신체와 그 신체의 위력은 여성적 숭고의 미학에서 한순간에 폭발하며 너셔 나온다. 가부장제의 방식으로는 공포스럽기 짝이 없는 이 여성들은 거대함과 무질서와 끔찍함으로 나타난다. 분노와 공포와 고통의 극대화된 형태로 나타난 이 여성 이미지들은 우리에게 새로운 정체성과 삶의 가능성을 보여주는 극단의 쾌를 제공한다. 파괴와 폭발 그리고 예측할 수 없는 창조성은 무시무시한 희열을 준다.

아브젝시옹은 여성에게 가부장제의 위험을 상기시키며 그것이 얼마나 강력하게 여성의 내부와 외부를 둘러싸고 있는지 각성시킨다. 1935년 한스 벨머Hans Bellmer는 인공 연결 고리를 달아 움직임이 자유로운 소형 인형을 만들었다.

그는 이것을 "인형"이라고 불렀으며 반복적으로 그 모형을 촬영했다. 벨머의 〈인형La Poupée〉(1935)은 '해부할 수 있는 가공의 여성'이고, 사진가인 남성은 '여성의 이미지에 자신의 신념을 강요'한다. 사진가가 사용하는 언어와 그가 창조한 이미지는 권력과 남성적 욕망의 표현 내부에 있는, 폭력성이라는 뒤틀린 욕망을 반영한다.[16] 벨머의 인형은 삶과 영혼은 없지만 남성적 시선이 만들어내는 여성 신체의 대상화를 문자적으로 보여준다.[17] 〈인형〉에서 여성 신체는 절단되고 파편화되며, 또 조립되고 해체되기를 반복한다. 이때 신체는 가부장제에 숨어 있는 여성에 대한 공포스러운 환상과 유희를 그대로 보여준다. 이는 분리 단계의 아브젝시옹을 보여준다.

그러나 벨머의 〈인형〉을 승화 단계의 아브젝시옹으로 이해할 수 있다는 입장도 있다. 페미니즘 미술사가 노클린Linda Nochlin은 벨머의 〈인형〉이야말로 '해체 가능한 가공의 존재'로서 가부장제를 넘어서는 여성들의 강력함을 보여줄 수 있다고 보았다. 경계 속에서 더 모호한 경계 안으로 들어가는 것, 그것이 승화의 아브젝시옹이 주는 희열이다. 가부장제 질서 안에서는 왜곡되고 뒤틀린 방식으로 존재할 수밖에 없었던 여성들의 힘은 또 하나의 아브젝트로서 가부장제적 여성 자아를 위협하여 가부장제와의 결별을 독려한다. 노클린은 아브젝트란 단순히 불결하거나 병적인 것이 아니라 '기존 정체성과 체계, 질서를 혼란스럽게 하는 것'이라고 설명한다.

1990년대 서구 미술의 주된 현상으로 대두한 '아브젝트 미술'은 기술적, 사조적인 유행이라기보다는 정체성의 정치학이라고 할 수 있다. 파편화된 신체나 피, 정액, 오줌, 침, 여성의 젖, 똥 등의 지저분한 오브제는 가부장제에 도전하는 새로운 미적 대상으로 평가할 수 있다. 아브젝트는 사회적으로 수긍되는 경계선이나 입장, 규율에 개의치 않는 파괴적인 힘이다. 그래서 신디 셔먼이나 키키 스미스의

한스 벨머, 〈인형〉(1935), 은염 인화, 캔자스 대학 스펜서 미술관.

작품에서 아브젝트는 '괴물 같은 여성'들로 나타나며, 이는 여성이 자연을 상징한다고 보는 기존의 여성성에 의문을 제기한다.[18] 자연을 상징하는 여성에 대해 가부장제 담론은 생산성, 수동성, 물질성과 같은 개념과 유사한 것으로 제시해왔다. 그러나 사실 이 세 개념은 서로 모순적이라는 점에서 이들을 여성의 본질로 설명하는 여성 정체성은 모순이고, 따라서 여성이 공포스럽게 나타나는 것은 당연한 일이다.[19] 이 당연한 모순의 공포를 보여주는 것이 승화의 아브젝시옹이다.

경계를 넘어서, 미를 넘어서

반미학은 가부장제에서 포스트가부장제로 이행할 때 실행되는 페미니즘의 미적 전략이다. 가부장제의 공포는 여성에게만 실재하는 것이 아니며, 반미학은 여성과 남성 모두에게 채택될 수 있다. 반미학은 공포스러운 현실로부터의 도피가 아니며 자아의 내부와 외부를 둘러싼 연결에 기반을 두고 있다. 그러나 그 연결은 조화나 화해가 아니라 갈등을 극대화해 드러내는 분리와 승화의 관계로 이루어진다. 가부장제를 사는 사람들은 자신의 내부와 외부에 얽혀 있는 가부장제 권력을 인식해, 이를 분리하면서 가부장제에서 빠져나가고자 한다. 그리고 포스트가부장제에 걸맞은 새로운 여성 이미지를 승화로서 재구성하고자 한다.

가부장제와 가부장제 성별 체계의 기괴스러움이 체현될 때, 우리 사회는 서서히 지배적인 가부장제 성별 정치학을 변경하고, 개인의 성별 정체성을 변경하는 길로 나아가게 될 것이다. 분리와 승화의 반미학은 개념적으로 남성적 숭고에 대별되는 여성적 숭고로 설명되지만 궁극적으로는 양성적이고 초성적이다.

그로테스크한 신체는 더 이상 가부장제의 여성, 혹은 남성일 필요가 없으며, 가부장제가 규정해놓은 몸의 형태나 부분을 반드시 갖추어야 하는 것도 아니다. 이러한 발상 자체가 부계 질서에 대한 도전이고 전복이다.

반미학의 가치들은 다양하고 풍부하며, 도덕적으로 비난받을 이유가 없다. 페미니스트들에게 반미학은 슐레겔Friedrich von Schlegel의 말처럼 새로운 질서(포스트가부장제)를 낳을 "갱생의 혼돈"이다. 또한 반미학은 가부장제를 위반하고 틈을 벌리며 새로운 권력관계를 모색하는 "자유로운 기발함"이다.[20] 가부장제의 미적 범주로서는 포착하거나 해명할 수 없는 위반으로서 여성들이 체현한 혐오와 공포는 이 여성들을 배제하는 것이 아니라 가부장제를 배제하는 승화로 나아간다. 곧 여성들의 반미학은 포스트가부장제의 가능성을 실현하는 미적 액티비즘인 것이다. 미적 액티비즘은 가상의 미학으로 그치지 않으며, 여성 개인의 정체성을 변경하고 우리가 거주하는 가부장제를 변경하는 정치학이다.

유령과 좀비로 본 그로테스크의 공간 두 죽음 사이

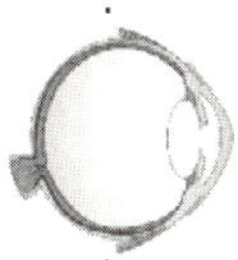

언어는 사물을 개념이나 상징을 통해 기호화하면서 배제한다. 언어는 이처럼 사물을 상징화를 통해 살해하면서 현실 속에 재배치하는데 상징적 질서를 빠져나가는 영역을 실재라고 부른다. 두 죽음 사이란 현실과 실재가 겹쳐진 공간을 말하며 존재의 모순이 분출되는 곳이다. 우리는 두 죽음 사이에 위치한 존재들을 통해 비틀어진 모순을 경험할 수 있는데 그것은 언제나 두려움, 혐오 같은 그로테스크한 감정과 관련된다. 유령과 좀비는 실재 죽음을 경험했지만 여전히 상징계를 교란시키며 떠도는 중간자들로 실재의 귀환을 잘 보여준다. 그런데 두 죽음 사이의 존재들은 우리가 잃어버린 존재를 은유하며 우리가 이들을 두려워하면서도 매료되는 것은 결국 실재에 대한 갈망 때문이다.

김 석(건국대 자율전공학부)

들어가는 말: 두 죽음 사이의 인간

실비 보시에가 ≪내일을 여는 창, 언어≫에서 강조한 것처럼 언어는 세상을 향해 열린 창이다. 인간은 언어라는 창을 통해 세계를 바라보고 이해하며 세계와 관계를 맺는다. 인간의 편의를 위해 자연을 개조하는 문명의 기초에는 언어가 작용하고 있다. 언어를 통해 인간은 경험을 공유하고 축적하며 발전시킬 수 있기 때문이다.

그런데 언어가 창이라는 말은 인간이 언어를 도구로서 사용한다는 의미뿐 아니라 언어 자체가 인간의 고유한 현실을 만들고 틀을 지운다는 뜻을 내포하기도 한다. ≪프레임 전쟁≫의 저자 인지언어학자 조지 레이코프가 주장한 것처럼 특정 개념이나 사상은 세상을 바라보는 입장뿐 아니라 개인의 행동까지 규정하기도 하는 것이다. 이처럼 언어 없는 인간의 삶이란 상상이 불가능하다. 사회적 삶은 다른 무엇이 아니라 소통과 표상의 도구인 언어를 통해 인간에게 의미가 있는 상징적 우주를 만들어 가는 것이다. 사회적 삶은 언어를 매개로한 상호 관계에 기초하기 때문에 동물의 군집과는 그 본성 자체가 다르다. 그런 까닭에 레비-스트로스는 사회구조를 상징과 교환의 체계로 파악하면서 상징적인 것은 그것이 상징하는 것보다 더 실재적이라고 말하기도 했다. 그런데 사물을 언어나 상징을 통해 기호화한다는 것은 사물의 물질적 특성을 배제하고 추상화한다는 것이다. 이것은 사물을 파괴한다는 뜻이 아니라 언어를 통해 재현하면서 개념을 통해 이해한다는 것이다. 이런 까닭에 헤겔Georg Wilhelm Friedrich Hegel은 "언어는 사물의 살해이다"라고 말하면서 ≪정신현상학≫에서 언어는 언제나 우리가 말하고자 하는 바를 왜곡한다고 진단하였다. 헤겔의 말처럼 언어에는 불가피하게 사물과 그것을 재현하는 기호 사이의 긴장이 존재한다. 이러한 긴장 관계는 언어화되지 않고 상징화에 저항하면서 무(nothing)로 존재하는 실재(real)의 역동성을 전제한다. 다양한 방식으로 실재를 정의할 수 있지만 일단 실재를 인간의 의식이나 언어를 넘어 그 자체로 존재하는 것으로 이해하자.

용어와 관점의 차이는 존재하지만 고대 이래 여러 학문이나 사상은 실재와 언어(상징계)의 관계를 다양하게 탐구하면서 그 간극을 줄이고자 하였다. 예컨대 철학의 핵심 분야인 형이상학은 현상너머 진정한 본질의 차원에서 '사물을 그 자체로(Things as they are)' 보려고 한 시도이다. 플라톤은 감각 경험과 선입견에

물든 억견doxa이 아니라 이성적 직관을 통해 이데아에 도달할 수 있다고 말하면서 관념론적 사유의 시조가 된다. 칸트Immanuel Kant는 모든 감각경험의 진정한 원천인 '물자체Ding an sich'를 이성이 도달 불가능한 한계로 설정하면서 실천이성과 미적 직관을 통해 그것에 접근할 수 있다고 강조했다. 과학은 기본적으로 의식과 독립된 현실세계의 객관성을 인정하면서 일정한 법칙을 통해 그 본질을 설명하려고 하지만 "우리가 관찰할 것이 참이고 항상 보편적인 것이라고 확신할 수 있는가"에 대한 회의론을 속 시원히 해결하지는 못한다. 현대 과학은 운동이나 속도 같은 측정지표의 하나를 기준으로 삼으면 다른 하나가 변한다는 불확정성의 원리를 통해 실재의 카오스적 본질을 드러내려고 한다. 불교와 같은 종교는 우리가 경험하는 현상세계가 상호 인과적으로 작용하는 다양한 연기 법칙의 연속일 뿐 그 자체로 고정되어 있는 실체란 존재하지 않는다는 공空사상을 적극적으로 전개한다.

이처럼 우리가 사는 현실reality은 언어를 통해 구성되지만 언제나 그것을 넘어서고 뒤흔들면서 상징화를 무너뜨리는 실재를 배후에 전제한다. 여러 사상들은 언어 세계인 상징계와 본질의 세계인 실재의 역설적 관계와 모순을 다양하게 설명하거나 해결하려고 한다. 그런데 이런 모순은 인식론적 입장 뿐 아니라 심미적 관심과 예술적 창조의 대상이 되기도 한다. 실재는 상징화되지 않고 언어로 표현할 수 없는 영역이지만 감각과는 어떤 형태로 관계를 맺으면서 감성 속에서 자신의 존재성을 보여주는 경우가 많기 때문이다. 실재는 재현과 표상화를 통해서는 포착이 힘들지만 감각을 통해 느껴지기 때문에 할 포스터가 말한 것처럼 '실재의 귀환The return of the real'[1]을 경험할 수 있는 것이다. 실재가 상징계에서 잃어버린 대상이라면 그것의 효과는 모든 것이 사라지는 죽음처럼 체험될 수 있는데 초현실주의와 정신분석학이 미학의 뿌리를 죽음에 연결시키는 것[2]은 우연이 아니다. 죽음이란 언제나 부정과 억압의 효과처럼 자신을 드러내는 실재의 또 다른 얼굴이다. 실재의 침투는 현실의 안정되고 균형 잡힌 토대를 위협하면서 기이한 효과로 우리를 깜짝 놀라게 하는데 이런 면에서 '그로테스크grotesque'한 상태와 연결될 수 있다.

현대 사상가 중에서 실재와 상징계의 모순 관계 및 실재가 삶에 침투하는 양상에 특히 관심을 쏟은 사람이 자크 라캉Jacques-Marie-Émile Lacan이다. 라캉은 특히 정신분석 윤리와 미학을 다룬 세미나 7권, ≪정신분석의 윤리*Ethique de la psychanalyse*≫에서 '두 죽음 사이entre-deux-morts'라는 용어를 통해 이러한 모순된 상황을 표현한다. 두 죽음이란 실질적인 육체적 죽음과 상징적으로 소멸되는 죽음을 말한다. '두 죽음 사이'는 두 가지 죽음이 불일치하거나 지연될 때 작동한다. '두 죽음 사이'란 비극이 연출되는 곳으로 실재와 상징계의 접점이다. 이 자리는 실재의 충만한 자리이면서 동시에 상징계의 텅 빈 밑바탕이기도 하다. 우리는 이 자리를 직접 볼 수 없지만 이 자리에 서있는 존재들을 통해 간접적으로 그 실체를 대면할 수 있다. 두 죽음 사이의 존재들이란 숭고함, 두려움, 낯설음의 특징으로 하는 경계적 인물이다. 안티고네, 사드의 희생자들(숭고한 신체의 소유자들), 유령(햄릿), 좀비(살아 있는 시체) 등이 그러한 예들이다. 두 죽음 사이의 인물들을 크게 두 가지 유형으로 분류할 수 있다. 먼저는 일차적인 실재 죽음을 겪었지만 상징계의 부채를 청산하지 못하여 여전히 현실의 가장자리에서 유랑하는 유령이나 괴물로 두려움을 주는 존재들이다. 다음으로 아직 실재 죽음을 겪지는 않았지만 상징계로부터 배척되고 추방당해 삶을 박탈당한 자들로 순수한 존재 욕망을 위해 싸우는 안티고네를 들 수 있다. 이 두 유형을 기준삼아 우리가 영화나 소설에서 찾을 수 있는 그로테스크한 형상을 접목하면서 두 죽음 사이가 어떤 곳인지 이해하려고 하는 것이 이 글의 목적이다.

두 죽음 사이의 존재들

두 죽음 사이에 존재하는 첫 번째 유형은 유령과 괴물 범주에 포함시킬 수 있는 좀비zombi 같은 캐릭터를 들 수 있다. 이 유형은 특히 생물학적인 죽음을 경험했지만 여전히 죽지 못하고 현실 주변에서 떠도는 존재들로 공통적으로 '살아 있는 죽음 live-dead' 혹은 상징계의 실패를 보여주는 괴물로 부를 수 있는 존재들이다. 죽었지만 여전히 살아 있다는 것은 상징계가 우리와의 관계를 여전히 유지시키면서 우리 기억을 어지럽힌다는 뜻으로 이해할 수 있는데, 상징계가 일정하게 범주화하면서 존재성을 부여하지만 우리 세계에 포함할 수 없는 생명도 죽음도 아닌 중간자들이다. 이 유형이 우리에게 끔찍함과 공포심을 주는 것은 유한자인 우리와 절대 공존할 수 없는 그들의 기괴함과 불멸성 때문이다. 유령과 괴물은 한편으로는 존재에 의미를 부여하는 상징계가 가지는 절대성을 보여주면서도 그것을 좌초시키는 실재[3]의 전복적 능력을 보여준다. 이들은 엄밀하게 말해 기표가 등록되는 텍스트의 장소인 육체가 없거나 파괴된 자들로 상징계 질서로 보자면 기괴한 모습으로 등장한다.

두 번째 유형은 인간의 의지와 욕망을 그 절대적 경지까지 실현하는 인물로 자유와 숭고함을 구현하는 초월적 존재들이다. 이 유형은 첫 번째와 달리 자신의 욕망을 포기하지 않고 자신의 윤리에 충실하면서 그 대가로 추방이나 배제를 통해 상징적 죽음을 경험하는 인물들이다. 인간 세계와 사회가 상징적 구조와 언어로 이루어진다면 그것에서 존재를 부정당하는 것은 육체적 죽음보다 더 가혹하고 끔찍할 수 있다. 어떤 이유로든 이런 사람들은 기존 체제나 상징적 질서에 동화되지 못하고 그것을 위협하기 때문에 상징적 죽음을 겪게 되지만 자신의 존재를 포기하지 않음을 통해 오히려 상징화에 동화되지 않는 실재적 형상을 부여받으면서 빛을 발한다. 저항과 투쟁을 통해 이들은 상징계를 뒤흔들면서 언어적 한계 너머를 제시하는 역할을 하게 되고 숭고함의 전형이 될 수 있는 것이다. 이제 차례로 두 죽음 사이의 존재들에 대한 구체적인 분석을 시도해 보자.

상징계의 부채: 유령

셰익스피어가 쓴 ≪햄릿≫에 나오는 아버지 형상과 이에 대한 정신분석적 해석을 통해 유령을 좀 더 이해할 수 있을 것이다. 유령에 대한 묘사를 보자. 유령을 목격한 보초병 호레이쇼는 다음과 같이 말한다.

"한밤중이 되면 부왕을 꼭 닮은 형체가 나타난 것입니다. 머리끝에서부터 발끝까지 단단히 무장한 모습으로 이들 앞에 나타나 위엄 있는 걸음걸이로 지나가신 것입니다. …… 틀림없이 부왕이셨습니다. 이 오른손과 왼손도 그렇게 똑같지는 않을 겁니다."[4]

호레이쇼는 자신이 본 유령이 햄릿의 아버지라고 확신한다. 그런데 정작 유령을 만난 햄릿은 아버지를 닮은 유령의 정체를 확신하지 못하고 묻는다.

"그대는 누구인가? 천사냐, 악마냐? 하늘에서 왔는가, 지옥에서 왔는가? 우리를 구하러 왔는가, 멸망시키러 왔는가? 그대 모습을 보니 차마 말을 걸지 않을 수가 없구나. …… 싸늘한 시체가 되어버린 그대가 어찌하여 갑옷을 걸치고 이 밤에 나타나 사람들을 떨게 만드는지 말해 보라. 또한 어리석은 우리 인간들의 머리로는 도저히 풀지 못한 문제를 던져주고 공포에 떨게 하는지 그 이유를 말하라."[5]

햄릿이 부왕의 유령을 보고 부왕으로 인정하지 못하는 것은 어떤 낯섦 때문인데 그것은 죽은 아버지가 다시 나타난 당혹스런 상황과 유령의 정체에 대한 이해 불가능성에서 비롯된다. 이 상황은 몹시 낯설어 기괴할 뿐 아니라 그것 자체가 두려움을 준다. 사람들을 떨게 만들고 두렵게 하는 것이 유령이다. 그런데 햄릿의 대사에서 보면 유령이 두려움을 주는 것은 그 기괴한 형상이나 위협 때문이 아니라 도무지 정체를 알 수 없는 그 기괴함에 있다. 살아 있지도 죽었다고도 할 수 없고 그것이 무엇인지 설명할 수도 없는 낯섦이 두려움의 원인인 것이다. 또 이미 육체의 생명력을 잃어버린 자가 삶의 영역에 침투하여 우리에게 말을 건네는 초자연적인 상황도 두려움의 원인이다. 다시 말해 물리적으로 존재하지 말아야 할 것이 상징계에서 지속하고 있을 때 혼란이 생기고 두려운 것이다. 유령은 육체의 소멸을 겪었지만 슬라보예 지젝이 표현한 것처럼 상징계의 장부정리가 끝나지 않아 죽음을 받아들일 수 없거나 모르는 자들[6]이다. 상징계의 장부정리란 실재적 죽음에 마땅히 뒤따라야할 상징적 죽음의 수용과 그것을 가능하게 만드는 애도를 말한다. ≪햄릿≫ 유령의 경우는 실재계 자체가 불멸성을 드러내기보다는 상징계와의 관계에서 마무리되지 않은 어떤 회한의 감정이 찌꺼기처럼 남아서 되돌아온다고 말할 수 있다. 유령은 물질적 신체성은 박탈되었지만 여전히 목소리를 내고, 무언가 호소하면서 우리를 괴롭히는 존재들이다. 무언가 해결하지 못한 과제가 남아 있을 때 유령은 출몰한다.

햄릿의 아버지는 잠을 자는 동안에 살해되었지만 독사에 물려 죽은 것처럼 기록되었으며, 생전 잘못과 업보에 대해 속죄하지 못하여 죽어서도 고통을 당한다. 더구나 자신이 죽자마자 사랑하는 아내는 자신을 살해한 탐욕스러운 동생과 결혼하고 왕위까지 차지한다. 한마디로 왕은 자신의 위엄과 행적에 걸맞게 죽음을 맞지도 못했으며 부인과 동생에게 마땅히 받아야할 애도와 존경도 박탈당했다. 라캉은 ≪햄릿≫에 대해 세미나[7]를 진행하면서 햄릿이라는 드라마는 죄책감과 애도의 문제를 중심으로 이해해야 한다고 말한다. 그런데 이 죄책감과 애도는 다른 사람이 아니라 햄릿 자체의 내면에서 기인한다. 굳이 라캉의 말을 빌리지 않아 햄릿에서 중요한 것은 유령의 말이나 사건 자체가 아니라 어머니와 아버지 그리고 다시 어머니와 결혼한 삼촌에 대한 햄릿의 오이디푸스적 감정과 갈등이다. 클로디어스와 어머니를 비롯한 나머지 인물들의 행동은 이러한 햄릿의 욕망을 대리하면서 햄릿의 갈등을 증폭시키는 역할을 한다고 볼 수 있다. 햄릿의 내면에 집중해볼 때 유령이 나타나서 당부하는 말을 햄릿의 죄책감이나 어머니에 대한 원망과 복수라는 강박관념이 만들어 낸 것으로도 해석할 수 있다. 어니스트 존스가 분석한 것처럼 ≪햄릿≫은 자신의 무의식적 욕망과 억압을 불러일으키는 특수한 과제 때문에 내적인 고통을 겪는 전형적인 오이디푸스 심리 드라마로 볼 수 있다.[8]

중요한 것은 유령 자체가 실체성이 있느냐가 아니라 유령이 던져준 과제, 즉 아버지에 대한 복수가 햄릿이 자신도 모르게 품고 있는 근친상간 욕망과 아버지에 대한 경재의식, 이에 대한 자책의 마음을 불러일으킨다는 것이다. 유령은 햄릿의 억압된 심리적 갈등을 가시화하는 매개물로 볼 수 있으며 이 때 중요한 것은 상징계의 틈을 뚫고 나와 타자의 형상처럼 다가오는 유령이 이런 갈등과 욕망의 정체를 은폐하면서 동시에 폭로한다는 것이다. ≪햄릿≫에서 유령이 폭로하는 진실의 본 모습은 언제나 외상적이면서 때로 추악하기조차 하다. 결국 유령이란 우리 자신이 만들어 내는 것으로 실재에 대한 상징계적 질서의 왜곡을 보여주고, 그것에 저항하는 욕망의 불멸성을 공포의 형상으로 은유한다고도 말할 수 있다.

살아 있는 죽음: 좀비

두 죽음 사이의 불일치를 더 극적으로 가시화하면서 실재의 생명력을 기이한 방식으로 보여주는 존재는 '살아 있는 죽음living dead'으로 정의되는 좀비다. 육체적 죽음으로 존재성을 박탈당했지만non-existence 지속하는insistence 불멸의 형상을 라캉은 라멜르lamelle라 부르면서 억누를 수 없는 삶, 어떠한 기관도 필요로 하지 않는 삶[9]으로 정의했다. 라멜르를 통해 우리는 좀비를 정의하면서 두 죽음 사이에 존재하는 괴물에 대해 더 쉽게 이해할 수 있다. 라캉의 용어를 빌어 이해하자면 좀비는 실재계와 상징계의 불일치 속에서 자신의 특유한 존재방식을 지탱한다.[10] 좀비를 소재로 한 대중 영화나 소설은 엄청나게 많다. 1958년 발표된 리처드 매드슨의 소설 ≪나는 전설이다≫가 출간된 이후 다양한 좀비 영화가 나오고 있다. 조지 로메로 감독이 1968년 〈살아 있는 시체의 밤〉을 만든 이후 좀비는 공포영화의 인기 있는 한 장르[11]가 되고 있으며, 최근에는 SF 스릴러 형식으로 좀비를 소재로 한 소설 ≪세계대전 Z≫가 출간되기도 하였다.

좀비는 죽었다가 살아났지만 처음처럼 완전한 부활한 존재가 아니라 단지 육체의 일부 기능이 재생되어 뭔가에 홀린 듯 움직이는 생명체들이다. 좀비는 살아 있으되 영혼(인격성)을 완전히 상실한 채 본능적인 공격성과 굶주림으로 먹을 것(살아 있는 사람의 피)만을 찾아다니는 물체로 온전한 의미의 생명체로도 그렇다고 죽은 시체로도 볼 수 없는 기괴한 괴물이다. 그런데 수많은 영화와 소설의 소재로 좀비가 채택된 것에서 보듯 우리는 좀비에게 뭔가 호기심과 매력을 느낀다. 좀비의 미학은 경계가 주는 두려움의 미학이자, 삶과 죽음이 섞여 있고 흉측하면서도 동시에 우스꽝스러운 그로테스크의 기묘한 충격에서 온다. 좀비는 자연이 만들어낸 야수보다는 인간에 가깝지만 절대로 인간이라고 할 수도 없고 과학과 자연의 합성물에 가까운 존재들이다. 좀비는 인간 삶의 지평에 와서는 안 될 존재들이지만 상징화[12]를 통해 출현한다. 그러나 이 상징화는 실패한 상징화이고 충만한 존재인 생명자체의 지극히 일부분만을 가시화한 불완전한 상징화다. 좀비는 한마디로 상징계의 틈을 뚫고 나오는 금지된 형상물이 현실화될 때 느끼는 실재의 공포감을 잘 보여준다.

과학적 지식과 응용을 통한 실험으로 실재적인 것, 즉 완전한 죽음에서 되살아와 살아 있는 것처럼 움직이는 몸을 만들어냈지만 그것은 일반적으로 생명에 대해 정의하는 것을 완전히 벗어난다. 플라톤은 ≪향연≫에서 삶의 에너지로 에로스 Eros를 꼽으면서 그것이 생명을 탄생하게 만들고 활성화시키며, 창조적 영감의 원천이 되는 통일적 힘으로 정의한다. 하지만 영화에서 소생액을 통해 살아난 좀비는 신체가 절단되어도 여전히 사지가 펄떡펄떡 움직이며,[13] 감정적 표현도 전혀 하지 못하고 기계적으로 움직이는 데 이것은 살아 있는 몸이 아니라 문자 그대로 살아 있는 시체다. 과학적 관점에서 보면 각각의 세포가 생명의 기본 기능을 담당하고 적당한 영양분과 산소가 공급되면 활성화되겠지만 우리는 이것을 생명으로 부르지도 않고 그곳에 에로스가 있다고도 말할 수 없다.

좀비는 각각의 신체가 통일성 없이 움직인다는 점에서 들뢰즈가 말한 '기관 없는 신체corps sans organ'와 흡사하다. 들뢰즈는 유기체가 하나의 통일된 목적을 위해 분업적 역할을 하면서 구조적 조화를 도모하는 동일한 기관이 아니라 잠재성의 장을 무한히 흐르면서 각각의 장에서 접속하고 연결되며 분산하는 에너지의 흐름을 강조한다. 그리고 이를 위해 욕망의 자유로운 순환과 탈주, 국지성, 힘의 흐름을 강조하면서 '기관 없는 신체'[14]를 기계개념으로 정의한다. 들뢰즈는 개체의 통일성이나 주체를 강조하는 유기체 주의에 반대하면서 내재성의 평면에서 단지 힘이 국지적으로 분할되고 접속하면서 다양한 양태로 잠재성을 실현한다는 점을 통해 설명하기 위해 '기관 없는 신체'개념을 만들었다. 그렇기 때문에 '기관 없는 신체'나 '욕망하는 기계'라는 개념이 좀비의 설명에 그대로 적용될 수 있다는 것은 논란의 여지가 있을 수 있다. 하지만 생명을 에너지의 우주적 흐름이 아니라 개별 유기체의 의지나 정서적 차원과 결합한 일정 단위로 독립성을 유지한다는 점에서 정의한다면 좀비나 들뢰즈의 '욕망하는 기계'개념은 분명 통상적으로 우리가 이해하는 유기체는 아니라고 해석할 수 있다. 좀비가 생명체로 정의되기 힘든 이유는 소생약 같은 자극에 반응하여 각 기관이 꿈틀거리면서 움직이지만 통일적인 생명력을 보여주지 못하기 때문이다. 생명에 대한 정의는 좀 더 많은 차원, 즉 자족성, 의지, 정서 등을 복합적으로 고려해서 이루어져야 하는데 좀비는 한마디로 영혼이 없는 불완전한 생명제다.

좀비는 과학이 생명을 살리고 변형하면서 개입할 때 발생 하는 상징화의 실패를 극적으로 보여준다. 상징화가 아무리 실재(생명)를 길들이고 예컨대 과학 공식을 통해 새롭게 구조화하려고 해도 상징계와 실재의 간극을 좁히지 못한다는 것을 두 영역의 중간에 남게 되는 어정쩡한 존재인 좀비를 통해 극적으로 볼 수 있다. 라캉은 플라톤이 ≪향연≫에서 말한 사랑의 에너지 에로스를 리비도로 바꾸어 설명하면서 그것은 우리로서는 파악이 불가능하지만 어떤 방식으로든 실재와 접속하는 것이라고 말한다.[15] 결국 좀비는 과학 즉 상징계가 육체적 장을 감각적 에너지나 힘의 작용이라는 관점에서만 이해하면서 생명의 비밀을 밝혔다고 자부할 때 괴물이 탄생할 수밖에 없는 역설적 한계를 보여준다. 우리는 절대로 실재 자체에 다가갈 수 없는 데 실재는 언어적인 것을 넘어서 있는 영역이기 때문이다. 실재는 언제나 상징계의 구멍, 틈, 불연속성으로 남는 것으로 영화에서 죽음이 그것을 은유한다. 그런데 〈좀비오〉에서 주목해야 하는 것은 과학자 웨스터가 삶을 넘어서는 죽음이라는 현상을 경험이 불가능한 절대적 영역으로 인정하지 않고 죽음을 마치 일시적 장애인 질병처럼 다룬다는 것이다. 결국 과학적 지식, 상징계적 봉합을 통해 죽음이라는 심연을 넘어서고자 했으나 좀비들의 불안정성이야말로 상징계에 대한 실재의 저항을 잘 보여준다. 그리고 상징계에 포섭되지 않는 일종의 잉여이면서 동시에 결여인 실재가 상징계가 좌초한 그 지점에서 모습을 보일 때 우리는 두려움과 혐오감을 느끼게 된다. 이러한 형상을 라캉은 원초적 사물의 상징인 '물', thing이라고 불렀는데 물이란 도대체 언어화 될 수 없는 그런 영역으로 언제나 두 영역의 균열 가운데서 모습을 드러낸다. 좀비의 두려움 섞인 미학은 이처럼 두 죽음 사이의 균열과 실재의 침투 자체에 기인한다고 말할 수 있다.

욕망의 화신: 안티고네

두 죽음 사이 존재가 혐오와 공포감만 주는 것은 아니다. 그곳은 그로테스크한 끔찍함 뿐 아니라 숭고한 비극미가 연출되는 영웅의 공간이기도 하다.[16] 아리스토텔레스가 ≪시학≫에서 비극은 대체로 평범한 인물이 아니라 숭고하고 외로운 영웅이나 가련하면서도 끔찍한 형상에 의해 구현된다고 말했듯이[17] 두 죽음 사이의 인물도 지극히 숭고하면서 비인격적 존재들이다. 이 숭고함은 그 인물이 갖고 있는 본래 성격이 아니라 두 죽음 사이라는 특수한 위치자체에 의해 부여된다. 실재적 죽음과 상징적 죽음이라는 그 경계가 보통 인간의 경험적 한계를 뛰어 넘으며 그 곳에 서 있는 사람을 어떤 초월적이고 절대적인 인물로 만드는 조건이 되기 때문이다. 칸트가 ≪판단력 비판≫에서 언급했듯이 숭고함이란 우리 정신력을 높여주고, 우리로 하여금 절대적 힘에 도전할 수 있는 용기를 주는 것으로 주체의 편에서 체험하는 어떤 초월성과 관련이 있다. 그러므로 두 죽음 사이에 위치하기 위해서는 오히려 지극히 인간적인 모습은 철저하게 배제되고 두 죽음의 형식에 따라 추상화될 필요가 있다. 그렇다면 두 죽음 사이에서 숭고함의 빛을 발하는 전형적인 인물은 누구인가? 여기서 라캉의 미학 이론에 의지한다면 자신의 욕망에 철저했기에 비극적으로 삶을 마감한 '안티고네'를 두 죽음 사이에서 있는 전형적 인물로 제시할 수 있다.[18]

안티고네는 테베의 왕이자 외삼촌이었던 크레온에 의해 공동체에서 추방되고 산채로 무덤에 갇혀 시체처럼 취급당하면서 상징적 죽음을 먼저 경험한다. 그러나 안티고네가 빛을 발하는 것은 무덤에 들어가는 순간부터이다. 이 순간 자신의 신세를 한탄[19]하면서도 끝내 크레온과 타협하지 않은 안티고네는 결국은 무덤에서 자살하면서 실재적 죽음을 맞이하지만 이러한 비타협성을 통해 크레온을 무너뜨리고 '안티고네'라는 또 다른 불멸성의 이름을 얻는다. 라캉은 ≪정신분석의 윤리≫라는 제목의 세미나7권에서 안티고네를 순수욕망의 윤리를 대변하는 욕망의 전형으로 소개한다. 이는 안티고네가 크레온의 절대 권력에 맞서는 투사이거나 시민의 자유와 양심을 대변해서가 아니다. 안티고네는 오히려 명예나 증오심 같은 일체의 정념 없이 자신이 의무로 생각하는 일을 위해 묵묵히 자신의 길을 갈 따름이고, 이 과정에서 자신의 욕망을 가장 순수한 상태인 초월적인 의무로 만든다. 그리고 안티고네의 이러한 행동은 그녀가 두 죽음 사이, 즉 공동체에서의 추방과 실재 죽음 사이에 놓인 특수한 조건에서 진행된다.

간단히 줄거리를 보자. 오이디푸스와 이오카스테의 딸인 안티고네는 아버지 오이디푸스가 스스로의 눈을 멀게 한 후 유랑의 길을 떠나자 동생 이즈메네와 함께 아버지를 따른다. 아버지가 죽은 후 다시 테베로 돌아온 안티고네는 외삼촌의 아들인 하이메네와 결혼을 준비한다. 이 와중에 안티고네는 테베의 왕위를 둘러싸고 두 오빠가 벌이는 싸움을 화해시키려고 노력하지만 결국은 실패하고 두 오빠 에테오클레스와 폴리네이케스는 싸우다가 함께 전사한다. 전쟁 후 새로 왕이 된 크레온은 테베를 위해 싸운 에테오클레스만 성대하게 장례를 치러주고 폴리네이케스는 들판에 시체를 버려 짐승들의 밥이 되도록 만들라는 포고령을 발표한다. 크레온의 행동은 테베의 규범이나 가치에 비추어 보면 애국자에게 그에 합당한 존경과 명예를 베풀고, 테베에 칼을 겨눈 반역자를 응징하면서 공동체 유지에 필요한 선과 악을 실현하는 것이라고 볼 수 있다. 하지만 '죽은 자는 죽은 자에 걸맞게 대우하라'는 신들의 불문율[20]과 가족의 의무에 더 충실하고자 했던 안티고네는 왕의 포고령을 위반하고 죽은 오빠의 장례를 치러 주려고 하다가 왕에게 잡혀온다. 크레온의 협박과 회유에 굴하지 않고 자신이 따라야할 의무의 절대성을 강변하던 안티고네는 크레온의 노여움을사서 산채로 죽은 자들의 공간으로 추방당하고 결국 자살한다. 안테고네가 자살하자 그녀를 사랑한 약혼자인 크레온의 아들 하이몬이 그녀를 따라 자살을 한다. 그리고 이 소식을 들은 하이몬의 어머니이자 크레온의 부인도 뒤를 따르고 쓸쓸하게 남은 크레온만이 자신의 처지를 한탄한다는 게 대략의 줄거리다.

보통 〈안티고네〉를 읽거나 비평할 때 불의한 통치자에 맞선 그녀의 저항정신이나 자유와 양심을 위한 불굴의 투쟁자체를 강조하면서 크레온과의 대척점에서 주인공을 분석하는 경우가 많다. 페미니즘적 관점에서 안티고네의 여성성과 크레온의 남성성을 비교하는 글도 많다. 이런 분석이 잘못된 것은 아니지만 우리는 전사로서 안티고네의 영웅적 모습보다는 그녀 행동의 본질과 그것이 주는 숭고함을 더 들여다볼 필요가 있다. 크레온이 전형적으로 자아-타자 혹은 우리편-적의 이분법적 상징 질서에 충실한 인물의 전형이라면 안티고네는 타자의 욕망이 아니라 자신의 순수욕망에 충실하다. 크레온은 무엇보다 테베라는 공동체의 존립과 테베의 이익에 도움이 되는 행동만을 선으로 보며 왕으로써 이를 지키고 증진시키려고 노력하는 사람이다. 그는 국가라는 체제의 수호와 그 가치를 지키고 반역자를 응징하면서 왕, 아버지, 남자로서 자신이 행사하는 모든 권위를 공동체와의 조화 속에서 실현하려고 한다. 당연히 자신의 계획에 반대하는 사람은 적이 되고, 공동체에서 추방해야 한다. 어떻게 보면 크레온의 욕망은 여러 정념으로 가득차고 집단의 이익을 인류적 보편성보다 더 내세우면서 대의를 위배하는 자들을 배제하는 차별화에 기초하고 있다.

반면에 안티고네의 행동은 배제나 미움이 아니라 인류 전체의 보편성을 지향하는 사랑[21]에 기초하며, 정념이 아니라 신들의 불문율에 근거한 순수한 선의지를 따른다. 크레온과 달리 안티고네는 대상에 의존하는 쾌락과 당파적인 입장에서 정의되는 선이 아니라 그것을 넘어 집단으로 환원되지 않는 개별성의 입장에서 윤리적 결단을 행하는 사람이다.

크레온이 자신의 행동을 통해 지키려는 것이 공동체의 안녕과 행복, 그리고 자신의 명예라면 안티고네는 쾌락적 면에서는 아무 것도 겨냥하지 않는다. 안티고네가 오빠의 장례에 집착하는 것은 대략 두 가지 이유 때문이다. 첫째는 생전의 과업과 평가가 어떠하든지 간에 죽은 자를 죽은 자처럼 대접하는 것이 당시 그리스인 모두가 아는 신들의 불문율이자 보편적 윤리였기 때문이다. 보편성의 윤리는 때로 특정 집단의 윤리와 충돌할 수 있는데 안티고네는 테베의 이익이나 자신의 사적 감정을 내세우지 않고 불문율에 따라서만 행동한다. 둘째로 안티고네는 동생의 처지에서 상징적 장부정리인 장례식을 통해 크레온이 가지는 주체로서 개별성과 그의 존재를 보전해주려고 하였다. 안티고네는 독백을 통해 자신의 아이나 남편이 죽었더라면 이런 위험 부담을 무릅쓰고 장례를 치르지는 않았을 거라고 말한다. 남편이나 아이는 다시 얻을 수 있지만 죽은 오빠와의 혈육관계는 유일하기 때문이다. 오빠와 동생이라는 천부적 혈연관계와 이 속에서 파생하는 의무는 어느 누구에 의해서도 훼손될 수 없기에 폴리네이케스를 묻어주려고 한 것이다. 크레온이 폴리네이케스의 시신을 훼손하고 들짐승들이 그것을 다 먹어치운다고 해서 오빠의 존재가 부정되는 것은 아니다. 하지만 시신에 합당한 장례식을 행하지 않는다는 것은 그의 삶과 죽음 자체를 부정하는 행위가 된다. 이런 면에서 보면 크레온보다는 안티고네가 상징적 질서에 더 충실하다고 할 수 있다. 하지만 안티고네는 상징적 질서에 머무는 것이 아니라 자신의 욕망을 통해 결국 그 한계인 죽음너머까지 멈추지 않고 진행한다. 공동체 추방이라는 상징적 죽음에 굴복하지 않고 끝까지 자신의 욕망을 지속함으로써 마침내 안티고네는 죽음 자체를 통해 존재자체의 본래적 모습인 물(Thing)의 지위를 획득한다. 물이란 상징계가 절대로 무화시킬 수 없는 실재적인 것이요 죽음의 형상이다. 죽음의 형상이야말로 안티고네를 피와 살을 가진 한 사람의 연약한 여성이 아니라 초월적인 물로 만드는 원인이다. 그것은 죽음이지만 살아 있는 죽음, 상징계를 넘어 실재계로 향하는 죽음이지 영원한 소멸이 아니기 때문이다. 안티고네가 욕망의 화신으로 영원히 빛을 발하는 것은 이 때문이다. 하지만 물이라는 것은 우리의 경험을 넘어서 있는 존재이기 때문에 동시에 두렵고 경이로운 것이다.

맺음을 대신하여: 물(Thing)과 실재의 열정

지금껏 살펴보았듯이 두 죽음 사이의 존재들은 우리가 맺고 있는 일상적 관계와 법을 초월해 있는 강력하고 섬뜩한 존재들이다. 이 존재들은 최소 한 차례의 죽음을 이미 경험했다는 것에서 삶과 죽음의 이원적 대립구도를 벗어난 자들, 즉 '살아 있지만 죽었거나 죽었지만 살아 있으며 동시에 완전한 파괴가 불가능한 불멸의 대상'이다. 이들은 상상계와 상징계로 이루어진 우리의 현실reality을 넘어선 대상으로 실재에 속하는 물을 구현하는 존재들이다. 라캉에 따르면 물이란 존재의 모든 물음이 제기되는 절대적 장소를 말한다. 물은 우리가 상상하는 것이 불가능하며 언어 영역 밖에 존재하는 대상을 가리키는 것으로 위에서 우리가 라멜르라 지칭한 것과 같은 영역에 속한다. 또한 물은 다시 찾아야 할 잃어버린 대상, 욕망의 대상이지만 현실에서 언제나 금지되어 있는 불가능한 대상이다. 물은 그 불가능성과 금지 때문에 욕망의 대상이 된다. 그러나 금지된 대상이 우리 삶 가운데 직접 나타난다는 것은 현실을 지탱하는 상징계가 흔들린다는 것을 의미하기 때문에 주체할 수 없는 불안과 공포심을 느끼는 것이다. 그것은 우리가 일상적으로 느끼지 못하는 삶과 죽음의 경계가 혼재되어 나타날 때 혹은 그것을 보여주는 존재가 주는 당혹감이다. 이런 형상을 라캉은 에드거 앨런 포의 유명한 이야기 ≪불행한 발리마르 씨 이야기≫의 주인공을 통해 예시한다. 발리마르 씨는 최면을 통해 죽음에 이르렀다 다시 깨어나는 경험을 반복하면서 자신의 그 끔찍한 경험을 말하는데, 즉 이때 발리마르의 모습이다. 발리마르 씨는 최면을 통해 인위적으로 살아 있는 시체의 경험을 여러 차례 반복하지만 그 때문에 고통을 느낀다.

"발리마르는 다만 메스꺼운 액화물일 뿐이다. 어떤 언어로도 그 이름을 부여할 수 없는 어떤 것이자 정면으로 얼굴을 응시하는 것이 불가능한 적나라하고, 순수하고 단순하며 생경하게 출현하는 형상이다. 그것은 인간 운명에 대한 모든 상상의 배후에 있으며, 모든 수식 가능함의 너머에 존재한다. 사체라는 단어로 그것을 지칭하기에는 부족하며, 부풀어 오른 일종의 생명체의 여진이라 할 수 있는데 그 거품은 붕괴되고 생명 없는 부패한 액체 속으로 흩어져 버린다."[22]

지젝Slavoj Žižek은 이러한 형상이 공포를 주는 것은 두 죽음 사이에 있는 것, 즉 죽음 너머의 삶이 갑자기 출현하면서 일상을 파열시키기 때문이라고 설명한다.[23] 그런데 죽음 너머의 존재란 사실 저승에 온 허깨비 같은 존재가 아니라 결여와 그 충족 불가능성을 동시에 지시하는 물의 대현물이다. 물이란 신비하고 원초적인 어떤 대상이 아니며 언어가 사물을 기호화하면서 결여시키는 결과로 만들어진 원초적 결여의 경험에서 파생한 것이다. 그런데 이 결여는 언어적 존재인 인간이 절대로 채울 수 없는 것으로 오히려 그런 불가능성이 채워지려 할 때 우리는 불안을 느끼는 것이다. 하지만 역설적으로 인간은 언제나 상징계 너머에 도달하고자 하고, 그것을 상징하는 존재에 매료되는데 이것은 주체 자체가 분열되어 있기 때문이다. 언어학자들이 강조한 것처럼 우리는 언어를 말할 때 '언표된 주체'와 '언표행위의 주체'로 분열하게 된다. 이것은 '나는 거짓말을 한다'라는 모순된 명제가 잘 보여준다. 언표된 말이 참이 되려면 언표행위를 하는 나는 거짓말을 해야 하며, 이 경우 그 거짓은 언표된 나의 확실성에도 다시금 영향을 미친다. 결국 '나는 거짓말을 한다'에서 언표된 주체와 언표행위의 주체는 서로를 부정하지만 우리는 어느 하나만이 진정으로 우리의 주체성을 대변한다고 말할 수 없는 것이다.

물, 라멜르, 죽음 같은 형상들은 상징계를 넘어선 존재들이지만 언제나 상징계와의 관계에서 형상화가 불가능한 것으로 그 모습을 드러낸다. 그리고 우리가 이런 존재에 매료되는 것은 그것이 결국은 잃어버린 우리 존재를 상징하기 때문이라고도 할 수 있다. 이런 면에서 두 죽음 사이는 우리에게 끔찍하면서도 그곳에 다가가고 싶은 미묘한 향수를 불러일으키는 공간이다. 그것은 유령이나 좀비같이 두려움과 혐오를 통해서도 다가오지만 안티고네처럼 불멸하는 욕망의 순수성으로 우리를 유혹하기도 하는 것이다. 삶과 죽음은 언제나 우리 삶에 뒤섞여 있으며 괴물이나 유령은 우리의 또 다른 모습일 수도 있다. 그것에 매료되는 것은 결국 알랭 바디우가 말한 것처럼 '실재의 열정'일 수 있다. 실재의 열정은 잃어버린 대상에 대한 갈망과 통하며 주체성의 회복을 향한 의지라고 말할 수 있는데 실재가 결국 우리의 존재이기 때문이다. 실재는 불가능한 것이지만 언제나 현실에 침투하는데 우리가 다양한 계기로 표출되는 실재에 대해 보려고 하는 것은 결국 금지된 법을 넘어서고자 하는 향유의지라 할 수 있다. 그리고 불가능 · 금지에 끌릴 때 우리는 두려움을 느끼면서 이것을 보려고 하는데, 이런 면에서 두 죽음 사이는 향유의 원천이다. 두 죽음 사이는 결국 죽음과 관련된 실재의 열정인 욕망의 본성을 일깨워 준다. 언어와의 관계에서 느끼는 욕망의 절대성과 불가능성이 결국 인간 현존을 가능하게 만드는 불가피한 조건이기 때문이다.

02

그로테스크의 피 — 흐름

판소리의 기괴奇怪 혹은 그로테스크

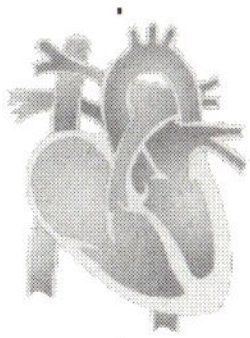

판소리를 그로테스크하다고 이야기하면, 많은 사람들이 고개를 갸우뚱할 것이 분명하다. 판소리하면 떠오르는 정서는 아련한 슬픔과 같은 '한恨'이나 아니면 전통적인 '해학'이 먼저이기 때문이다. 하지만 바로 그 '한'과 '해학', '슬픔'과 '기쁨'을 한자리에서 보여주는 것이 판소리이고, 더 나아가 이 어울리지 않는 두 정서가 공존하는 바로 그 지점에서 그로테스크한 정서가 드러나기도 한다. 삶의 온전한 양태가 기쁨과 슬픔 어느 한쪽에만 쏠려 있는 것이 아니라면, 판소리가 가지고 있는 그로테스크는 바로 삶의 두 가지 모습을 한꺼번에 보여주는 바로 그런 정서라 할 수 있다.

서유석(서강대학교 선임연구원)

'판소리' 하면 떠오르는 것은? 많은 사람들이 소리꾼의 고된 수련 과정과 그리고 '한恨'을 꼽는다. 소리꾼의 득음 과정 중 몇몇의 사례는 실제보다 과장된 것도 있지만, 그들이 그렇게 노력해서 얻고자 하는 그 '소리'에는 분명 높은 수준의 예술적 성취가 담겨 있는 것은 사실이다. 그렇다면 '한恨'은? 실제로 '한恨'이 무엇인지 정확히 가늠하기도 쉽지 않지만, 그저 이 땅의 전통문화 곳곳에는 '한恨'이 스며 있다고 알고 있고, 어떻게 보면 그 뜻이 무엇인지도 정확히 모른

채 그렇게 배워온 것은 아닌가 싶다. 하지만 판소리가 무조건 '한恨', 그리고 슬픔만을 노래하는 것은 아니다. 그 안에는 기쁨도 있고, 슬픔도 있다. 정확히 이야기하자면, 실제로 우리가 '한恨'이라고 부르는 것은 슬픔을 기쁨으로 풀어내는 그 무엇이라고도 설명할 수 있다.

실제로 판소리가 가지고 있는 미적 특질로 '울리고 웃기기'를 꼽는다. '울리고 웃기기'라는 용어는 서로 어울리지 않는 감정의 결합처럼 보인다. 울고 싶으면 울면 되고, 우스우면 웃으면 되지만, 울다 웃다 하는 것은 도통 어울리지 않는다. 하지만, 슬픔 속에 담긴 기쁨만큼 큰 것도 없고, 기쁨 속에 담겨진 슬픔만큼 슬픈 것이 없을지도 모른다.

판소리는 복합적인 정서의 집약이다. 연행 상황에서도 그리고 그 사설에서도 일관적인 정서를 보여주지 않는다. 아마 판소리가 이렇게 복합적인 정서를 가지고 있기에, 판소리는 그 오랜 시간을 지나 지금까지 우리 전통문화의 진수로 남아 있고, 전승되고 있는지도 모를 일이다. 하지만 본고에서 주로 살펴보고자 하는 것은 판소리가 가지고 있는 '울리고 웃기기'에 담겨 있는 알 수 없는 '터무니없음'이다.[1] 한참 슬퍼야 할 장면에 등장하는 파격적인 웃음이나, 웃겨서 정신없는 장면에 등장하는 묘한 슬픔과 같은 정서를 '터무니없음'이라고 간략하게 설명해 볼 수 있다.

양립하기 어려워 보이는 감정 혹은 정서가 충돌하면 새로운 미적 특질이 생겨날 수 있다. 예를 들어본다. 몇 년 전 한참 유행했던 엽기토끼를 떠올려보자. 작은 눈에 귀엽게 생긴 토끼가 벌이는 행동은 말 그대로 '엽기' 그 자체다. 귀엽게 생긴 외모와는 달리 말도 안 되는 폭력을 행사하던 그 토끼는 '마시마로'라는 이름보단 '엽기토끼'라는 이름으로 더 유명해졌다. 귀엽기 그지없는 캐릭터가 벌이는 놀라운 폭력성. 여기서 느끼는 정서는 도대체 어떠한 것일까? 이러한 '터무니없음'이 판소리에서는 종종 드러난다. 비장미의 극치를 달리는 장면에서 던지는 춘향의 육담. 입에 담기도 거북한 잔혹한 묘사를 읽고 난 뒤 느낄 수 있는 묘한 웃음. 판소리 사설을 가만히 살펴보면 판소리 자체가 이러한 '터무니없음'으로 가득 차 있는 것처럼 보일 때도 있다.

이제 판소리가 보여주는 이러한 '터무니없음'을 기괴奇怪 혹은 그로테스크라는 미적 영역에서 살펴보도록 할 것이다. 웃어도 그냥 웃을 수 없는, 울어도 그냥 울고 있을 수만은 없는 그러한 정서를 설명하는 데에는 기괴奇怪 혹은 그로테스크라는 개념이 가장 정확히 어울려 보이기 때문이다.

'울리고 웃기기' — 판소리 미학으로서의 그로테스크

판소리의 미학은 다양한 층위에서 논의되어 왔다. 판소리의 미학을 그로테스크 혹은 기괴라는 측면에서 살펴보고자 한다면, 먼저 그간 논의되었던 판소리의 미학에 대해 검토해보아야 할 것이다. 먼저 앞서 살펴본 바 있는 '한恨'부터 따져보자. 판소리에서 나타나는 '한恨'은 '삭임'의 기능을 가지고 있는 것으로 보인다. 그리고 이러한 기능은 결국 판소리 안에서 울음과 웃음의 순환으로, 궁극적으로는 웃음이 울음을 초극하는 현상으로 드러난다. 그리고 이러한 울음과 웃음의 순환은 비장과 골계의 교체, 슬픔과 웃음의 교체로도 볼 수 있다. 울음과 웃음의 순환, 그리고 비장과 골계의 교차는 말 그대로 '울리고 웃기기'를 의미한다. 그리고 이러한 순환과 교체는 궁극에는 웃음의 초극으로 끝난다.[2] 즉 '한'은 '삭임'으로 승화되는 셈이고,

이는 역시 '신명풀이'로도 설명해 볼 수 있다.

따라서 '울리고 웃기기'는 판소리가 가지고 있는 주요한 미적 특질이며, 이 순환이나 교체의 현상은 판소리가 가지고 있는 창과 아니리의 반복과 교체를 통해 드러나기도 하며, 긴장과 이완으로 설명될 수도 있다. 결국 판소리의 미학적 특징 중 하나인 '울리고 웃기기'는 이렇게 양립하기 어려운 두 감정의 순환과 교체를 통해 드러나는 것으로 볼 수 있는 셈이다.

하지만 '울리고 웃기기'가 어느 한 곳에 치우친 경향을 보이는 작품도 찾아볼 수 있다. 예를 들어 예전부터 〈토끼전〉[3]을 '울음이 바싹 마른 노래'라고 지적한 것이 대표적이다. 이와 반대로 〈심청전〉은 웃음보다는 울음 또는 비장의 미적 특질이 더 강조되어 있는 것이 사실이다. 즉 개별적인 작품에 따라서는 이 '울리고 웃기기'의 미적 특질의 양상이 한쪽으로 편중되어 나타나기도 한다.

이 글에서 이야기하는 '울리고 웃기기'란 판소리 서사에서 사설의 내용과 장면의 구성이 그러하다는 점이다. 연행 상황에서 드러나는 '울리고 웃기기'는 조금 다른 양상을 보일 수도 있다. 하지만 분명한 것은 사설 속에서 나타나는 양립할 수 없는 두 가지 정서의 결합은 새로운 미적 특질을 탄생시킬 수 있다는 사실이다. 그리고 그러한 미적 특질은 판소리 곳곳에서 찾아 볼 수 있다고 전제한 바 있다. 가장 대표적인 사례를 확인해 보자.

> 일정지심 잇ᄉᆞ오니 이러ᄒᆞ면 변ᄒᆞᆯ테요 ᄆᆡ우치라 예이 ᄯᆞᆨ 이부 아니 셤긴다고 이 거조ᄂᆞᆫ 당치 안쇼 세칫ᄂᆞᆺ ᄯᆞᆨ 붓치니 삼강이 즁ᄒᆞ기로 ᄉᆞᆷ가이 본바닷쇼 네치ᄂᆞᆺ ᄯᆞᆨ 부치니 ᄉᆞ지를 찟드ᄅᆡ도 ᄉᆞ또의 쳐분이요 오치낫 ᄯᆞᆨ 부치니 오장을 갈나쥬면 오쟉키 죳쇼릿가 육칫낫 ᄯᆞᆨ 부치니 육방하인 무러보오 육시ᄒᆞ면

될터인가 칠ᄌᆡ낫 ᄯᆞᆨ 부치니 칠ᄉᆞ즁의 업ᄂᆞᆫ 공ᄉᆞ 칠ᄃᆡ로 만처보시오 팔ᄎᆡ 낫 ᄯᆞᆨ 부치니 팔면부당 못될일을 팔작팔작 쒸여보오 구ᄎᆡ 낫 ᄯᆞᆨ 부치니 구즁분우 관장되야 구진 짓슬 그만ᄒᆞ오 십ᄎᆡ 낫 ᄯᆞᆨ 부치니 십벌지목 밋지마오 십은 아니 쥽터이요

_ 신재효 남창 〈춘향가〉

'십장가' 대목은 〈춘향전〉의 주요한 눈대목이다.[4] 춘향의 이도령에 대한 변치 않는 마음과 변학도에 대한 직접적인 항거가 바로 드러나며, 춘향의 고난이 직접적으로 형상화됨으로써 작품의 비장미가 한껏 드러나는 부분이기도 하다. 물론 이 '십장가'대목은 개별 이본마다 편차가 존재한다. 하지만 판소리를 6마당으로 정리한 신재효의 남창을 살펴보면 말 그대로 '터무니없어' 보이는 파격을 찾아볼 수 있다. 가장 비극적이고 비장미가 드러나야 할 대목에서 때 아닌 파격이 드러난다. 마지막 부분에서 춘향은 가장 비속한 용어를 입에 담고 있다. 여성의 성기를 직접적으로 드러내며 자신의 몸을 그리고 정절을 내어줄 수 없음을 있는 그대로 설명하고 있기 때문이다. 〈춘향전〉이라는 서사에서 가장 저항적이고 비극적일 수 있는 이 부분에서 드러나는 파격은 정말 말 그대로 터무니없어 보인다. 이 말 한마디로 정절의 화신으로 자리매김해야 할 춘향이는 한순간에 이상한 여자로 격하되고 만다. 말 그대로 '울리고 웃기기'가 아닐 수 없다.

이러한 춘향의 모습을 어떻게 이해해야 할까? 이러한 미적 특질은 비장과 골계의 결합에서 드러나는 독특한 효과임이 분명하다. 즉 어울리지 않는 두 감정이 충돌하면서 드러나는 미적 특질인 셈이다. 이러한 효과는 실상 〈춘향전〉 서사 전체에서도 드러나고 있다.

춘향은 열녀이다. 그리고 숭고한 사랑의 화신이기도 하다. 기생의 신분으로 누구에게나 허락된 자신의 정조를 유독 한 남자에게만 지킴으로써 춘향은 정조권, 결혼권, 그리고 행복권을 얻어내는 데 성공했다.[5] 즉 춘향은 열녀이기도 하지만, 동시에 자신의 목숨까지 걸고 지켜낸 사랑을 통해 숭고한 사랑의 표상을 보여주기도 하는 것이다. 그렇다면 〈춘향전〉에서 나타나는 노골적인 성적 묘사는 어떻게 이해해야 하는 것일까? 실제로 〈춘향전〉은 아름다운 사랑 이야기임에 틀림이 없다. 하지만 목숨까지 담보로 한 고귀한 사랑의 감정과 함께하는 노골적인 성행위에 대한 비유적인 묘사는 판소리의 미학인 '울리고 웃기기'처럼 양립할 수 없어 보이는 것들의 결합이자 충돌이 분명하다. 결국 이러한 미감은 실제로 '불편함'을 가져온다. 그리고 이러한 알 수 없는 '불편함'은 그로테스크가 가지고 있는 미적 특질의 본령이라 할 수 있다.

많은 선행 연구들은 판소리가 가지고 있는 이러한 미감에 대해 일찍부터 조망해오고 있는 것이 사실이다. 먼저 조동일은 한국 문학의 미적 범주를 비장, 숭고, 우아, 골계로 나누어 설명하고 있다.[6] 비장과 숭고를 '있어야 할 것'을 지향하는 미적 특질로, 우아와 골계를 '있는 것'을 지향하는 미적 특질로 보고, 비장과 골계는 상반되는 특질로, 숭고와 우아는 융합될 수 있는 특질로 파악한 바 있다. 비장과 골계는 상반되는 특질로 결합할 수는 없지만, 공존할 수 있는 것으로 파악했다. 즉 판소리 및 판소리계 소설에서 골계는 숭고나 비장과 결합되지 않고 공존하고 있다고 설명하면서, 숭고나 비장으로 추구하는 '있어야 할 것'은 인습적 도덕률이고, 골계를 통해서 제시되는 '있는 것'은 도덕률과는 어긋나는 현실 자체의 새롭고 생생한 모습이라고 지적하고 있다. 결국 조동일의 논의에 의하면 비장과 골계는 결합할 수 없으나 공존할 수 있는 미감이며, 이러한 공존 즉 비결합 공존 상태에서는 기본 범주들이 그대로 작용하지 새로운 범주가 생기지는 않는다고 본 것이다.

이러한 지적은 그로테스크가 가지고 있는 미적 특질을 사실상 정확히 설명하고 있는 셈이다. 그로테스크는 양립할 수 없는 미감들의 충돌이며, 줄타기라 볼 수 있다. 만약 그로테스크로 보이는 미의식이 웃음으로 귀결되거나 혹은 우스운 것으로 받아들인 상황이 공포나 비장으로 귀결된다면 그로테스크가 보여줄 수 있는 미감은 바로 사라지고 말기 때문이다. 따라서 판소리가 보여주는 비장과 골계의 반복과 교체는 비장과 골계라는 기본 범주가 그대로 작용하면서, 또 결합되지 않으면서 불러일으켜지는 미감이라고 볼 수 있다. 그리고 이러한 미감은 '불편함'을 환기하며, 이는 궁극적으로 그로테스크 미학의 본질을 잘 살려내고 있는 것이다.

하지만 판소리가 가지고 있는 '울리고 웃기기'의 효과가 모두 동일한 것은 아니다. 즉 판소리의 '울리고 웃기기'가 기괴 혹은 그로테스크의 미감을 불러일으키고 있는 것은 사실이지만, 각각의 작품에서 이러한 미적 특질이 작품의 주제와 의미를 도출해내는 양상은 매우 다르기 때문이다. 다시 말해서 판소리는 모두 그로테스크한 미학의 범주 내에서 설명할 수 있는 부분들을 모두 공유하고는 있으나 그로테스크가 작품 내에서 드러나는 효과는 차이가 분명할뿐더러, 그 의미하는 바도 구분할 수 있다.

판소리가 가지고 있는 기괴 혹은 그로테스크 미학은 지금까지 소리를 잃지 않고 전승되고 있는 판소리와 그렇지 않은 판소리 사이에서 뚜렷한 차이점을 가지고 있는 것으로 보인다. 예를 들어 전승 판소리에서 드러나는 그로테스크한 형상들이나 미적 특질들은 실제로 웃음이 더 강조된다. 웃음이 강조된다고 해서 그로테스크가 완전히 사라지는 것은 아니다. 위에서 살펴본 것처럼 '십장가'에서 드러나는 파격적인 춘향의 발언의 불편함은 사라지는 것이 아니고, 열녀의 표상인 춘향이 보여주는 '사랑가' 대목의 성적 유희들이 드러내는 아이러니도 이해하기 쉽지 않은 것은 사실이기 때문이다. 이뿐만이 아니다. 〈심청전〉에서 심봉사가 보여주는 골계적 행위들은 앞서 딸을 떠나보내야만 했던 비장과 결합하여 알 수 없는 미감을 만들어낸다. 〈적벽가〉는 전쟁의 참혹함을 병사들의 부상당한 신체의 적나라한 묘사를 통해 드러내고 있지만, 그 참혹함의 공포는 희화화되어 알 수 없는 미적 특질을 생산한다. 〈토끼전〉도 이와 비슷하다. 용왕의 육신은 수많은 병으로 점철되어 이상한 미적 특질을 불러일으키고 있기 때문이다. 하지만 전승 판소리가 보여주는 이러한 그로테스크한 경향은 실전 판소리(사설만 남아 있고 소리는 전하지 않는)의 그로테스크한 경향과는 차이가 분명하다.

실전 판소리의 그로테스크한 경향은 다양한 골계미의 한 범주로 이해될 수도 있다. 판소리가 가지고 있는 '울리고 웃기기'는 분명 웃음으로 초극되는 골계적 경향이 우세해 보이지만, 이는 그로테스크로 설명할 수 있는 가능성도 역시 내포하고 있다. 그리고 그로테스크도 단일한 것이 아니라 그 안에서 다양한 의미망을 가지고 있을 수 있다. 실제로 〈변강쇠가〉는 기괴함, 즉 그로테스크 그 자체를 주요한 미적 특질로 삼고 있으며, 〈장끼전〉은 뒤틀림의 미학을 보여주고 있다. 〈강릉매화타령〉은 성에 도착된 경직된 인물의 모습을 역시 '불편함'으로 형상화하고 있다. 하지만 같은 그로테스크라 하더라도 실전 판소리가 보여주는 그로테스크의 의미는 전승 판소리의 그것과는 차이가 분명하다. 전승 판소리의 그로테스크가 민중해학적 세계관을 바탕으로 기존 사회 질서와 가치에 대한 격하, 그리고 재생의 카니발적인 양상을 구현하고 있다면, 실전 판소리의 그로테스크는 개인적이고, 당대 사회의 모순을 폭로하고 공격하며, 개인의 소외와 해결할 수 없는 갈등의 요소들을 다양한 인물 형상으로 표현해내고 있기 때문이다.

전승 판소리의 그로테스크—카니발적 세계관과 그로테스크 리얼리즘

지금까지 전승되고 있는 판소리는 다섯 작품이다. 잘 알려진 바와 같이 〈춘향전〉, 〈심청전〉, 〈토끼전〉, 〈흥부전〉, 〈적벽가〉가 그것이다. 이들 작품은 민중해학적 세계관을 바탕으로 카니발적인 세계를 구현하고 있다. 왜냐하면 전승되고 있는 판소리들은 모두 축제적 결말을 가지고 있으며, 기존의 가치와 질서 그리고 세계관을 격하시키고 무화시킨다는 공통점을 가지고 있기 때문이다. 그리고 이러한 격하와 무화는 웃음으로 귀결되지만, 역시 그 웃음이 주는 느낌은 그로테스크하다. 즉 불편한 모습을 가지고 있다.

> 죠총수 ᄒᆞᆫ눔감이 예 저 놈은 들어오며 황문에 손밧치고 울면서 ᄒᆞᄂᆞᆫ말이 ᄋᆡ고 ᄯᅩᆼ구명이야 ᄋᆡ고 ᄯᅩᆼ구멍이야 조조 불너 네 이놈 알을ᄃᆡ가 오직 만하 ᄯᅩᆼ구멍은 웨 알ᄂᆞᆫ냐 져 놈이 ᄃᆡ답하되 적벽강서 아니 죽고 오림으로 도망더니 한 장수 좇ᄎᆞ와셔 ᄂᆡ병치 썩벽기고 ᄂᆡ상토 썩 잡우며 어허 그놈 어엿부다 죽이ᄌᆞ ᄒᆞ엿더니 중동 ᄒᆡ소시켜 볼가 갈ᄃᆡ슙 깁푼ᄃᆡ로 ᄉᆞ을고 들어가셔 업질으며 ᄒᆞᄂᆞᆫ 말이 젼ᄌᆡᆼ에 나온제가 여러ᄒᆡ 되야기로 양각ᄉᆞᆫ 중쥬시겨 보ᄌᆞ 춤도 안바르고 ᄉᆡᆼᄶᆞ로 쑥듸미니 ᄉᆡᆼ눈이 곳솟ᄂᆞᆫ듸 빗살이 ᄉᆞᆺᄉᆞᆺᄒᆞ야 두 주먹 아득 ᄶᅱ고 압이를 ᄯᅩ득 갈아 반ᄉᆡᆼ 반ᄉᆞ 막젼듸니 그 엽페셔 굿보ᄂᆞᆫ 놈 거름ᄎᆞ례 달여들어 일곱놈을 칠엿더니 황문 웃시욱 망건 당줄 ᄶᆞᆯ은 것이 ᄯᅮᆨ ᄭᅳᆫ어져 벌어지니 배속 ᄲᆞ지 훤ᄒᆞ여셔 걸임ᄉᆡ가 아죠업셔 그리ᄒᆡ도 그 졍으로 총은 아닛ᄇᆡ셔가고 엽페다 노와ᄉᆡ에 ᄀᆞᆫ신이 정신차려 왼몸을 주무르고 총ᄃᆡ집고 일어셔셔 일보 일계 오옵ᄂᆞᆫᄃᆡ 제일에 극난ᄒᆞᆫ게 밥먹어도 그ᄃᆡ로

물먹어도 그ᄃᆡ로 쉬지안코 곳나오니 밖게셔는 못막어셔 안으로 막어볼가 포수에게 셕량밧고 총을 팔아 황육 사서 좋ᄌᆞ만금 써너도 수루수루 도로나와 줌억만금 목침만금 아무리 써여너도 도로만 곳 나오니 엇디ᄒᆞ여 살슈 잇쇼 조조 ᄯᅩ 의ᄉᆞᄒᆞ여 쇠살을 가지고셔 ᄉᆞ람살을 ᄭᅧ랴거든 암만ᄒᆞᆫ들 될커시냐 길가에 ᄊᆞ은 송장 ᄉᆞ람살을 버여다가 챡실이 막어보라.

_ 신재효 〈적벽가〉

그로테스크가 성립되기 위해서는 먼저 인간의 육체가 기반이 되어야 한다. 인간이 느끼는 공포와 비장의 정서들은 모두 육체에 대한 위해에서 출발하기 때문이다. 그리고 그로테스크가 가지고 있는 육체에 대한 기반은 현실성을 함께 담보해야 한다. 현실적이지 않은 이미지들은 자아가 세계에 대해 느끼는 갈등이나 모순 그리고 공포를 만들어낼 수 없기 때문이다.

조총수 한눈감이가 보여주는 모습은 매우 기괴하고 그로테스크하다. 전장의 한복판에서 살아남기 위해 노력하지만, 그가 겪은 것은 죽음의 공포보다 더한 치욕이다. 성욕에 굶주린, 같은 남성들에게 당한 폭력은 끔찍하다. 특히 그 폭력으로 인한 육체의 상처는 매우 적나라하게 묘사되어 있다. 항문이 끊어지고, 그 내부가 훤히 들여다보이는 지경이지만, 놀라운 것은 이 묘사가 매우 희화화되어 있다는 점이다. 특히 마지막 조조의 발언은 매우 폭력적이다. 끊어진 항문을 저 수많은 시체 중 하나를 가지고 막아보라는 언급은 말 그대로 그로테스크를 불러일으키기 충분하다.

하지만 〈적벽가〉가 가지고 있는 이러한 그로테스크는 작품이 가지고 있는 주제와 어울려 다른 의미를 내포하게 된다. 〈적벽가〉는 ≪삼국지연의≫를 원작으로 하고 있지만, 중요한 내용은 ≪삼국지연의≫에서 찾아볼 수 없는 독창적인 것이다. 작품의 주인공은 조조와 유비 그리고 관우와 같은 장수들인 듯하지만, 실제 작품의 주요한 주인공들은 전쟁이라는 세계의 폭력 앞에 무력한 개인들이다. 따라서 〈적벽가〉의 '군사설움타령'이나 '군사점고타령'에서 드러나는 민중들의 다양한 애환은 전쟁과 그 전쟁을 만들어내는 위정자들과 그 사회의 모순을 직접적으로 공박하고 격하하고 있다. 그래서 결국 전쟁의 당사자인 조조는 한없이 격하되어 일개 병사보다 못한 존재가 되고, 풍자의 대상으로 전락하며, 그들이 가지고 있는 가치관은 한없이 격하되기에 이른다. 한눈감이가 자신의 몸이 얻은 상처를 통해 보여주는 그로테스크한 이미지들은 끔찍하기도 하고 우습기도 하지만, 마지막 조조의 발언을 통해 권력자들이 가지고 있는 비인간성과 모순을 철저히 폭로되어 격하되기 때문이다. 그리고 이러한 모습은 전승 판소리 곳곳에서 살펴볼 수 있다.

> 일낙소산의 해는 뚝 떠러지고 월충동역의 달이 월 춘이공산 저문 날의 낙화분분 찰 영 미색 불너 술 부어라 넘처간다 기울 책 하도낙서 잠간 보니 일월성신 별 진 원앙침 비취금 활활 벗고 잘 숙 양각을 번적 들고 사양 말고 벌 열 어혀둥둥 두달이고 만성회 베폴 장 채역을 서후 기피 들어 소한대한 찰 안 (……) 조강지처는 박대마소 대전통편 법즉 늪 네 입 내 입 마조 대니 양구상합 법중 녀 시화세풍 조흘시고 우순풍조 고로 조 구년지수 설위마소 칠년대한 볏 양 손을 너어 만저 보니 가닥가닥 터럭 모 엇더한냐. 참 잘하시요. 아서라 못하갯다 서책을 내여녹코 대문대문 차레로 일글 적의 천지현황하니 황흔되면 내 갈이라.
>
> _ 〈이고본 춘향전〉

한 번 본 춘향을 잊지 못하는 이도령에게 글공부는 가당치 않은 일이다. 하지만 이도령이 읽어야 할 책들은 모두 유교 경전이며, 그 경전들은 당대 사회의 가치관과 규범 그리고 이념을 규정하는 말 그대로의 '경전'이다. 하지만 이러한 경전이 가지고 있는 권위는 바로 격하된다. 오히려 하나의 '장타령'조로 바뀌어 성행위를 묘사하는 데까지 이르는 파격으로 나아간다. 이러한 파격은 지금에 와서는 고급한 것들의 패러디 정도로 이해될 수 있겠지만, 당대 사회에서 유교 경전이 가지고 있던 권위를 생각한다면 커다란 파격이 아닐 수 없다. 그리고 무엇보다 중요한 것은 그러한 파격에 그로테스크가 이루어질 수 있는 기반인 인간의 육체 즉 성행위가 직접적으로 개입되고 있다는 점이다.

인간의 몸은 누구나 가지고 있는 것으로 벗어날 수 없는 자연의 질서이다. 따라서 몸이 요구하는 기본적인 욕망은 계층의 높고 낮음이나 경제력의 유무에 상관없이 인간이면 누구에게나 다 동등하게 주어진 것이다. 노골적인 성욕으로 끝나는 소위 '천자뒤풀이'는 기존의 가치관, 즉 유교 이념이 가지고 있는 허위성을 노골적으로 폭로할 뿐 아니라 그 권위를 격하시켜 하나의 웃음거리로 만든다. 이러한 격하의 원리는 미하엘 바흐친Mikhail Bakhtin이 그로테스크 리얼리즘Grotesque Realism으로 명명한 바 있다.[7]

그로테스크 리얼리즘은 삶의 물질 · 육체적인 이미지들을 민중적인 웃음 문화의 유산으로 풀어낸 것을 의미한다. 즉 민중 해학적 관점에서 풀어낸 것이다. 그리고 이러한 미학적 개념은 다른 시기의 작품들의 미학적 개념과 구분되는 독특한 것이 분명하다. 즉 다시 말해서 그로테스크 리얼리즘이 보여주는 미학은 웃음과 재생에 초점이 맞추어져 있다. 앞서 설명한 것처럼 그로테스크라는 미감이 성립하기 위해서는 인간의 육체를 기반으로 현실성을 담보해야만 한다. 그로테스크

리얼리즘도 여기서 벗어나지는 않는다. 인간의 육체를 대상으로 기괴한 이미지를 생산하고, 그 이미지들은 현실의 문제를 풍자하는 내용을 담고 있기 때문이다. 하지만 그로테스크 리얼리즘에서 주목해야 할 것은 이러한 이미지들이 대지와 육체를 기반으로 새로운 탄생, 즉 재생의 의미를 담고 있다는 것이다. 그로테스크 리얼리즘은 주로 민중적, 축제적, 유토피아적 양상 속에서 제시된다. 축제적 양상이 보여주는 세계는 기존의 질서와 가치가 완전히 격하되어 새로운 질서의 탄생을 예비할 수 있는 공간을 만들어낸다. 즉 카니발적인 공간이 만들어지는 셈이다.

> 왼달 갓튼 쌈마패을 삼문을 두달니며 함행어사 출도하오 소래을 지르면서 길청으로 들어가며 니방 호방 녜몽치로 후려치며 네 방곡 네방 니 놈 어서 나오라 직근직근 두달이며 남요달영 밧비 하랴 애고 빼이야 눈빠지네 (……) 구레 현감 오줌쌋고 검을 보고 너을 내랴 쥐구영의 상토 박고 누가 날 찻거던 발서 갓다고 하여다고 전주 판관 갓슬 뒤집어쓰고 어내 놈이 갓구영을 마갓단 말인야 개구영으로 달어나고 번관은 똥을 싸고 내아의 들어가서 다락의 들어안자 문 들어온다 바람다더라 파문 들어온다 대부인도 똥을 싸고 실내부인 똥을 싸서 왼집안 똥빗치라 히인 밧비 불어왓심이다 거름장사 밧비 불너 똥을 대강니라도 치워다고 저 역졸놈 심사 보소 길청 장청 형방청 들이달아 와직근 뚝딱 육방 아저 볼너들여 만항폐백사실하고 환상 전결 닥근 후의 우선 본관은 봉고파직 장게하고 형이 볼너 수도 들이라 죄인 치죄하고 각관의 비 관노와 각처 죄인 이리저리 리수하며 춘향 올이라.
>
> _〈이고본 춘향전〉

〈이고본 춘향전〉은 수많은 〈춘향전〉 이본 중에서 그로테스크 리얼리즘이 보여주는 민중 해학적 세계관을 가장 강하게 드러나는 작품이다. 위에서 살펴보고 있는 '암행어사 출두'대목은 다른 이본보다 더한 '난장판'을 보이고 있다. 〈이고본 춘향전〉의 암행어사 출두는 온통 사람의 분변으로 점철되어 있다. 암행어사 출두에 놀란 많은 이들이 결국 내어놓은 것은 바로 인간의 가장 더러운 분비물인 대변인 셈이기 때문이다.

암행어사 출두 대목은 〈춘향전〉에서도 중요한 대목에 속한다. 기존의 잘못된 질서가 바로잡히고 새로운 질서를 준비할 수 있는 공간이기 때문이다. 따라서 여기서 등장하는 '똥'은 예사롭지 않다. 바로 그로테스크 리얼리즘이 이야기하는 물질 · 육체의 원리에 부합하기 때문이며 동시에 기존의 가치관과 질서가 완전히 대지와 육체로 격하되었음을 잘 보여주고 있기 때문이다.

'똥'이 카니발적 세계를 구현하여 기존의 가치와 이념을 격하시키고 전복시키는 것과 마찬가지로 인간의 배설물의 등장은 그로테스크 리얼리즘이 대지와 육체에서 벗어난 모든 것들을 다시금 대지와 육체로 환원시킨다는 의미를 내포하고 있기도 하다. 앞서 설명한 비와 같이 인간의 분비물이 가지고 있는 더러움은 누구에게나 적용될 수 있는 것이다. 왜냐하면 인간의 육체라는 것은 기본적으로 누구에게나 동일하게 주어지는 것이기 때문이다. 따라서 이렇게 격하된 가치관과 이념은 아무런 의미를 가지지 못하고, 그 자리에는 새로운 것들의 탄생을 준비할 수 있는 공간이 형성된다. 모든 것이 전복된 카니발적 공간에서는 기존의 가치관은 아무런 의미를 가지지 못하기 때문이며, 동시에 새로운 질서를 예비할 수 있는 공간이 되기 때문이다.

따라서 전승 판소리에서 등장하는 성에 대한 묘사도 이와 같은 선상에서 이해할 수 있다. 열녀의 상징인 춘향이 보여주는 노골적인 성행위는 작품 서사 전반에서 이해하기 어려운 아이러니를 만들어 그 자체로 그로테스크한 정서를 불러일으키고 있다. 하지만 춘향의 이러한 성행위는 금지되어 있는 성을 그로테스크하게 드러낸다. 따라서 춘향의 성은 결국 신분제의 모순을 격하하고 새로운 질서를 예비할 수 있는 의미를 가지게 된다. 즉 춘향의 성은 그 자체가 그로테스크한 이미지를 획득하고 있다 할지라도, 결과적으로는 새로운 탄생, 즉 재생의 이미지를 획득하고 있는 셈이다. 이러한 재생의 이미지는 놀부에게서도 발견된다. '놀부 박타기'라는 카니발적 공간에서 온갖 난장을 겪고 난 놀부는 개과천선하게 된다. 놀부가 가지고 있던 모든 모순과 문제점은 대지와 육체로 사라진다. 결국 놀부는 새로운 사람으로의 다시 재생되는 것이다.

이렇게 전승 판소리의 그로테스크는 민중 해학적 세계관을 바탕으로 이루어진다. 그리고 이러한 미학적 개념은 그로테스크 리얼리즘으로 설명해 볼 수 있다. 판소리가 가지고 있는 비장과 골계의 순환과 반복, 양립할 수 없는 것들의 충돌은 많은 경우 인간의 육체를 기반으로 이루어지거나, 기존 사회 규범의 모순을 격하하여 새로운 질서를 예비할 수 있는 카니발적 상황에서 이루어지기 때문이다. 따라서 전승 판소리의 그로테스크는 실전 판소리의 그로테스크와 분명한 차이점을 가지고 있다. 전승 판소리의 그로테스크가 재생과 격하, 그리고 새로운 세계관과 질서의 예비적 상황을 구축하고 있는데 비해 실전 판소리의 그로테스크는 부정적 인물 형상을 통해 당대 사회의 해결할 수 없는 갈등과 모순을 폭로한다. 그리고 실전 판소리의 그로테스크 이미지가 드러내는 육체는 재생의 의미를 획득하지 못하고 불모不毛의 이미지를 구현하는 한계점을 내포하고 있다.

실전 판소리의 그로테스크— 해결할 수 없는 갈등과 그로테스크

전승 판소리의 등장인물들이 당대 사회의 모순과 갈등에 맞서거나 그 문제점을 폭로하고 해소하려는 의지를 보이고 있다면, 실전 판소리의 등장인물들은 대개 부정적 형상을 가지고 있다. 또한 실전 판소리에 등장하는 육체는 불건전하며 재생의 이미지나 의미를 획득하고 있지 못하다. 이와 마찬가지로 '울리고 웃기기'의 반복과 교체라는 본래적인 판소리 미감에서도 많이 벗어나 비장과 골계의 경계에 있는 그로테스크 미학의 본질을 잘 드러내고 있기도 하다. 하지만 실전 판소리가 보여주는 기괴 혹은 그로테스크의 의미는 전승 판소리가 보여주는 그것과는 분명한 차이가 있다.

앞서 살펴본 '십장가' 대목에서 춘향이 자신의 성기를 직접적으로 언급하는 부분은 '십장가'가 가지고 있는 비장미와 충돌하여 알 수 없는 '불편함'을 환기하는 것이 사실이다. 하지만 춘향이 보여주는 그로테스크는 재생의 의미를 내포하고 있다는 점이서 실전 판소리의 그로테스크와는 분명한 차이가 있다.

춘향은 자신의 성소를 지켜 분명히 얻어낸 것이 있었다. 춘향이 열녀의 위치를 획득하여 얻은 것은 신분 상승뿐만 아니라, 행복권과 결혼권도 지켜냈기 때문이다. 이보다 더 중요한 것은 춘향이 보여주는 그로테스크함이 기존의 사회 질서와 윤리의 모순을 공박하여 격하시키는 의미를 담고 있다는 점이다. 즉 비장미가 고조되는 부분에서 등장하는 비속한 용어로 드러나는 그로테스크는 그 자체로 신관의 부당한 행위에 대한 공격이자, 부당한 행위가 당연하게 이루어지는 당대 사회 질서의 모순에 대한 정당한 지적이 될 수 있기 때문이다. 하지만 이러한 그로테스크가 보여주는 의미는 실전 판소리에서는 다른 양상을 띤다.

> 열다섯에 어든 서방 첫ᄂᆞᆯ밤 잠자리에 급상한에 죽고, 열여섯에 어든 서방 당창병에 튀고 열일곱에 어든 서방 용천병에 페고 열여ᄃᆞᆲ에 어든 서방 베락마져 식고 열아홉에 어든 서방 천하에 대적으로 포청에 ᄯᅥ러지고 스물살에 어든 서방 비상 먹고 도라가니 서방에 퇴가 나고 송장 치기 신물난다 이삼년식 걸너가며 상부를 ᄒᆞᆯ지라도 소문이 흉악ᄒᆞᆯ 듸 한 ᄒᆡ에 ᄒᆞᆫ나식을 전예로 처치ᄒᆞ되 이것은 남이 아ᄂᆞᆫ 지동서방 그남은 간부 애부 거드모리 ᄉᆡ호루기 입 한번 마춘 놈 ᄌᆞᆺ 한번 쥐인 놈 눈 흘네ᄒᆞᆫ 놈 손 만져 봇 놈 심지에 치마귀에 상척자락 얼는 한 놈ᄭᆞ지 ᄃᆡ고 결단을 ᄂᆡᄂᆞᆫ듸 한 ᄃᆞᆯ에 뭇을 넘겨 일년에 동반 한 동 일곱 뭇 윤삭 든 ᄒᆡ면 두 동 뭇슈 ᄃᆡ고 셜그질제 엇더케 씰어썬지 삼십리 안팟 상토 올인 사나ᄒᆡᄂᆞᆫ 고사ᄒᆞ고 열 다섯 너문 총각도 업셔 게집이 밧을 갈고 처녀가 집을 이니 황 평양도 공론하되 이년을 두어ᄶᅡᄂᆞᆫ 우리 두 고ᄃᆡ에 ᄌᆞᆺ 단 놈 다시 업고, 여인국이 될 터이니 ᄶᅩ칠 밧기 슈가 업다
>
> _ 신재효본 〈변강쇠가〉

실전 판소리의 등장인물 들이 대개 부정적 형상을 가지고 있음은 앞에서도 살펴본 바 있다. 〈변강쇠가〉의 옹녀도 여기서 예외는 아니다. 물론 옹녀가 가지고 있는 부정적 형상은 개인의 내적인 문제라기보다는 사회적 편견에 의한 것이다. 따라서 문제는 실전 판소리에서 나타나는 그로테스크가 바로 사회적인 갈등과 모순 그리고 편견을 통해 주로 드러나고 있다는 점이다. 옹녀는 소위 과부로 살 수밖에 없는 팔자인 '청상살'을 타고난 여자다. 따라서 그녀에게 접근하는 남성들이 죽어나가는 것은 그녀의 잘못이라기보다는 운명에 가깝다. 하지만 그러한 옹녀를 묘사하는 시선은 편견으로 가득하다. 옹녀의 색욕이 수많은 남성을 죽음으로 몰고

가는 것처럼 묘사하기 때문이다.

위의 예시에서 볼 수 있는 것처럼 옹녀의 앞에는 죽음의 난장판이 벌어져 있다. 죽음을 '뛰고, 페고, 식고'라고 표현하는 것은 매우 공포스럽다. 하지만 그 죽음이 계속 반복되고, 그 죽음의 이유가 성적인 것으로 집중되어 죽음의 공포와는 다른 웃음이 일어난다. 결국 이러한 미감은 그로테스크를 불러일으킨다. 〈변강쇠가〉에서 찾아볼 수 있는 이러한 그로테스크는 재생의 의미나 카니발적 세계를 창출할 수 없다. 옹녀는 남편을 가질 수 없는 여성이기에 그의 성적 이미지는 대지와 육체로 환원될 수 없다. 즉 불모의 성을 가지고 있는 셈이다.

결국 실전 판소리가 가지고 있는 그로테스크적 경향은 이렇게 전승 판소리가 보여주는 긍정적인 의미를 획득하고 있지 못하다. 특히 '울리고 웃기기'라는 판소리의 미적 특질로 살펴봐도 동일한 양상을 확인할 수 있다. 〈변강쇠가〉는 공포와 웃음이 교차하는 서사 구조를 가지고 있다. 즉 '울리고 웃기기' 혹은 비장과 골계의 반복과 교체가 균등하게 이루어지고 있는 셈이다. 하지만 그로테스크라는 것이 양립할 수 없는 것의 공존 속에서 이루어지는 미학적 개념임을 다시 한 번 생각해 볼 때, 이러한 균등한 교체 반복은 그 자체로 공포와 웃음 어느 곳에도 속하지 않는 그로테스크의 미학적 본령을 가장 잘 보여주고 있는 근거가 된다. 또한 이러한 '울리고 웃기기'의 반복과 교체는 전승 판소리의 그것과 확연한 차이점을 보인다. 즉 전승 판소리가 축제적 결말을 통해 긍정적 의미를 구현해내는 데 비해 〈변강쇠가〉는 모호한 결말로 갈등의 종결을 이루어내지 않는다. 대상을 알 수 없는 음란함에 대한 경계를 교훈으로 끝나는 〈변강쇠가〉는 그 자체로 해결할 수 없는 갈등을 내포하고 있으며, 이 해결할 수 없는 갈등은 말 그대로 그로테스크의 미학 개념이 가지고 있는 주요한 원리 중 하나이기 때문이다.

부정적 형상의 인물과 그로테스크한 정서들은 실전 판소리 대부분에 적용되는 공통적 특질이다. 〈장끼전〉도 이 틀에서 크게 벗어나지 않는다. 김종철이 〈장끼전〉을 뒤틀림의 미학으로 정의한 것처럼 장끼는 변강쇠와 마찬가지로 룸펜 프롤레타리아의 성격을 보여주는 뒤틀린 인물임에 틀림없다.

까투리는 장끼의 치상 과정에서 수많은 청혼을 받는다. 하지만 그 청혼은 매우 폭력적이다. 남편의 장례가 끝나기도 전에 등장하는 수많은 남성들은 강제 결혼, 즉 억혼抑婚을 요구한다. 남편의 장례 기간에 이루어지는 혼인 요구는 매우 그로테스크하다. 아직 남편의 시신이 차갑게 식기도 전에 수많은 남성들은 까투리와의 혼인을 요구하고 있기 때문이다. 이 말도 안 되는 상황에서 까투리는 그 억혼들을 차례로 물리치면서 웃음을 유발한다. 장례식에서 청혼하는 상황도 우습지만, 까투리의 당당한 이유에 떠나가는 남성들의 모습도 우습기는 마찬가지다. 하지만 역시 이 웃음은 그로테스크하다. 죽음의 공간 속에서 벌어지는 청혼이라는 상황 자체가 그로테스크하기 때문이다. 이러한 그로테스크는 역시 재생의 의미를 획득하거나 카니발적 상황을 만들어내지 못한다. 왜냐하면, 장끼의 죽음 자체가 장끼의 뒤틀린 성격 때문에 벌어진 일이기 때문이며, 그 뒤틀린 성격으로 인한 죽음으로 인해 카니발적 공간에서 격하될 그 어떠한 사회적 가치나 이념을 찾아볼 수 없기 때문이다. 즉 다시 말해서, 〈장끼전〉은 〈변강쇠가〉와 마찬가지로 해결할 수 없는 사회적 모순들을 그로테스크하게 제시하고 있을 뿐, 그 안에서 그 문제를 해소할 수 있는 방법을 모색하고 있지 않다. 〈장끼전〉과 〈변강쇠가〉에서 드러나는 그로테스크는 그로테스크가 본질적으로 가지고 있는 부조리와 소외, 그리고 사회 모순에 대한 공격성만을 내포하고 있기 때문이다.

이러한 모습은 〈강릉매화타령〉에서도 찾아볼 수 있다.[8] 먼저 골생원은 그 외모 자체가 비정상적이며 그로테스크한 이미지를 가지고 있다.

> 즁년 정묘초의 강원도 강능 부사 김등안젼 좌정시에 책방 아각 한 양반 이씨되 셩은 골이요 명은 블견이라 합한이 골블견이라 이 양반 행동거지 얼골 체법 볼작시면 신장은 일쳑이요 면관은 사면 두 쌤 가옷시라 곱식등 부룡난시 압피 망상지틔도는 블 쌔져 늬여바린 얼명이 쪄바괴요 입은 도리쥼치 홀친 듯하고 두용비 외싹볼기 안장다리 조얌발의 쳔상쥴노 아조 쏵 삭겨 부득셜인 양반이엿짜 착관한니 연소거라 이 양반 킈가 크던지 젹던지 갓슬 쓰이 갓슨이 자 두치 닷샌이 쌍의 조록 끗쉬키여 발등과 쌈압하나라고 못 단이던 거시엿다
>
> _ 김석배 소장 〈골생원전〉

골생원의 형상은 비정상적이며 참혹하기까지 하다. 서술자는 골생원의 외양을 '꼴불견'이라고 먼저 정의하고 있다. 키는 일 척밖에 되지 않고, 곱사등이에 입은 도리줌치를 홈친 듯하고, 외싹 볼기에 안짱다리를 가지고 있다. 이러한 그로테스크한 외양을 가지고 있는 골생원은 경직된 인물이며, 성욕에 도착된 인물로 묘사된다. 그는 매화라는 기생에게 빠져, 그의 몸만을 탐하여, 그녀의 나신을 그림으로 그려 소유하고, 특정 부위를 어루만져 그림을 망가뜨리는 지경에까지 이른다. 결국 '괴물'과 같은 형상의 남성이 아름다운 여성과 성행위를 나누고, 그 모습을 잊지 못하여 나신을 그렸다는 서사는 더할 나위 없이 그로테스크하다. 하지만 역시 여기서 드러나는 성욕은 불모성不毛性을 지닌다. 전승 판소리가 보여주는 성은 재생의 의미를 가지고 있거나, 사회 모순에 대한 공박의 성격을 보여주는 데 비해, 〈강릉매화타령〉

에서 드러나는 성은 건강하기보다는 병들어 있고, 그 자체가 부조리한 것으로 극복의 대상이 되지, 기존의 사회 이념과 도덕을 격하시킬 수 있는 의미를 가지고 있지 못하기 때문이다.

결국 실전 판소리에 나타나는 그로테스크는 그 자체가 그로테스크가 가지고 있는 공격성의 대상이 되고 있는 것으로 보인다. 부정적 형상의 인물들이 펼치는 서사는 당대 사회의 해결할 수 없는 갈등과 모순을 있는 그대로 보여준다. 실전 판소리가 이러한 인물들에 관심을 가지고 있다는 것은 주목해 볼 만한 사실이다. 즉 당대 사회가 가지고 있는 다양한 삶의 의미망들을 포섭하려는 노력을 기울이고 있기 때문이다. 문학은 아름다운 것을 이야기하기도 하지만, 동시에 추한 것을 드러내기도 한다. 어찌 보면 삶의 진실은 아름다운 것들에 있는 것이 아니라 추한 것들 사이에 존재하고 있을 가능성이 높다. 하지만 실전 판소리가 보여주는 이러한 그로테스크한 양상들은 그 자체가 당대 사회의 모순과 현실의 문제를 있는 그대로 드러내고 있는 것들이다. 변강쇠와 옹녀, 장끼와 까투리는 유랑민의 형상을 가지고 있으며, 동시에 여성에게 강요되고 있던 개가 문제를 직접적으로 표출한다. 골생원과 배비장은 경직된 인물, 그리고 성에 도착된 문제점을 가지고 있다. 따라서 이들의 그로테스크한 형상은 그 자체로 그로테스크한 의미망을 형성하여 스스로가 공격과 소외의 대상이 되고 있다. 그로테스크의 미학이 낯설어진 혹은 소외된 세계에 대한 표현이라면, 실전 판소리는 바로 조선 후기 사회에서 분명히 존재하고 있지만 소외된, 혹은 소외될 수밖에 없는 현실들을 묘파하고 있다고 볼 수 있다. 사회 · 경제적 문제로 유랑화된 인물들이 보여주는 삶의 형상이나 잘못된 성관념으로 망신을 당하는 모습들, 또한 옹고집으로 대표되는 향촌 사회의 부정적 인물 형상 등은 분명 당대 사회의 중요한 문제이지만, 이를 해결할 수 있는 방법을 모색하기에는 쉽지 않은 것들임에 틀림없다. 즉 부정적 형상의 인물들은 그 자체로 그로테스크가 가지고 있는 해결할 수 없는 갈등을 내포하고 있는 셈이다.

즉 실전 판소리의 그로테스크는 그 자체가 그로테스크가 가지고 있는 소외와 공격의 대상이 된다. 전승 판소리의 그로테스크가 그로테스크 리얼리즘을 통해 기존의 가치와 질서를 격하시키고 새로운 세계관을 준비할 수 있는 가능성을 보여줌과는 달리 실전 판소리의 그로테스크는 그 자체로 해결할 수 없는 갈등을 내포하고 중심이 아닌 주변에서 '타자적' 관점으로 당대 사회를 새롭게 조망하고 있는 것이다. 이것을 잠정적으로 실전 판소리의 그로테스크 미학 개념으로 정리해 볼 수 있을 것이다.

그로테스크, 세상을 바라보는 다른 시선과 방법

허망한 이야기처럼 들릴지 모르지만, 지금 주로 공연되는 판소리 사설에서는 이렇게 기괴하고 그로테스크한 사설을 발견하기 어렵다. '십장가'에서 들을 수 있는 춘향의 '터무니없는' 외침은 정절의 목소리로 대치된 지 오래고, '적벽가'의 해부적인 묘사는 '군사설움타령'이나 '점고타령'으로 묻혀버리기 일쑤다. 심봉사가 뺑덕어미와 벌이는 기괴한 행동들은 골계적 요소로 포장되어 웃음의 미학으로 설명되는 것이 더 낫고, 흥부전의 '놀부 박타령'은 지금은 더 이상 불리지 않는다. 어떻게 보면, 전승 판소리가 가지고 있던 기괴 혹은 그로테스크한 미학들은 현대에 와서 실전 판소리와 마찬가지로 더 이상 전승되지 않고 있기 때문이다.

하지만 다른 양상도 생각해 볼 수 있다. 현대 창작 판소리로 유명한

〈똥바다〉의 경우 김지하의 담시 〈오적〉을 창작한 것과 함께 널리 알려진 작품이다. 부조리한 세상, 더러운 정치권력, 말살된 민주주의와 인권, 가진 자들의 말도 안 되는 폭력을 고발하는 이 노래는 온 세상을 말 그대로 '똥바다'로 만든다. 즉 그 '똥'을 통해 기존의 것들을 없애고, 새로운 세상을 염원하는 그로테스크 리얼리즘의 재생적 의미를 그대로 구현하고 있다.

중요한 것은 바로 '똥바다'가 나올 수 있는 그 시선이다. 기괴함 그리고 그로테스크는 그 낯설음으로 인해 기존의 것들을 예전과는 다른 모습으로 바라보게 만든다. 세상이 가지고 있는 온갖 부조리를 문제 삼지만, 실제로 우리는 그 부조리한 공간 안에서 숨쉬고 일상을 영위하고 있을 뿐이다. 하지만 그로테스크적인, 그 낯설음으로 세상을 바라보게 되면, 그간 보이지 않았던 다양한 문제와 세상을 바라보는 전혀 다른 시선을 발견할 수 있다.

판소리가 보여주는 그로테스크의 본질적인 의미는 바로 이렇게 세상을 바라보는 다른 시선에 있을 것이다. 정절의 화신으로만 기억될 수밖에 없는 춘향이의 성적 육담은 춘향이도 정절이라는 이념에 갇혀 있지 않은 평범한 인간이라는 설명이며, 동시에 당대 사회가 요구하는 정절이란 이념이 얼마나 허황된 것인지를 있는 그대로 드러내서 낯설게 할 수 있다. 변강쇠의 육체가 낱낱이 해부적으로 묘사되는 지점은 인간의 몸이 한갓 물질일지도 모른다는 인정하기 힘든 문제를 바로 눈앞에 제시하고 있다. 특히 실전 판소리가 보여주는 부정적 형상의 인물들은 바로 세상을 낯설게 바라보고자 하는 그로테스크 미학을 잘 구현하고 있다.

변강쇠, 장끼와 같이 뒤틀리고 아무런 능력 없는 하층 남성들의 모습은 어떻게 보면, 그간 은폐되어 있었던 여성의 시선에서 바라본 남성의 모습, 그 자체일지도 모를 일이다. 가부장제 하에서 사회적으로 아무런 능력도 없지만, 그저 할 수 있는 일이라고는 집에서 아내와 가족들에게 폭력을 일삼는 것밖에 없었던 우리네 옛 가장들의 모습을 바로 그 폭력의 당사자인 여성의 시선에서 바라보면 그 허황된 남성 주체가 기괴하게, 그리고 이해할 수 없는 그로테스크한 모습으로 그려질 수 있기 때문이다. 어디 그뿐인가. 성욕의 노예가 되어버린 골생원과 배비장도 여기서 크게 벗어나지 않는다. 의미 없는 성을 탐닉하는 그들의 모습이 희화화의 극치를 달리는 것은 역시 기존의 사회적 시선과는 다른 시선, 즉 그로테스크한 방법으로 그들을 묘사할 때 그들의 문제점과 모순이 극명하게 드러날 수 있기 때문이다.

하지만 그로테스크는 해결할 수 없는 갈등을 내포하고 있다. 당대 사회의 문제점을 공박할 수는 있지만, 그로테스크가 가지고 있는 낯설음과 공격성 덕에 기존의 문제점을 대신할 새로운 질서를 준비하기는 어렵다. 판소리의 그로테스크 미학이 지금까지 널리 전해지지 못하는 이유도 여기서 찾아야 할 것이다.

그러나 여기서 판소리가 나아가야 할 방향을 제시해 볼 수도 있다. 그로테스크가 세상을 낯설게 바라보고, 그 당대의 문제점을 공박할 수 있는 미적 특질이라면, 그저 중요 무형 문화재의 하나로 전승되어오고 있는 판소리가 새로운 생명력을 얻을 수 있는 방법은 바로 판소리가 가지고 있던 그로테스크 미학을 되살리는 것에 존재할 수 있기 때문이다. 〈똥바다〉가 지금까지 창작 판소리의 주요 레퍼토리로 남아 있을 수 있는 것처럼, 처음의 판소리가 높은 예술적 성취를 이루기 전 하나의 '연희'로 대중의 높은 흥미를 끌어낼 수 있었던 것처럼, 그로테스크가 가지고 있는 낯선 시선, 세상을 바라보는 그 '다른 방법'은 판소리가 지금에 이르러 새로운 생명력을 획득할 수 있는 주요한 미적 원리가 될 수 있을 것이다.

식민지 대중문화와 기괴/괴기/그로테스크[1]

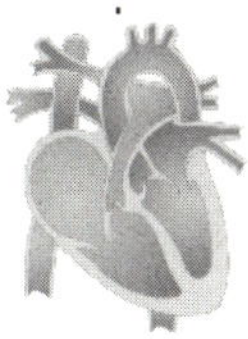

중세에 빼어난 문장과 산수를 경탄하는 수사로 활용되곤 했던 '기괴/괴기'라는 말이 공포와 잔혹성, 신비를 표상하는 취미기호가 된 것은 1930년대였다. '괴기'의 취미는 소비적 대중문화의 발전, 지식인을 비정치화하려는 식민제국의 의도, 계몽의 좌절로 인한 나르시시즘의 상처, 국경 너머의 타자에 대한 관음증적 시선과 앎에 대한 욕망 등의 복합 속에서 탄생했다. '괴기'라는 취미기호의 성립에 일차적으로 영향을 준 것은 에로-그로 문화와 그로테스크 개념 및 모던 유흥 기호嗜好의 유입 등 외래적 요소였다. 그러나 이 같은 기호嗜好 유입을 가능하게 했던 것은 계몽의 실패에 대한 뿌리 깊은 절망, 그로부터 발생하는 모던에 대한 양가적 환멸과 자학적 냉소주의 등의 문화적 저변이었다. 근대적 취미기호의 하나로 성립했음에도 불구하고 오늘날 '괴기'는 종종 '괴담'이라는 기표와 결합하여 오히려 전근대적 전설의 시대를 표상한다. 근대의 산물인 취미기호가 그 태생을 은폐하고 자신의 부정적 성격을 전근대의 그것으로 전도시키는 현상은, 내부의 모순과 불합리성을 타자에게 전가함으로써 자신의 정체성을 유지하는 근대의 자기운동방식을 확인해 준다.

김지영(한림대학교 한림과학원)

'괴기'라고 하면 요괴, 귀신, 유령, 괴물 등이 떠오른다. 어둡고 야수적인 본성과 마술적인 공포가 지배하는 세계, 논리적으로 파악할 수도 이성적으로 제어할 수도 없는 잔혹하고 초자연적이며 음울하고 신비한 세계가 오늘날 '괴기'가 표상하는 세계이다. '괴기'는 또한 아직 과학적 문명의 세례를 받지 못한 전근대와 야만의 세계를 표상하는 어휘이기도 하다. 합리적 이성과 윤리의 여과를 거치지 못한 잔인하고 충동적인 본성, 자아와 타자, 주체와 세계 간의 차이를 인지하지 못하는 미분화되고 애니미즘적인 사고, 점액·타액·오물과 같이 미끈거리고 혐오스런 액체들을 뒤집어쓴 미성숙한 존재, 사무치는 원한이나 욕망에 사로잡혀 초자연적 힘으로 산 자들에게 위해를 가하는 요괴와 귀신들이 지배하는 전설의 세계 등등, '괴기'가 연상시키는 것은 근대의 과학과 합리적 이성으로 사물의 질서를 파악하지 못하는 미분화, 미발달, 미성숙한 존재와 사고, 그리고 그들의 세계를 지배하는 마술적 힘들이다. 합리와 비합리, 의식과 무의식, 자아와 타자, 인간과 자연, 삶과 죽음 등 다양한 이분법의 경계를 표상하고 교차시키는 관념으로서, '괴기'는 신화·전설의 영역과 같은 근대의 타자들을 지칭하는 동시에 이 타자들을 쾌와 연결 짓는 흥미로운 개념이다.

그러나 한국에서 괴기라는 말이 지금과 같은 의미를 지니게 된 것은 그리 오래된 일이 아니다. '괴기'가 전근대와 야만의 시대를 연상시키고, 근대적 합리성의 저편에서 마술적이면서도 잔혹하고 비윤리적인 세계를 지칭하게 된 것은 적어도 식민지 중반이 지나서부터였다. 어둡고 음울한 욕망과 충동적 쾌락욕구를 긍정하고, 야만적·초자연적·비윤리적·전근대적 세계를 재현하고 엿보는 것으로부터 감각적 만족을 느끼는 문화적 기호의 발생은 근대 도시의 발달과 소비문화에 긴밀히 연관된다. 신문잡지 등 미디어 매체의 등장으로 대중적 정보소통이 가능해지고, 백화점·카페·극장·공원 등에서 문화적 상품을 소비할 수 있는 대중 계층이 성립하면서 발생한 새로운 문화적 취미의 하나로서, '괴기'의 취미는 '모던'이라는 신문명의 감각 위에서 탄생했다.

이 글은 한국에서 이 같은 '괴기' 취미가 형성된 과정에 관심을 가지며, 이 과정을 추적하는 첫 단계로서 1900년대부터 식민지 시기까지 '기괴/괴기' 개념을 개념사적으로 고찰해 보고자 한다. 개념사적 접근방식을 채택하는 이유는 무엇보다도 현대의 '괴기' 취미가 그 대상으로 하나로 삼는 전설의 현장, 즉 전근대 사회에서 '기괴/괴기'라는 어휘는 현재의 그것과는 다른 방식으로 사용되었다는 데 있다. '기괴/괴기'의 의미 변화는 '괴기'를 재미의 대상으로 삼는 새로운 문화적 계층의 등장과 긴밀히 연동된다. 근대 도시의 발달과 새로운 물질문화, 화이트칼라 노동자를 비롯한 새로운 소비계층의 등장, 대중미디어를 통해 흡수되고 소통되는 새로운 형태의 공통감각 등이 이 같은 개념의 이전과 신취미 형성의 근간을 이루기 때문이다. 언어와 사회문화적 지반의 변화를 연동시키고 양자를 능동적인 상호교섭관계 속에서 고찰하는 개념사적 접근방식이 유효한 것은 이 때문이다.

'기괴奇怪/괴기怪奇'라는 말

한자 '奇'와 '怪'의 결합으로 구성된 '奇怪', '怪奇'는 전근대 시대부터 활발하게 사용되는 말이었다. '다르다, 괴이하다, 뛰어나다, 돌연하다'[2] 등의 의미를 지닌 '奇'와 '특이한 것(異), 행동이나 마음 · 모양 등이 비상함, 常에 반대되는 것, 일반적이지 않은 사물'[3] 등을 가리키는 '怪'가 어울려 쓰인 것은 두 글자 모두 '常' 즉, 일반적이고 정상적인 것을 벗어나는 것을 공통적으로 지칭했기 때문이다. 비정상적인 것을 지시하면서도 '奇'와 '怪' 사이에 미묘한 차이는 있었다. 奇가 常을 이탈한 가운데 뛰어난 것을 가리키기도 했던 것과 달리, 怪는 '미혹됨', '의심스러운 것' 등을 포함함으로써 상대적으로 부정적인 뉘앙스를 띠었기 때문이다. 그러나 이 차이는 그리 크지 않았다. '기괴'와 '괴기'는 모두 '드물고 특이하여 일반적이지 않다'는 서술적 의미와 '일반적이지 않은 사람이나 사물'이라는 명사적 의미로 함께 쓰였고, 실제로 '괴기'보다는 순서를 뒤바꾼 '기괴'가 훨씬 더 많이 사용되었다. 중세의 문헌에서 '기괴'와 '괴기'는 도리에 맞지 않는 사악한 사물이나 현상을 가리키는 데도 쓰였지만, 더 많이 사용된 것은 서화書畵의 빼어남이나 산천의 아름다움을 찬탄하는 일이었다.[이하 인용문에서 고딕체는 인용자가 강조하기 위한 것임.]

> ① 그 자체子體가 기괴奇怪하여 神人이 쓴 것 같고 사람의 필력으로는 도저히 그렇게 할 수 없는 것이었다.[4]
>
> ② "동파東坡의 주행시舟行詩에 괴기怪奇한 시구가 있는데, 지금 내가 잊어 한두 글자도 욀 수 없으니 한스럽다."고 하자, 공이 말하기를, "자네가 말하고자 하는 것이 바로, 暗潮生渚 落月挂柳라는 시가 아닌가?" 하니, 그 사람은 무릎을 치며 감탄하였나.[6]
>
> ③ 기기괴괴한 천태만상 원래 저절로 구별되고(怪怪奇奇元自別) 뾰족하고 쇄세한 것들 서로 고르지 않구나(尖尖碎碎不相侔) 흐르는 물 빼어난 산 여기가 어드메뇨(爭流競秀斯何地)[6]
>
> ④ 대체로 경신년 이후로 국가에 일이 많고 세도世道가 매우 험난하여 천기백괴千奇百怪한 무리들이 하지 못하는 짓이 없었습니다.[7]

①, ②, ③의 사례들에서 '奇怪', '怪奇'는 묘사하기 어려울 만큼 빼어난

서화書畵와 문장, 수목산천의 아름다운 양태를 형용하는 데 동원되어 월등함, 탁월함, 훌륭함이라는 긍정적 의미로 활용된다. ④의 예와 같이 부정적인 사례도 적지 않지만, 중세 문헌에서 '기괴/괴기'가 사용된 비중은 ①, ②, ③과 같은 긍정적인 사례가 더 많다. 즉, 오늘날의 쓰임새와 달리, 전통 사회에서는 '기괴'나 '괴기'가 긍정적인 것과 부정적인 것 양쪽으로 모두 활용될 수 있는 중립적 성격을 지녔던 것이다.

이런 성격은 개화기에도 계승되었다. 1897년 발간된 ≪한영자전≫[8]은 '긔괴ᄒᆞ다' 라는 항목에서 한자어 '奇怪'를 부기하고 그 뜻을 "to be marvelous, to be odd, to be strange"로 풀이했다. '기괴'가 '다름'을 표상하면서도 일차적으로는 긍정적인 의미로 쓰이던 전통이 계승되고 있음을 확인해 주는 부분이다. 이 사전은 '괴기(하다)'는 싣지 않았는데, 실제로 한글표기를 지향했던 근대계몽기의 신문, 잡지에서 '괴기'의 용례는 매우 드문 편이다. 문헌의 경우와 달리 구어사회에서는 '괴기'가 그다지 쓰이지 않았던 것이다. 근대계몽기 자료에서 '기괴'는 중세의 경우와 마찬가지로 "석벽이 긔괴ᄒᆞ다", "형상이 긔괴ᄒᆞ다", "긔긔괴괴ᄒᆞᆫ 물건", "혹독ᄒᆞ며 긔괴ᄒᆞᆫ 큰 젼쟝" 등 범상치 않은 모양을 형용하는 데 동원되었고, "긔괴하고 흉악ᄒᆞᆫ 것", "음담패셜 긔괴ᄉᆞ"와 같이 윤리적으로 옳지 못한 일을 가리키는 데도 사용되었다.

1920년대부터 1930년경의 시기에 이르면, '기괴'가 실로 다양한 의미의 스펙트럼을 드러낸다. 괴상하다, 교묘하다, 부당하다, 허황되다, 원인을 알 수 없다, 묘사가 불가능할 만큼 멋지다, 요사스럽다, 미신적이다, 주술적이다 등등 풍요롭고 다채로운 활용의 양태가 나타나는 것이다. 이는 일상생활에서 '奇'와 '怪'가 가리켰던 비정상성 혹은 차이와 다름의 의미가 활용될 수 있는 영역이 그만큼

넓어졌음을 의미한다. 그러나 중세와 같이 사물의 형상을 탁월하고 훌륭한 것으로 묘사하는 경우는 현저히 줄어들며, 오늘날의 '기괴/괴기'와 같은 '추하다, 무섭다'라는 의미도 그리 눈에 띄지 않는다. 1920년대를 통틀어 '奇'와 '怪'가 가리켰던 비정상성이 가장 많이 동원되었던 것은 반어적인 형식의 사회 비판들이었다.

1920년대 신문, 잡지에서 '기괴'라는 어휘는 미신이나 잘못된 인습, 일제의 불합리한 처우와 행위를 꼬집고 개선을 요구하는 기사들에서 가장 많이 나타난다.

① 〈기괴한 악마, 허황한 미신으로 사람을 죽게 한 자〉(≪조선일보≫, 1924. 11. 29)

② 〈아프리카 토인의 기괴한 비 비는 祭 — 소를 잡고 쇠뭉치를 내두르며 구름을 불러 비오기를 빈다고〉(≪조선일보≫, 1925. 4. 22)

③ 〈정신병자를 발바닥으로 치료? — 성신 받았다는 여인이 기괴망측한 미신 행위〉(≪조선일보≫, 1926. 5. 18)

④ 〈農監의 기괴한 수단 — (……) 돈 밧고 소작권 줌〉(≪조선일보≫, 1923. 6. 30)

⑤ 〈조선인의 승선을 거절 — 불량 선인은 위험하다고, 기괴한 선장의 거절 이유〉(≪조선일보≫, 1926. 9. 30)

인용문과 같이 '기괴'가 잘못된 것들을 비판하는 데 적극적으로 동원될 수 있었던 것은, 계몽주의라는 시대정신으로 인해 '奇'와 '怪'가 가리켰던 비정상성이 불합리성과 자주 연계되어 이해되었기 때문이었다. '일반적이지 않은 것'을 가리키는 '기괴'의 함축적 의미가 불합리한 인습과 태도, 현상들을 꼬집는 데 활용되면서 비판적인 문장에 자주 쓰이게 된 것이다. 비판의 시선이 미치는 영역은 대단히

넓었다. 조혼[9], 노예근성[10], 허례허식[11]과 같이 허위적인 전통 인습이 '기괴망측'한 것으로 공격을 받은 것은 물론, 왜복과 게다의 유행[12], サン, 주사, 나-리와 같은 호칭[13] 등 왜색 짙은 문화가 날카롭게 꼬집혔고, 양복 위에 복건을 쓰는 상가의 풍습[14], 음탕한 이야기를 주고받는 풍속[15], 음풍농월하는 태도[16] 등 생활상의 꼴불견들도 일일이 지적되었다.

이처럼 식민지 전반까지 '기괴'는, 미디어를 주도했던 계몽의 언설과 결합함으로써 조선인의 생활 개선과 의식의 전환을 촉구하는 계몽의 수사로 활용되고 있었으며, 식민지 기관과 관료의 부당한 처사나 행위를 비판함으로써 합리적 질서의 확립을 촉구하는 반어의 수사로 부각되고 있었다.

과학적 탐구 대상으로서의 '기괴/괴기'

합리적 질서의 확립을 촉구하는 반어의 수사로서 '기괴'는 奇와 怪의 차이와 다름을 이해 가능하고 설명 가능한 것으로 바꾸고자 하는 근대의 기획을 반영한다. 대상의 이해 가능성을 보다 적극적으로 문제시하는 '교묘하다'[17], 수수께끼와 같아서 도무지 알 수 없다'[18]는 의미의 영역이 발생하는 것은 이 때문이다. 이와 같은 의미 용법은 주술적인 사고나 불합리한 제도 · 풍속을 반어적으로 형용하는 데에도 일정하게 작용하지만, 논리적으로 파악하거나 설명하기 어려운 현상을 이해 가능하고 설명 가능한 것으로 환치하고자 하는 욕망과 결합하면서 독립적인 의미장을 이룬다. 이는 '奇'와 '怪'가 지칭하는 기형이태가 근대 과학에 대한 신뢰를 바탕으로 한 지식욕망과 적극적으로 결합한 결과이다.

1929년 간행된 최남선崔南善의 잡지 ≪괴기≫는 계몽 담론에 기반한 근대 지식욕이 '기괴/괴기'라는 기형이태의 형용과 결합함으로써 과학적 탐구를 촉구하는 '기괴/괴기'의 계몽적 의미를 근대 학문의 차원으로까지 고양시켜 낸 경우에 해당한다. "조선생활 及 其 문화의 학술화"[19]와 "학리의 취미화"[20]를 목표로 발간된 이 잡지가 '괴기'라는 유별난 이름을 표제로 앞세운 이유의 일단은 서문을 통해 발견할 수 있다.

> 사실이 소설보담 奇異하다는 말이 잇다. 그런데 이 말의 적실함을 가장 잘 증명하는 것이 인문에 관한 근대의 과학들이다. 인성의 秘奧와 인생의 斷層이 어써케 怪奇와 驚異에 충만되엿는지는 인류문화의 深林을 치고 드러가는 우리 학도들의 새록새록 발견하고 感入하는 바로 笑하지 아니한 神詩秘劇과, 素樸한 현실 그대로의 위대한 예술이 이르는 곳마다 우리의 眼眶으로 튀여드러오며 耳朶를 시처간다.[21]

인용된 서문의 첫머리에서 최남선은 "素樸한 현실 그대로" 탐구하고 기록하는 태도의 필요성을 역설한다. 여기서 최남선이 지칭하는 素樸한 현실이란 "괴기와 경이에 충만"한 "인성의 秘奧"와 "笑하지 아니한 神詩秘劇"으로 가득한 현실이다. 즉, 인성의 어둡고 가려진 측면, 인간 삶 가운데 숨어 있는 비밀스럽고 설명하기 어려운 부분들이야말로 "사실이 소설보담 기이하다"라는 경탄을 자아낼 수 있는 인간 삶의 진실이라고 본 것이다. 이 숨겨진 진실들은 〈남녀생식기의 상형자象形字〉, 〈성적性的 기술記述에 담솔坦率한 지나 고대의 문헌〉, 〈고금동서 생식기 숭배의 속俗〉 등과 같이 언급이 회피되지만 인간 삶의 필수적인 부분을 구성하는 성 담론이나[22]

〈하느님의 身原조사〉, 〈심령현상의 불가사의〉, 〈종교문화의 본원인 마나신앙〉 등과 같이 경험적으로 확인할 수 없는 정신적, 초월적인 영역에 대한 사고로 구체화된다.[23] 이처럼 은폐된 인간 삶의 이면, 불가해한 정신 현상, 신·종교 등과 같이 경이적인 기원의 문제 등을 압축적으로 표상해 주는 어휘가 '괴기'였다. 나아가 '괴기'는 "조선을 중심으로 하는 (……) 문화과학의 통속취미잡지"를 표방하는 이 잡지의 대중 지향적 성격을 반영하는 어휘이기도 했다. '괴기'가 시사하는 기형이태의 표상이 흥미와 호기심을 불러일으키는 기호로서 학술의 취미화, 대중화를 유도하려는 의도에 부응했던 것이다.

통속화, 취미화를 표방했지만, ≪괴기≫에 실린 기사들은 대단히 학술적이었다. 성적·원시적·신이적 소재들을 다루고 있지만, 이 소재들을 기술하는 방식은 어디까지나 비교문화학·비교언어학적인 토대에 입각했으며, 논의의 사실성, 객관성을 높이는 데도 상당한 주의를 기울였다. 〈기괴한 嗜好: 식욕도착증〉이라는 제목으로, 여성의 월경혈, 똥, 개미, 부스럼, 진흙, 백묵, 시체나 아동의 고기, 처녀의 혈액 등을 먹는 충격적인 행위를 소개하는 란에서도 이것이 히스테리라는 정신병리학적 증상 혹은 종교적 신앙행위의 일종이라 설명함으로써 논리적으로 납득할 수 있는 이해의 틀을 제시하는 것을 잊지 않는다.

요컨대 ≪괴기≫는 다양한 민족의 풍속과 관습을 두루 살피는 비교문화학적 관점에서 인간 삶의 토대와 조선인의 정체성을 과학적으로 의미화하기 위한 규칙을 찾아내려는 노력의 일환이었다.[24] 각 민족의 생식기 숭배나, 생식기 상형 언어의 공통점과 차이점을 밝힌다든가, 고대의 통상관계를 고찰하고 신화·전설을 비교하는 학술적인 노력은 동물적인 생식의 차원에서부터 신이적인 믿음에 이르기까지 불가사의한 것처럼 보이는 인간 삶의 원리를 합리적, 과학적으로 의미화함으로써 "자기네의 문화를 자력으로 학술화"[25]할 수 있는 근대적 지식의 설립을 도모하는 방법이었던 셈이다.

최남선의 ≪괴기≫가 근대 지식의 차원에서 불가해한 삶의 영역들을 학문적, 객관적으로 풀어가려는 노력의 산물이었다면, 1920년대 후반 급격히 증가하는 탐정소설들은 과학적 수사와 논리적 추리를 필요로 하는 이해 불가능한 사건을 가리키는 기표로 '기괴/괴기'를 이용함으로써 과학적인 탐구의 필요성을 환기하는 용어로 '기괴/괴기'를 활용했다.

1918년 ≪태서문예신보≫에 '탐정기담'이라는 표제로 〈충복〉이 연재된 이래, '기괴탐정소설' 〈813〉(≪조선일보≫, 1921), '탐정기괴' 〈겻쇠〉(≪신민≫, 1929~30)의 예와 같이 탐정소설은 '기담', '기괴'라는 어휘를 장르명으로 동원하곤 했다. 또, 탐정소설이라는 장르가 성립하기 시작했던 식민지 중반의 '탐정소설'들은 대부분 첫머리에서 사건의 성격을 '기괴'한 것으로 언표하면서 추리의 서사를 시작한다.[26] 상식적으로 풀리지 않는 사건의 난해한 성격은 탐정서사를 시작하기 위한 필수적 요소였고, '기괴'는 이 같은 사건의 기이한 성격을 직접적으로 지시하는 어휘였다. '기괴'라는 말이 장르 표제에 동원되었던 것도 이 때문이다. '탐정'이 그 자체로서 아직 대중에게 독립적인 장르로 인식되지 못했던 무렵, '기괴'는 '탐정' 행위가 필요한 상황을 지시함으로써 장르에 대한 설명을 보조했다. 즉, '탐정기괴'라는 장르명은 '수수께끼 같은 사실'(기괴)을 '조사, 탐색'(탐정)해서 풀어내는 이야기라는 설명적 의미를 지녔던 것이다.[27]

주목되는 것은 '기괴'가 이처럼 해결을 기다리는 탐구의 대상을 지칭하게 되면서, '호기심을 유발하며 흥미진진하다'라는 새로운 의미를 첨가하게 된다는 점이다. 식민지 중반 대중사회에서 '기괴'한 것을 탐구하는 일은 "普通과 平凡을 써나서 奇怪한 神秘境을 探險하는 사람"을 지칭하는 "미쓰터리 헌터"가 신유행어로 등록될 만큼 공공연한 유행 현상의 하나였다.[28] 기괴한 것에 대한 관심이 상식에서 벗어난 행위로 지탄받기보다는 오히려 타인의 찬탄을 얻고 자부심을 가질 만한 취미의 하나로 전환된 것이다.

그러나 이 같은 흥미기호로의 전환은 근대 학문의 증진이나 생활의 합리적 개선에 '기괴/괴기'의 수사를 동원했던 계몽 언설의 의미전유 방식과는 일정한 거리가 있었다. 흥미기호로서의 '기괴/괴기'는, 과학적 탐구와 합리화를 촉구하는 계몽의 언설보다 1920년대 후반부터 가속화된 통속적 대중문화와 더 쉽게 결합했다. 과학적 탐구심을 야기함으로써 식자층의 관심을 끌었던 탐정소설의 기괴 취미는 논리적인 추리보다 사건의 충격적이고 선정적인 묘사나 악마적인 범인의 성격을 탐닉하는 데로 편향됨으로써 대중적이고 통속적인 기호로 기울어져 갔고,[29] 반대로, 조선인의 신화적 기원이나 은폐된 삶의 영역을 학술화하고자 했던 최남선의 ≪괴기≫는 대중의 호응을 거의 얻지 못했다. '괴기'를 학술화하고자 했던 최남선의 시도가 당대인들의 공감을 얻을 수 없었던 것은 그가 상정했던 '괴기'가 다음 장에서 다룰 새롭게 부상하는 '괴기'의 의미와 일정한 괴리를 이루었다는 사실과 무관하지 않다. 기괴/괴기라는 언표를 통해 모호하고 불분명한 삶의 영역이나 수수께끼와 같은 현상들을 과학적 탐구의 대상으로 환치하고 이해 가능한 것으로 재구성하려 했던 시도는 1920년대 후반 급격히 확대된 통속적인 대중문화의 확산으로 일정한 한계에 부딪힌다.

그로테스크 개념의 유입과 공포의 취미화

1929~30년을 기점으로 하여 가장 두드러진 특징은 '기괴' 외에 '괴기'라는 어휘의 용례가 눈에 띄게 증가한다는 사실이다. 1920년대 중반부터 1940년대까지의 잡지 ≪별건곤≫, ≪삼천리≫에서 기괴(奇怪)가 사용된 기사 수는 총 201건이다. 이에 비해 '괴기(怪奇)'가 사용된 기사 수는 37건으로 빈도수가 현저히 낮은데, 두 잡지 모두에서 '괴기'의 용례는 1930년을 기점으로 증가하여 1930~33년까지 용례가 가장 많다. 1920년대 ≪개벽≫의 경우, '기괴(奇怪)' 사용 기사가 94건인 데 반해, '괴기' 사용 기사는 1건에 불과하다. 1920년대까지 '괴기'는 그리 활발하게 사용되는 말이 아니었던 것이다. 신문의 경우도 이와 다르지 않아서, ≪동아일보≫의 경우 헤드라인에서 '괴기'라는 말이 처음 등장한 것은 1929년 12월 12일 〈괴기한 '에드가 아란 포'의 死因〉이라는 기사였다.[30]

기담과 구별되어 '괴담'이라는 용례가 증가한 것도 동일한 시기였다. 1920~45년까지 ≪동아일보≫에서 기담 기사는 48건 등록되는 데 반해, 괴담 기사는 1920년에 1건, 1931년에 3건으로 총 4건뿐이나. ≪조선일보≫의 경우는 기담이 74건 괴담이 19건 기록되는데, 그 중에서도 괴담이 집중되어 있는 것은 1931년부터 1933년까지에 해당한다. 이상의 통계는 1930년을 기점으로 '怪'를 앞세우는 어휘의 용례가 증가하기 시작하여 1930~33년 사이 상당한 유행을 형성했다는 사실을 알려 준다.

'괴기', '괴담'의 새로운 유행은 그로(그로테스크)라는 외래어의 유입과 관련이 깊다.

① 그로테스크: 원어는 로마시대의 인공적 동굴grotto에 있는 장식으로부터 나왔다가, 전환되어 부자연, 불합리, 황당, 괴기 등의 형상이라든가, 또 예술작품에 나타나는 황당무계의 공상적 형상에도 쓰인다.

_神田豊穂, ≪大思想エンサイクロパヂア 29: 文藝辭典≫, 동경: 춘추사, 1928.

② 그로테스크: 元來 狂妄한 인물과 공상적 동물을 삽입한 이상한 제재를 취급하고, 또 아라비아 풍의 모양을 표현하는 회화묘화 등과 조각의 장식방식을 말한다. 중세기 조각의 이상한 수완으로써 이를 그로테스크한 소재를 취급한다고 했다. 이 장식법의 취미는 문예부흥기 중에 나타나 레오나르도 다빈치나 라파엘의 그로테스크한 작품이 현재에도 상존한다. (……) 보통은 괴기적 의미인데, 약자로 그로라고도 한다. 그로와 에로는 1930년의 총아가 되고 있다.

_麴町幸二 編, ≪モダン 用語辭典≫, 동경: 實業之日本社, 1930.

③ 그로테스크: 괴기한 기괴한 이상한 모습의. 소설, 희곡, 회화, 조각 그밖의 것이 괴기하거나 부자연스러워서 그것을 읽거나 보는 자에게 기괴한 느낌을 품게 하는 것을 말한다. 성적 방면에 사용하면 자주 변태성욕적 취미를 의미한다.

_桃井鶴夫, ≪スアル新語辭典≫, 동경: スアル, 1930.

④ 그로테스크: 영어. 괴기. 기분이 나쁜, 보통과 달리 이상하다는 의미이다. 눈이 하나뿐이라거나 도깨비 같은 것이라든가 하는 것이 적당한 예다. 그러나 에로가 왕성해짐에 따라 갑자기 여기에 변태성욕이라는 의미가 첨가되어

에로 그로라는 말까지 생겨났다. (물어뜯겨 죽을 것 같은) 무서운 세상이다.

_鵜沼直, ≪モダン語辭典≫, 동경: 성문당, 1932.

①~④는 일본에서 그로테스크라는 용어를 해설한 사례들이다. ①에서 보는 것과 같이 그로테스크는 먼저 문예용어의 하나로서 소개되었다. ②~④는 이 용어가 세속 사회에서 도깨비와 같은 흉측한 대상이나 변태성욕을 가리키는 말로 속화되는 과정을 압축적으로 보여준다. ≪문예사전≫과 ≪근대용어사전≫의 서로 다른 관점을 고려하더라도, 4년이라는 짧은 기간 동안 그로테스크가 문예의 한 양식으로부터 변태성욕과 공포의 표상으로 전이되는 ②~④의 점진적 과정은 시사하는 바가 크다. 문예용어의 하나였던 그로테스크가 이처럼 신속하게 세속화될 수 있었던 것은 '에로-그로-넌센스' 문화의 유행 때문이었다. 1930년대 초 일본의 미디어는 '에로-그로-넌센스'라는 문구를 캐치프레이즈로 내세웠다.[31] 이 통속적 표어는 세계 대공황과 군부체제라는 가시적인 경제적, 정치적 힘의 교차 속에서 당시 지식인들을 비정치화하려는 제국의 전략 속에서 발생했고, 실제로 지식인들의 좌절감을 기반으로 더욱 확산되고 있었다.[32]

1930년대 조선의 취미잡지에서 '에로-그로'라는 용어가 등장하게 된 것은 동시대 일본 대중문화의 영향이라 할 수 있다. '에로-그로'라는 말은 자극을 통해 흥미를 유도하고자 하는 대중 잡지의 통속적 경향과 결합하여 재빠르게 확산된다. 1930년대 초반 ≪별건곤≫에서는 '에로-그로' 혹은 '에로-그로-넌센스'가 숙어처럼 붙어다니며, 통속적인 모던 취향의 첨단을 선도하고 있었다. 이때 '괴기'라는 용어는 '그로/그로테스크'의 번역어로 새롭게 부각되기 시작했다.

⑤ 그로: 그로테스크(영어의 Grotesque)의 약略으로 괴기怪奇란 말이다. 본래는 황당환기한 작품을 평하는 말로 많이 쓰였다. 최근에 와서 일상생활에 권태를 느낀 현대사람들이 무의미한 위안으로 괴이한 것, 이상야릇한 것을 자주 찾게 됨을 따라 엽기하는 경향이 날로 늘어가서 이방異邦 수토殊土나 고대 민족의 진풍珍風기속奇俗을 찾거나 혹은 세인의 이목을 놀랄 만한 기형이태奇形異態를 안출하는 일이 많다. 이 때문에 괴기, 진기를 의미하는 '그로'라는 말이 성행한다.

_〈신어해설〉, ≪동아일보≫, 1931.2.9.

⑥ 그로테스크: 영어. 괴기하다는 뜻인데 넘우 에로틱하기 그 정도를 넘친 것도 그로테스크하다고들 쓴다. 예를 들면 식인종의 땐스가튼 것을 그로테스크한 장면이라고 할 것이다. 略하여 '그로'가 늘 병행되는 것이 20세기 울트라 모던人의 조하하는 바이다.

_〈모던語點考〉 ≪新東亞≫ 제15호, 1933.1, 111면.

앞서 본 일본의 사전들과 마찬가지로 조선의 대중 미디어는 그로테스크를 '괴기'로 번역했다. 새로운 용어의 감각을 살리기 위해 일반적으로 쓰이던 '기괴'라는 어휘를 회피하고, 대신에 怪의 부정적 뉘앙스를 살린 것이다. 조선의 미디어들은 문예 양식으로서 그로테스크라는 말의 기원이나 그 구성원리 및 정서적 효과에 대해서는 그다지 관심을 보이지 않았다. 대신에 이 해설들이 초점화하는 것은 그로테스크한 형상과 이야기를 탐닉하는 현대인의 기호와 그들이 즐기는 그로테스크의 사례들이다. 식인종들이 살아가는 이방의 수토, 고대 민족의 진풍기속, "정도를 넘치"는 에로스 등 실질적인 소재의 차원에서 그로테스크가 소개되고 있는 것이다. 이 같은 소재들이 환영을 받는 이유는 "일상생활에 권태를 느끼"고 "무의미한 위안"을 찾는 "현대사람들"의 "엽기하는 경향"으로 진단되었다. 그리고 이 극단적 소재를 엽기하는 주체는 "20세기 울트라 모던人"으로 명명되었다.

그로테스크의 번역어가 되면서부터 취미 기호의 하나로 부상한 '괴기'는, 과거 '기괴'의 의미장을 계승하면서도 잔혹성, 섬뜩하고 마술적인 분위기 등 공포를 환기하는 정서들을 중점적으로 표상하기 시작한다. 근대계몽기까지 기형이태의 진기한 사물이나 상태의 형상을 형용했던 '괴기'는 이제 피, 살인, 시체와 같은 잔혹하고 끔찍한 대상을 지시하거나 귀신, 유령, 괴물 등 섬뜩하고 소름끼치는 대상, 퇴폐적인 도시 문명과 같은 이해불능의 현상을 가리키는 것으로 그 의미 영역을 제한하기 시작한 것이다. 1930년경부터 신문은 살인과 같은 잔인한 범죄 사건들을 보도하면서, 사건의 잔혹성을 지칭하는 어휘로 '괴기'라는 언표를 동원하기 시작했다. 밀감 상자에서 아동의 시체가 발견된 사건,[33] 표류하는 선박에 동강동강난 시체가 발견된 사건[34], 친족을 살상한 인물이 산신으로 가장하여 타인에게 살인자백서를 강요한 사건[35], 아들을 살해한 혐의로 취조받던 아버지가 급사한 사건,[36] 유기된 상자 속에 사람의 다리가 발견된 사건[37] 등등 '괴기'는 신체의 훼손 · 절단이나 친족살인과 같은 잔혹한 살인을 묘사하는 데 동원되었고, 원숭이와 혼인하는 종족[38], 유령이 나오는 건물[39], 야경꾼들을 식겁하게 만든 소복처녀[40] 등과 같이 이색 · 야만적이거나 공포스런 현상들을 보도하는 데에도 이용되었다.

잔혹하고 선정적인 '이야기'에 대한 기호는 잡지의 경우 더욱 뚜렷하게 나타났다. 1931년 42호에서 〈대경성, 에로, 그로, 테로, 추로, 총출〉 특집이 실린 이래 ≪별건곤≫은 〈에로섹숀〉, 〈특별독물〉 편 등을 기획하고 에로 기사와 괴담, 괴기실화, 범죄실화, 탐정소설을 게재하는 데 열을 올린다. 유아를 굶여 먹고 붙잡힌 여인[41], 멜더스의 인구론을 읽고 30여 명의 여성을 살해한 늙은 제대 군인[42], 토막 시체를 가방에 넣고 돌아다닌 재미在美 중국인 청년[43], 배신한 아내와 친구를 동료와 함께 난자한 탈옥수[44], 양성으로 태어나 28년 동안 여성으로 살다가 남성으로 성전환을 한 일본인[45] 등등 ≪별건곤≫에는 무시무시하고 충격적인 사건들이 특별독물, 괴기실화, 범죄실화, 특호실화 등의 이름을 달고 보도되었고, 이를 통해 '괴기/그로의 취미'를 생산/재생산했다.

섬뜩하고 충격적인 이야기가 범람하고, '괴기'가 그 같은 이야기를 표상하는 어휘로 자리 잡게 되면서, '기괴'라는 기표의 의미 중심 또한 이동하게 된다. '불합리하다 · 부당하다'라는 뜻으로 많이 쓰였던 1920년대 중반까지와 달리, 1930년대 '기괴'는 '끔찍하고 충격적이다'라는 의미로 사용되는 사례가 월등하게 늘어나는 것이다.[46] 이처럼 '괴기'와 더불어 '기괴' 또한 잔혹하고 선정적인 사건들을 보도하는 데 동원되면서, 비정상적 형상을 가리킨다 하더라도 선악과 미추의 차원에서 단순히 부정적인 의미로만 쓰이지는 않았던 '기괴/괴기'는 이제 중립적인 의미로부터 벗어나 추와 악을 표상하는 음산하고 부정적인 뉘앙스를 강하게 드리우게 된다.[47] 奇와 怪가 지시하는 '다름'이 공포의 정서를 지배적으로 표상하기 시작한 것은 이전과는 뚜렷이 구분되는 새로운 현상이었다.

살인, 귀신, 마술 등과 같은 소재를 이용하여 공포의 정서를 환기시키는 '괴기소설'이 일종의 장르 표제처럼 나타나기 시작한 것은 이 무렵이다. 1927년 9월 29일자 ≪조선일보≫에서 호프만의 〈콥펠유스〉가 '괴기소설'로 소개된 이래, 〈지킬박사와 하이드씨〉(≪조선일보≫, 1932)가 '괴기극'이라는 이름으로 보도되었고,[48] ≪별건곤≫은 〈土中의 惡魔: 고-고리의 〈우이-〉〉(1930)[49]와 〈공중을 나는 유령선〉(1932)[50]을 각각 "러시아 괴기소설", "태서괴담"이라는 표제로 싣는다. 이 표제들은 조선에서 '괴기소설'이라는 장르가 아직 명확히 인식되기 전, 신체의 변이와 죽음, 살인, 마법 등의 소재를 담은[51] 이야기의 성격을 변별적으로 전달하고 있었다.

좀더 본격적으로 괴기소설이라는 장르를 인식시킨 것은 탐정소설의 한 부류인 변격탐정소설이었다. 논리적 추리를 중심으로 하는 본격탐정소설과 구분하기 위해 만들어진 변격탐정소설이란 어휘는 에도가와 란포를 대표로 하는 일본 탐정소설의 한 지류를 지칭하는 것으로서, 연쇄 자살, 시체를 먹어들어가는 미생물, 수돗물을 틀어 놓고 시체를 굳힌 屍蠟 등 무시무시하고 참혹한 소재들을 이용하여 인간의 잔혹한 야수성과 공포, 극단적인 고통·쾌락·참극 및 그로부터 빚어지는 섬뜩한 비애의 정서를 강조하는 탐정물이었다.

조선에서 변격탐정물은 '괴기소설'로 자주 환언되었다.[52] 변격 탐정소설에 대한 이해는 "괴담이라든가, 살인사건이라든가, 비극 같은 것은 확실히 불쾌한 것에 틀림없습니다만 우리들은 흔히 무서운 이야기를 즐겨하고 잔인한 이야기를 듣고 싶어 하고 슬픈 이야기에 귀를 곧잘 기울입니다"[53]라는 사실을 적극적으로 긍정하고, 그로테스크한 서사에 대한 욕망을 하나의 미학으로 간주하려는 태도의 성립을 의미했다. 1930년대 말, 탐정서사라기보다는 섬뜩하고 비의秘意적인 세계의 묘사에 가까운 〈백사도〉(김내성, 1938)라든가 "차마 눈 뜨고 볼 수 없는 잔인한 묘사와 변태성욕자의 음침한 성생활 (……) 성격 파탄자의 허무적 다다이즘"[54]을 그리는 '괴기파' 탐정작가를 주인공으로 삼은 〈霧魔〉(김내성, 1939) 등의 작품이 출현하게 된 것은 공포의 취미가 본격적으로 탐구되기 시작했음을 알리는 일이었다. 공포의 환기를 목적으로 하는 이러한 작품의 출현은 '괴기/그로'의 기표에 의해 촉발된 공포의 취미가 보다 확산되고 보편화된 결과였다.

'에로-그로'의 세계상과 환멸의 모더니티

그렇다면 이처럼 공포의 정서를 환기하고 탐닉하는 장르가 생성되기까지 징그럽고 섬뜩하고 마술적인 것을 표상하는 '괴기'의 취미가 대중의 감각 속에 보편화될 수 있었던 요인은 무엇이었을까? 중세의 기괴/괴기 개념이 중립적이었다는 점, '괴기'와 동의어로 쓰였던 '기괴'가 1920년대 중반까지 주로 합리성을 증진시키기 위한 수사로 사용되었다는 점을 상기할 때, 비의秘意와 공포의 기호로서 '괴기'가 짧은 기간 대중의 정서 속에 일반화된 데에는 적지 않은 사회적 감각의 변화가 개입했던 것으로 보인다. 여기에 답하기 위해서는 새로운 '괴기' 개념의 탄생을 촉발했던 에로-그로의 문화와 그 배후를 형성한 모더니티에 대한 당대적 이해를 살펴볼 필요가 있다.

앞에서 본 ≪동아일보≫와 ≪신동아≫의 해설에 따르면, 1930년경 그로테스크는 세 가지 방향에서 인식되고 있었다. 시간적으로는 원시적인 과거, 공간적으로는 야만적인 미개지, 인간의 차원에서는 과도하게 탐닉되는 동물적 에로티시즘이 그것이다. 실제로 신문잡지는 야만의 풍속과 징그럽고 이색적인 동물들을 '괴기', '기괴'의 언표와 더불어 보도했고[55], 1920년대 말부터 활발히 게재되기 시작한 '괴담' 기사에서는 귀신, 유령 등 초자연적인 심령현상에 관한 이야기가 상대적으로 늘어난다.[56] 그 중에서도 그로(괴기) 이야기의 가장 많은 부분을 차지한 것은 에로-그로 기사였다. 잡지에는 에로-그로 기사가 넘쳐났다. 〈에로 그로 백% 시체결혼식〉(≪별건곤≫, 1931. 8), 〈세계인육시장 광무곡, 중국의 에로그로〉(≪별건곤≫, 1931. 12), 〈에로그로 백-퍼센트 미인국의 파사, 진기무류의 재혼풍속〉(≪별건곤≫, 1932. 1), 〈여름의 환락경, 해수욕장의 에로그로〉(≪별건곤≫, 1932. 7) 등 에로-그로를 표제로 내세운 기사들은 물론, 간음죄에 대한 형벌로 재판관이 죄인의 아내를 간음하는 형벌을 가하는 오스트리아의 형벌제도(〈태서 성적 기문집〉, ≪별건곤≫, 1932. 3)를 비롯하여 세계 각국의 희귀하고 잔인한 성적 형벌을 소개하는 기사(〈에로섹쓘, 性的刑罰奇聞〉, ≪별건곤≫, 1933. 9) 등은 반복해서 실리는 흥미 기사의 하나였다. 일본 여성의 고시막기 280여 벌을 훔쳐다 옷과 터번을 만들어 간직한 인도인(〈모던 복덕방, 깜둥이 변태색정광〉, ≪별건곤≫, 1930. 11), 아내와 간통한 바람둥이 왕에게 성병을 옮겨 복수한 남편(〈에로섹쓘〉, ≪별건곤≫, 1933. 9), 싱가포르의 나체 흑인 매춘부에게 휘감겨 넘어졌던 감상(〈세계 인육시장 광무곡, 내가 혼난 남양미인〉, ≪별건곤≫, 1931. 12), 감옥에서의 성생활(〈재옥중 성욕문제〉, ≪별건곤≫, 1931. 3), 수도하는 여승들의 성 욕망(〈동정녀 80명 대녀승당의 수도니생활〉, ≪삼천리≫, 1931. 4), 나체 시위를 벌리며 여성의 권리를 부르짖고 남성들을 희롱하는 중국 여학생의 생활상(〈성의 해방을 부르짖는 중국 녀학생〉, ≪만국부인≫ 1호, 1932. 10) 등등 1930년대 초반 잡지들은 에로틱한 성욕망이 빚어내는 갖가지 기형적 행태들을 보도하는 데 열을 올림으로써 그로테스크라는 새로운 취미 감각을 촉발해내고 있었다.

성 욕망을 소재로 삼은 ≪별건곤≫의 기사들은 살인, 변태성욕, 신체의 절단 등을 동반하는 충격적인 범죄와도 종종 접속했다. 양성체로 태어나 강간을 일삼은 일본인 여장 간호사(〈특집독물 대괴기 실화÷처녀귀! 처녀귀〉, ≪별건곤≫, 1931. 4), 48인의 여성을 강간 참살하고 그 고기를 내다판 독일의 푸줏간 주인(〈특호실화, 인간적 잔인성의 극치, 여자 사십팔인 학살사건, 근대 범죄사상 경이!〉, ≪별건곤≫, 1931. 4), 죽은 애인을 기억하기 위해 시체의 피부로 책을 제본한 청년(〈애인의 피부로 제본된 책표지〉, ≪별건곤≫, 1930. 8), 활불로 추대되어 매일 아침 처녀의 피 한 잔씩 마시기를 강요당한 정체불명의 사나이(〈이마에 보석 백힌 남자〉, ≪별건곤≫, 1932. 7), 구혼광고로 여성들을 유인하여 도끼로 절단한 후 집 뜰에 매장한 백인남성(〈근대 악한 독녀 퍼레이드, 여자 잡아먹는 남자〉, ≪별건곤≫),

1933. 11), 부정한 관계를 남편에게 일렀다 하여 심부름하는 소년을 간부와 더불어 타살한 조선여성(〈조선초유의 大疑獄, 박석산 상의 살인사건〉, ≪별건곤≫, 1931. 1) 등등의 기사들은 에로의 욕망을 변태성욕, 엽기적 살인에 연계시킴으로써 인간의 야수성과 이상심리에 대한 인식을 확산시키고 괴기의 감각을 형성하는 데 일조했다.

'괴기'의 표상에는 또한 익명의 대중들이 동일한 공간을 공유하는 근대 도시적 삶의 예측불능한 위험에 대한 위기의식이 숨어 있었다. 위에서 열거한 변태성욕과 엽기살인에 관한 기사는 대부분이 일본 · 미국 · 독일 · 중국 · 인도 등 해외 대도시에서 일어난 사건들이다. 이는 그로(괴기)의 새로운 유행이 조선인 내부의 경험과 감각에서 비롯되기보다는 외부적으로 유입되고 증식한 박래품이라는 사실을 확인해 준다. 실제로 에로-그로의 통속문화를 생산하고 향유했던 중심 계층은 근대 물질문명의 혜택을 입고 새로운 도시적 생활감각을 체화하기 시작한 일군이었다. ≪별건곤≫ · ≪동광≫ 등 취미잡지의 기본 독자층은 식민지 교육에 의해 기초지식과 문식력을 획득한 식자층이었고, 이들 중 다수는 식민 본국에서 조달되는 일본어 잡지와 서적의 독자이기도 했다.

1920년대 중후반 화이트칼라 노동자를 비롯한 새로운 소비 계층이 등장하면서 카페 · 다방 · 바 · 백화점 · 극장 · 공원 등 근대적 문화시설이 들어서고, 영화 · 라디오 · 유성기 · 레뷰 등의 문화 상품들이 보급되면서 경성은 바야흐로 근대적 소비문화의 시대를 맞는다. 신문과 잡지는 보도 기사 이외에도 화장품 · 구두 · 모자 · 양산 · 조미료 등 사치품의 광고를 실어 날랐고, 진고개의 다채로운 상품들로 신체를 장식한 모던 걸과 모던 보이들은 빈축을 사면서도 그 이채로운 차림과 양태들이 끊임없이 미디어 지면의 전경에 배치됨으로써 시선을 끌었다. 에로-그로 취미는 이 도시를 중심으로 한 새로운 물질생활과 소비적 문화 기호(嗜好)의 산물이었다.

일본에서 '에로-그로-넌센스'가 대중 미디어의 선전문구가 되었던 해가 1930년이었음을 상기할 때, 1931년 ≪별건곤≫의 '에로-그로' 열풍은 식민본국과 거의 동시적으로 진행되었다고 할 수 있다. 일본의 경우와 마찬가지로 이 통속문화는 지식인의 관심을 비정치적인 방향으로 유도하려 했던 식민 당국의 전략 속에서 지지되었고, 비정치화의 의도는 조선 미디어의 급속한 자본주의적 상업화 경향과 효과적으로 접속했다.

식민 당국의 전략적 의도를 배후로 한 에로-그로의 통속적이고 관음증적인 시선이 식자층을 포함한 대중의 취미문화로 재빨리 퍼져나갈 수 있었던 것은 '모던'이라는 세계적 시간감각 및 앎에 대한 욕망과 무관하지 않다. 세계 각국의 진풍기속과 충격적인 사건들을 보도하는 기사의 화자들은 자신들이 전하는 이야기에 대해 대체로 중립적이었다. 에로-그로 기사는 해외토픽에 가까운 간접화된 이야기뿐 아니라, 상당수가 여행이나 유학 중에 구경한 해외 성매매 시장의 경험담을 보도하는 형태로도 실리지만, 이 경우에도 사실 기록에 충실할 뿐 그에 대한 판단이나 의견을 제시하지는 않는 편이다. 무비판, 무간섭적인 시선으로 사실만을 보도했던 것은 에로-그로의 만화경에 대한 담구 또한 세계지의 일환으로 접근되었기 때문이었다. "우리는 무엇이고 고루고루 보아 둘 필요가 잇슬 줄 압니다. 엇재서 그러한 존재가 잇스며 수만은 여성들이 (……) 썩어가고 있는가를 조사해 볼 필요가 잇스니가"[67] 라는 식의 앎에 대한 욕망이야말로 선정적인 호기심과 말초적인 기호를 은폐하고 인간의 추악한 이면에 대한 화제를 취미화할 수 있는 동력이었던 것이다.

실제로, 에로-그로의 기표와 더불어 전해지는 근대 대도시의 풍경과 사건들은 신문명적 코드로서의 '모던'과 긴밀하게 접속하고 있었다. 조선에서 '모던'이라는 말이 등장한 것은 1927년경으로 '모던 걸'이라는 명칭이 보편화되면서부터였다.[58] 미디어에서 모던이라는 기표를 통해 피력되었던 것은 모던 걸, 모던 보이의 허영과 사치를 꼬집고 비판하는 언설들과 〈모던 행진곡〉(≪동광≫, 1931~32), 〈모던 복덕방〉(≪별건곤≫ 1930~31/≪혜성≫, 1931), 〈모던 과학 페지〉(≪동광≫, 1932), 〈모던 칼리지〉(≪별건곤≫, 1930) 등과 같은 문화면이다. 〈모던〉 페이지들은 변화된 물질생활과 세태, 해외 토픽들을 게재함으로써 동시대의 시간감각을 키워나갔다. 1932년 6월호와 7월호에서 ≪동광≫ 은 〈모던대학 입학시험〉이라는 란을 신설하고, "제네바는 어느 나라에 잇는가", "셀룰로이드가 불에 타는가 아니 타는가", "파시스트의 양대거두 이름?" 등의 문제들을 모던인의 자격을 얻을 수 있는 기초상식으로 질문한다. 당시 '모던'의 감각이 잡다하고 파편적인 세계지의 모자이크식 조합으로 구성되고 있었음을 상징적으로 알려 주는 부분이다. 이처럼 파편적 지知와 경험의 조합들로 구성된 '모던'의 감각은 그러나 새로운 물질문화와 도시적 실천을 바탕으로 하여 '국경과 시간을 초월하여 전통에서 벗어난 세계의 시간성을 지시하는 카테고리'[59]로 부상하고 있었다.

새로운 소비계층과 문화감각에 기반한 '모던'의 기표는 이국의 진경을 실어나르는 기사들과 더불어 근대상에 대한 세계적 감각을 만들어 나갔다. 에로-그로 기사는 〈모던 행진곡〉, 〈모던 복덕방〉과 같이 '모던'을 표제로 하여 동시대의 문물을 소개하는 옴니버스 칼럼에 자주 등장하면서,[60] '모던'에 대한 당대적 감각의 중요한 일부를 구성했다. 뿐만 아니라 '그로/괴기'는 '자극'과 '퇴폐'로 요약되는 '모던' 그 자체가 본질적으로 내장한 성격의 하나로도 기술된다.

> 모던-, 슡모던-, 싸-크, 잇트, 첨단, 첨단, 첨단. 세기말적 퇴폐 문화의 오색등은 각각으로 변색되어간다. 하루하루 마비되어가는 모더니스트들의 오관은 강렬

한 자극을 갈구하며 기괴한 독창을 찾아 집중된다. 그리하여 이러한 모던의 색등에 시각을 빼앗긴 그들은 드디어 맹목이 되고 과민한 백치가 되었다.[61]

현대인의 신경은 나날이 鈍해 간다. 현대과학의 끈임업는 刺戟에 극도로 첨예화한 그들의 신경이 밟은 반동적 경향이리라. 이리하야 그들의 마음 가운데는 어느새 부질업시 괴기를 찾는 일종의 獵奇癖이 생겻다. 구로테스크! 구로테스크! 裸體畵的 에로, 神話的 구로테스크, 이것이 현대인의 시들어 가는 命脈을 끄을고 나가는 위대한 매혹이요 生命水다.[62]

인용문에서 '모던의 성격은 '끊임없는 자극'을 추구하는 '현대인의 신경'과 '첨단적이고 세기말적인 퇴폐문화'로 압축된다. 강렬한 자극에 대한 갈망, 극도로 첨예화한 신경이 결집하는 곳이 "기괴한 독창"과 "괴기를 찾는 일종의 엽기벽"이다. 말초적인 자극과 퇴폐로 특징지어졌던 만큼 '모던'이 충동질하는 기괴 · 괴기성에 대한 미디어의 표면적 태도는 기본적으로는 부정적이었다. ≪별건곤≫과 ≪동광≫은 성성의 미인좌, 카페걸, 레뷰, 형형색색의 모던 걸과 모던 보이들을 첨단의 자극을 쫓는 기괴한 존재들로 거침없이 매도했다. 조선의 '모던' 문화뿐만 아니라 세계의 대도시 또한 '괴기'하기는 마찬가지였다. 국제도시를 탐사하는 여행자의 시선 속에서 상해 · 리오 · 샌프란시스코 · 파리 · 스톡홀름 등은 매음부, 무뢰한, 극빈층, 매독과 창병, 파리로 들끓는 변소, 광인, 나체화, 나체쇼가 난무하는 '괴기'한 도시로 기술된다. "현대의 세계가 나흔 일체의 미추선악을 강렬한 네온싸인과 복잡한 음향 속에 교착하고 잇는 동양의 기괴한 大商 埠地!"[63]가 상해였으며, "표면을 일별하면 미항이나 이면의 일보를 드러서면 살인병자 무뢰한 매음부가 가득 찬 마굴"[64]이리오였다. '모던'과 '괴기', 혹은 '모던'과 '에로-그로'는 이처럼 물질문명의 어두운 이면과 끊임없이 자극을 추구하는 속물적 기호嗜好가 결합하는 지점에서 교차하고 중첩되면서, 합리적으로 파악되지 않는 신문명 사회의 이질적인 면모들을 표상하는 공동의 영역을 마련해 나갔다.

그런데 모던이라는 동시대의 문화를 퇴폐와 '기괴/그로테스크'로 파악하는 이 같은 시선 속에는 모순적이고 이중적인 태도가 숨어 있었다. 앞서 언급한 것과 같이, 해외의 에로-그로 세태들을 기술하는 기사들은 대체로 전달하는 내용에 대한 판단을 보류하는 경우가 많았다. 불합리한 성풍속과 성형벌, 상상을 초월하는 항구도시의 매매춘 현장은 물론, 잔혹하고 소름끼치는 변태성욕자의 연쇄살인을 보도하는 데 있어서도 사실을 전달하는 데에만 치중할 뿐, 비판적 성찰이나 선악의 판단은 희박한 편이다. 뿐만 아니라 어떤 그로테스크상은 그 실천력과 행동성의 차원에서 학습해야 할 대상으로 표상되기도 했다. 중국 여학생의 자유분방한 생활을 "구로테스크 하면서도 근대적이다"[65]라고 평가한 한 필자는 "그러나 그곳에는 행동이 잇다. 무엇을 하든지 상해의 여학생에는 무엇이든지 실제적 행동이 잇다"고 소개하며 중국 여학생의 그로테스크한 생활 양태를 진취적 실천성의 효과로 평가한다. 국제도시의 퇴폐상과 그로테스크한 모던성도 앎에 대한 욕망 앞에서는 일차적으로 학습의 대상이었고, 자유로운 행동력과 진취적인 실천력의 차원에서는 그로테스크한 생활상 또한 선망을 자아낼 수 있었던 것이다.

이에 비해, 조선의 그로 문화나 모던 세태에 대해서는 자학에 가까울 만큼 냉소적인 태도가 일반적이었다. 1931년 ≪별건곤≫에서 기획한 〈대경성 에로, 그로, 테로, 추로 총출〉 특집에서 그로를 담당한 기자는 "조선에 그로가 잇나? 손바닥 가티 발ㅅ닥 되집힌 조선에 '그로'다운 그로가 잇슬택이 업다. 더구나 우리의 생활이 그러한 취미를 요구하기에는 넘우도 먹고 입기에 절박하여 잇지 아니한가!"[66] 라는 불평으로 기사를 시작한다. 조선의 그로는 흉가 이야기 정도를 들 수 있으나 그나마 조선인들은 그것을 공포로 여길 뿐 즐길 정도는 아니라는 점을 불평하는 좌담회[67]의 기록도 보인다. 그로테스크를 퇴폐 문화의 일부로 간주하지만, 조선에 제대로 된 그로테스크가 없는 것도 불만인 것이다. 평양이라 하면 기생부터 연상할 것이 아니라 "도시로서의 그로테스크한 모던성"[68]을 재인식해 달라는 평양 태생 지식인의 호소는 역설적인 측면에서 같은 맥락에 놓인다. 기생의 고장이라는 과거의 이미지와 비교할 때, 도시로서의 평양이 지닌 그로테스크한 모던성은 한층 자랑스러운 일면일 수 있었다. '그로테스크'는 도시의 기형적 문화와 嗜好를 표상했지만, 식민지 물질문명의 시대를 살 수밖에 없었던 조선의 도시 대중들에게는 그 역시 발전된 문화의 산물이자 앞으로 더 핍진하게 경험해야 할 미래적 지향태이기도 했던 것이다.

표면적으로는 그로테스크한 모던의 퇴폐성을 비판하면서도 그 이면에서 델리키트한 문화 기호에 대한 선망 또한 감추지 못했던 양면적인 태도 속에서 '조선의 모던'은 날카로운 비판과 냉소의 대상이었다. 모던 걸, 모던 보이가 허영에 들뜬 "괴물"[69]로 매도된 데에서 드러나듯, 조선의 피상적인 모던 세태는 신랄한 공격을 받는다. 〈모던이씀〉이라는 제목의 한 기사에서 임인생은 모던이씀이 아메리카니씀을 모체로 하는 일부 소비계급의 문화적 생활양식으로서 그 안에 야만성을 내포하고 있으며 모던이씀의 향락자는 신경병자, 변태성욕적인 문명병자들이라고 매도했다. 생산과 소비의 분열이 없어지고 지배와 피압박이 없어진 건전한 사회가 건설되면 모던이씀은 일소될 것이라는 것이 그의 진단이다.[70] 모던 생활에 입문하기 위한 방법을 강의한 한 칼럼에서는 무지 은폐술, 부모 속이는 법, 돈 없이 첨단의

멋을 창출하는 방법, 책임 회피법 등을 모던 대학 입문의 방도로 역설한다. "勤하면 부자된다는 요술쟁이가튼 수작"이 더 이상 통하지 않는 조선의 현실에서는 "경쾌한 破壞"[71]만이 유일한 방법이라는 것이다. 이 자학적 냉소주의는 근면과 성실을 통해 합리적 근대를 창출하고자 했던 계몽 이념의 뿌리 깊은 절망에 닿아 있다.

> 다른 한 가지의 '스마트'가 잇나니 이것은 실로 민족을 害하는 大敵이라고 警鍾을 울리고 십다. 그것은 다름 아니라 이름하야 도피적 '씨니씨즘'이라 한다. 우리는 청년시대에 다 열렬한 리상을 가진다. 성실과 용감과 의를 위해 목숨을 바치겟다는 헌신적 정신을 갖고 잇다. (……) 그러나 항해가 메츨 가지 못해서 환멸이 우리를 침노한다. 정직한 사람, 성실한 사람, 민중을 위해 진심으로 애쓰는 사람은 결국 고생하고 손해보고 버림을 받는다. 그 대신 거짓말 잘하는 사람, 남을 해하려고 밤낮 궁리하는 사람, 비굴한 사람, 겆으로 젠체하고 속으로는 비렬한 행동을 하는 사람, 민중을 파는 사람이 출세를 하고 환영을 받고 상좌에 앉고 무엇보다도 괴상한 것은 상당한 사업을 성취하는 것이다. 그래서 새로운 철학이 생겨난다. 모든 리상을 파괴하고 오직 '빈정거림'이 유일한 가치의 비판이 되고 만다.[72]

1930년대 초반의 냉소주의 풍조를 고발하는 윗글의 필자는 정직하고 성실한 생활이 보답 받지 못하는 현실, 개인적 역량의 축적을 통해 민족·민중의 발전을 도모하라는 계몽의 이념이 더 이상 설득력을 지니지 못하는 식민지의 상황을 도피적 씨니시즘의 기원으로 진단한다. "환멸이 우리를 침노한다"는 그의 발언은 '비열과 비굴이 괴상하게 성공하는' 현실 앞에서 근면, 성실, 헌신으로 스스로를 책려했던 계몽 이념이 겪어야 했던 나르시시즘적 상처의 깊이를 실감하게 한다. 이 뿌리 깊은 절망은 '경쾌한 파양'만이 갈 길이라는 냉소주의와 쉽게 접속했고, 표피적인 모던의 풍조를 비판하면서도 국경과 시간을 초월하는 세계적 시간성으로서의 모던에 대한 환상을 떨치지 못함으로써 스스로 이 모던의 일부가 될 수밖에 없게 만들었던 이중의 굴레였다.

에로-그로의 통속 문화와 '괴기'라는 새로운 취미 감각은 이처럼 표피적인 모던을 꼬집고 비판하면서도 한편으로는 지속되었던 세계적 모던에 대한 환상과 이 모던의 수준에 현격히 못 미치는 조선에 대한 이중적 자의식 위에서 발생했다. 잔혹성과 공포, 불가해한 신비경에 대한 호기심을 충동질하는 '괴기'의 취미감각은 탈정치화와 우민화를 유도하는 자본주의적이고 말초적인 취미문화와 계몽의 좌절에서 비롯된 자학적 냉소주의의 결합 속에서 발생한 환멸의 모더니티의 일부였다.

또 다른 공포를 찾아서

식민지 시기 '괴기'의 취미는 주술적인 관습의 잔재에 의거하거나 혹은 억압되어 있던 자기 안의 타자성을 인식하고 내부의 잔인성과 야만성의 귀환을 직시하게 되는 자발적이고 경험적인 과정을 통해 형성된 것이 아니었다. '괴기' 취미는 소비적 대중문화의 발전, 지식인의 관심을 정치에서부터 이탈시키려는 식민제국의 의도, 계몽의 좌절로 인한 나르시시즘의 상처, 국경 너머의 타자에 대한 관음증적 시선과 앎에 대한 욕망 등의 복합 속에서 탄생했다. 에로-그로 문화와 그로테스크 개념의 유입 및 울트라 모던의 유흥적 기호 등의 외부적 요소와 계몽의 실패에 대한 뿌리 깊은 절망, 그로부터 발생하는 모던에 대한 양가적 환멸과 자학적 냉소주의가 잔혹성과 공포, 마술적 신비를 표상하는 '괴기'의 새로운 취미기호가 성장하는 저변을 형성한 것이다. 이처럼 공포의 표상으로 변화하면서 '기괴/괴기'의 용례 내에서 과거와 같이 '묘사 불가능할 만큼 멋진 모양을 형용하거나 '훌륭하다'라는 긍정적인 의미장은 사라진다.

흥미로운 것은 모던 문화의 유흥적인 기호를 번역하는 과정에서 성립했음에도 불구하고 오늘날 '괴기'는 종종 '괴담'이라는 기표와 결합하여 오히려 전근대적 전설과 미개의 시대를 표상한다는 사실이다. 근대의 산물인 취미기호가 그 태생을 은폐하고 자신의 부정적인 성격을 전근대의 그것으로 전도시키는 현상은, 내부의 모순과 불합리성을 타자에게 전가함으로써 자신의 정체성을 유지하는 근대의 자기운동방식을 확인해 준다. '괴담=전근대=공포=괴기'의 결합은 근대가 새롭게 성립한 괴기의 기표를 통해 전근대를 호명하면서 나타난 새로운 감각이다. 그러나 1930년대 중반까지의 취미기호 '괴기'는 정신분석에서 말하는 두려운 낯섦(uncanny) 혹은, 억압된 타자들의 귀환을 통해 전율을 일으키는 공포와는 거리가 있었다. 1930년경부터 증가하기 시작한 괴담들이 실어 나르는 공포의 수준이란 아직 귀신, 유령이라는 소재의 등장 차원에 머물렀으며, '괴기' 또한 타자에 대한 피상적 호기심을 바탕으로 잔인하고 불합리한 행위, 비참·추악하고 모순적인 삶의 현상에 대한 관음증적 탐닉의 기호嗜好를 이제 막 대중의 의식 속에 공식화해내고 있는 상황이었다. 이 '괴기'가 어떠한 경로를 통해 전율적 공포와 악마성 자체에 대한 탐닉으로 나아가며, 어떠한 사회문화적 조건들이 이러한 취미를 정착시켜 나가는지는 더 탐구해야 할 과제로 남는다.

상이군인 · 그로테스크 · 현대성

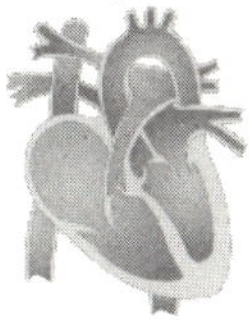

한국전쟁 이후 상이군인은 그로테스크한 몸을 가장 드라마틱하게 전시하는 기표였다. 그러나 비국민의 영역으로 배제된 이들은 단순히 그로테스크하다는 시각적 특성으로만 해명될 수 없는 존재들이었다. 50년대 몸은 현대성 담론과정에서 생성되었으며, 자연적이고 창조적인 건강한 몸들이 윤리적 대안물로 제시되었다. 그러나 현대성 담론의 긍정적 몸의 귀환이 상이군인의 몸을 배제하는 근원적 원리로 작동되고 있었다. 몸의 긍정적 귀환이 어떻게 형성되고 수행되는지, 그로 인해 공론장의 그로테스크한 몸이 어떻게 배제되는지의 과정을 추적한 글이다.

임지연

1950년대 한국의 공론장에서 그로테스크한 몸은 정상과 비정상 혹은 미와 추 사이, 즉 경계의 토포스에서 존재하지 않았다(못했다). 일반적으로 그로테스크는 사이와 틈새의 토포스에서 발현되는 미적 특성을 가지지만, 현실적 공론장에서 그로테스크한 몸은 부정과 배척, 금지라는 담론의 배제과정 속에서 배치되었다. 한국전쟁 이후 상이군인은 그로테스크한 몸을 가장 드라마틱하게 전시하는 기표였다. 전쟁에 의해 훼손됨으로써 표준적 몸과 아름다운 몸의 영역에서 배제된 이들은 단순히 그로테스크하다는 시각적 특성으로만 해명될 수 없는 존재들이었다. 이 글은 그로테스크한 몸이 50년대 공론장에서 어떻게 수행되고 구성되는지를 추적하고자 한다.

전쟁은 시각적으로 가장 그로테스크한 상이군인의 몸을 발생시켰다. 실종자를 포함한 인명손실은 300만 명으로 전체 인구의 10분의 1이나 되었으며, 1천만 명이 가족과 헤어지고 500만 명이 난민이 된 한국전쟁은 논리로는 설명될 수 없는 비극적 사건이었다. 전투와 학살은 공식, 비공식으로 자행되었다. 허용된 살육의 시간이었다. 전쟁의 본질은 적에게 상처를 입히는 것이라고 할 수 있다면, 상처를 입히는 장소는 바로 몸이다. 이때 전쟁 수행 중인 군인의 몸은 개인의 층위가 아니라, 국가주의적이고 집단적인 의미망에서 존재한다.

> 산으로 올라가는데 어떤 검둥이가 총을 이렇게 들고 죽어 있더라고요. 나무에 기대고 있어요. 그런데 (이마를 가리키며) 여기는 구멍이 (검지손가락 끝으로 아주 작다는 표시를 해보이며) 이만큼 났는데 여기는, 구둣발로 툭 차니까 머리가 이 골이 다 빠져 버렸어요. 그렇게 비참한 것을 보고……
>
> _ 이광철 구술[1]

이러한 상이군인의 개인적 기억은 불행하게도 2000년대에 들어서야 기록되었다. 이들은 개인이었음에도 불구하고 50년대 상이군인의 몸은 개인의 층위에서 다루어지지 않았다. 그러므로 전쟁이 기억되고 저장되는 내면 따위는 없는 집단적 괴물에 불과했다. 이들에게는 트라우마가 발생되는 내면 같은 건 존재하지 않았다. 상처는 외부적인 몸의 층위에만 존재했다. 상이군인은 '상이군인 문제'로만 다루어졌다. 이들은 국민이라는 숭고한 주체로 호명되었지만, 정상적 몸이 훼손되면서 다시 비非국민으로 주변화되어 갔다.

그러나 상이군인의 그로테스크한 몸이 전쟁과 국가주의 체계에서만 배치되었다고 할 수 없다. 여기에는 당대 현대성 담론에서 제기되는 현대적 인간과 현대적 몸의 문제가 가장 근원적인 배치의 기준이 되고 있었다. 50년대는 새로운 현대적 인간의 몸을 윤리적으로 제시하려는 담론적 욕망이 무척 강했던 시기였다. 현대성 담론은 전후 재건과정에 의식적 무의식적으로 개입되면서 거대한 담론으로 확장되어갔다. 이러한 상황에서 50년대 상이군인의 그로테스크한 몸은 이상적인 현대적 몸의 윤리와 국가주의적 요구, 그리고 미적 표준의 요구에 따른 이중 삼중의 배제과정을 경험해야 했다.

50년대 현대성 담론과 몸의 긍정적 귀환

1950년대 몸이 말해지는 방식은 푸코의 표현을 빌리자면 공작새처럼 날개를 활짝 펴고 있는 형국이었다. 몸은 현대성 담론의 산물이었고, 동시에 현대성에 대한 인식방법이기도 했다. 몸의 문제는 독자적으로 존재하지 않았다. 당대가 어떻게 현대를 이해하고 실현할 것인가에 대한 지속적인 문제제기 속에서 몸은 새롭게 소환되었다.

50년대는 그 어떤 때보다 '현대성'이라는 용어의 사용과 그것에 대한 실천적 인식이 폭발적인 시기였다. 먼저 당대가 현대와 현대성을 어떤 감각 속에서 인식했는지를 살펴볼 필요가 있다. 20세기는 보편의 시간으로 인식되어졌다. 20세기라는 전환기를 살아가는 인간은 합리성과 현대성의 공통된 공간 속에서 보편화된 존재였다. '세계는 하나'라고 주장되는 '코스모폴리타니즘Cosmopolitanism'(세계주의: 코스모폴리타니즘의 발생 조건은 첫째, 과학의 발달로 교통과 통신이 비약적으로 발전하면서 지구상의 시공간이 단축되었기 때문이고, 둘째, 자본주의의 국제무역이 세계를 하나로 만들었으며, 셋째, 민족과 피부 · 혈통 등의 차이가 세계국가 속에 통일되어야 한다고 주장하는 사상) 등이었고, 20세기 현대는 세계 안에서 동일한 개인, 즉 보편적 인간으로 탄생되었다는 20세기의 보편적 인간관을 성립시켰다. 현대는 세계사가 성립한 시기였으며, 근대와 엄연히 구분되는 표징을 갖는다고 보았고, 그것이 구축될 수 있었던 것은 과학(교통 · 통신)의 발달, 자본주의의 국제화, 코스모폴리타니즘의 현대사상이라는 전환기적 지표에 의해 가능해졌다고 인식했다.

코스모폴리타니즘은 50년대 지식 담론의 중요한 지반으로 작용했다. 교통의 발달로 지구는 공간적으로 하나가 되었고, 국제화된 자본주의가 세계를 경제적으로 연결하였으며, 그럼으로써 현대는 국가 · 민족 · 계급과 같은 위계화된 질서를 무너뜨리고 세계시민으로 하나가 될 수 있다고 보았다. 따라서 50년대 한국인은 세계적 보편인으로 스스로를 포섭해갔다. '세계사적 현실' 속에서 현대인은 '개인이면서 세계인'이었고, '세계국가' 안에서 모든 인간은 '세계시민'일 수 있었다. 1950년대 현대성 담론은 서구의 자본주의적 합리성을 남의 것이 아니라, 나의 것으로 받아들일 수 있게 했다. 서구의 문제는 곧 나의 문제였고, 서구적 현실은 나의 현실일 수 있었다.

50년대 현대성 담론은 곧 현대성 비판을 내용으로 한다. '현대인'은 문명의 몰락과 세계의 위기를 심히 우려하는 자이고, '현대'는 합리성의 너머에 설명을 찾아보다가 빠져나올 구멍 없는 미궁 속에 헤매고 있으며, 따라서 '현대정신'이란 합리적인 계산에 질려 이에 반항하고 모색하는 정신이다.[2] 현대인은 문화적으로 발전하여 만능인萬能人으로 자처하면서도 속으로 깊이 죄인인 줄은 몰랐던 '근대인'에 대한 비판위에 서 있는 존재였다. 그러나 '만능인'과 '죄인'의 현실적 근거를 제시하지 못한 채, 전후 한국인은 자신의 존재를 '만능인'이었기 때문에 '죄인'인 서구적 현대인으로 인식하였다. 코스모폴리탄적 태도는 서구적 현실을 곧 우리의 문제로 받아들이게 했다. 한국전쟁을 겪으면서 국토는 초토화되었으며, 미국의 원조경제로 식민적 자본주의 틀을 완전히 벗어나지 못한 '후진국'임에도 불구하고, 이성과 합리성의 위기를 맞은 서구적 현대개념을 자신의 현실로 받아들였던 것이다.

한국이라는 특수공간에서 체험하는 현대는 '후진성'을 특징으로 하였다. 그것은 서구적인 것의 결핍이었지만, 코스모폴리탄적 현대는 그것조차 보편으로 만들어나갔다. 현대는 그러므로 단 하나의 현대가 있었을 뿐이었다. 현대가 어디서 어떻게 시작되어도 동일하다는 것이다. 단지 앞서있거나 뒤떨어져 있을 뿐이다. 그것의 질적 차이와 원인에 대해서는 관심 갖지 않았다. 현대라는 동일한 층위에서 위치만 달리 보았던 셈이다. 그럼에도 50년대 현대주의자들은 뼛속까지 박힌 후진성으로 자기를 인식[3]하면서 비애와 결핍에 시달렸다는 것은 아이러니컬한 일이었다.

현대를 비판하였을지라도 이들은 궁극적으로 현대의 완성을 지향했다. 현대 자체를 근원적으로 비판하는 것이 아니었다. 베버Max Weber가 통찰했던 초기 자본주의의 현대적 합리성이 시간이 지나면서 훼손된 것으로 보기 때문에 본질적으로는 그것을 신뢰한다. 현대를 인식하는 방식은 현대성을 근원적으로 뒤흔드는 것이 아니었다. 현대성 담론은 새로운 현대적 세계관과 윤리를 모색하는 방향으로 나아갔다. 현대는 합리적 이성으로 인해 위기를 맞았지만, 진정한 휴머니즘적 이성으로 현대를 구원하자는 자기갱신의 의지였다. 현대성 비판을 통해 '타락한 이성'을 비판하고, 현대를 재긍정할 수 있는 '진정한 이성'을 신뢰하는 방향으로 나아갔다.

현대성 비판의 핵심은 이분법적 세계관에 대한 반성이었다. 목적과 수단의 질서전도라는 현대적 현상은 국가, 기계주의, 자본주의의 인간억압을 초래하고 감각과 지성의 불균형, 육체와 정신, 정신 물질의 분화[4]를 보여주며, 주관과 객관으로 대립시켜 생각하는 버릇[5]뿐 아니라, 현실적으로 근대와 전근대가 공존하는 50년대의 신크레티즘[6]에 대한 총체적 모순이었다. 이 모든 위기와 모순은 자본주의의 합리적 이성이었다고 비판되었다.

합리적 이성이 세계를 파괴했으니, 합리성과 이성의 타자들이 귀환을 요구받을 수밖에 없다. 하버마스Jurgen Habermas에 의하면 이성의 타자들은 자연, 인간의 몸, 욕망과 감정들이다. 특히 현대성의 대안적 항목 중에서 가장 폭발적 힘을 가진 것은 몸 개념이다. 합리적 이성이 오랫동안 억압해온 '몸'은 이제 현대성 비판과 함께 등장하게 된다. 50년대 몸의 문제는 단독적인 것이 아니라, 현대성을 어떻게 인식할 것인가라는 당대의 시급한 문제의식 속에서 필연적으로 언급되기 시작하였다.

몸은 합리성과 이성이 파괴한 현대성을 보완하여 현대인을 구원할 수 있는 가능성으로 인식되었다. 현대성 비판의 외연이 이분화된 요소들의 불균형으로 지시되었다면, 그것의 내포는 이분적인 것들의 종합과 통합이었다. 이 지점에서 현대의 윤리, 몸의 윤리가 형성된다. 현대는 합리적 이성에 대한 비판의 시기였고, 이성을 반성하기 위한 장치로서 몸이 새롭게 사유되었던 것이다.[이하 인용문에서 고딕체는 인용자가 강조하기 위한 것임.]

합리주의사상이 부동不動이며 사死인 물체의 법칙에 의해서 밖에 세상을 설명하지 못하고 생명현상, 인생의 본질에 대해서 하나도 밝혀준 것이 없음을 알게 된 날 사색思索의

> 눈앞에 나타난 것은 혼돈의 불안이었다. 안다는 것은 죄악이며 죄악은 반反생명성이니 배격해야 하며, 그러나 그 근원인 알고자 하는 욕망에 관해서는 사색하는 권리를 ○○하지 않으려는 것이 인간이다. (……) 그러나 합리사상으로 율律할 수 없는 정신이 존재한다는 것은 생각해본 일이 없었다. 헌데 정신의 본질이 비합리성에 있었던 것이다. 합리주의적 법칙은 물질의 세계에만 적용된다. 그러나 생명은 물질이 아니며 인간생활은 생명에서 나와서 저 물질세계를 자기를 위하여 극복지배하며 또 하고자 하는 정신에 매어 있다.[7]

1950년대 〈사상계〉의 대표적 필진이었던 불문학자 손우성은 현대의 문제를 논리적으로 해명하였다. 인용문에서도 알 수 있듯이 현대의 자각은 이성이 허위와 기만의 구조임을 깨닫는 데 있었다. "정신의 본질이 비합리성에 있었던 것"을 아는 것이 현대의 가장 확실한 징후이자 식별의 계기였다. 여기서 이성의 타자인 '육체, 생명, 감성'이 호명되고 있다.

몸이 곧바로 이성의 대안이 될 수 있다고 보는 것은 아니지만, 인간의 주변부에 머물렀던 몸이 이성과 동등한 개념으로 호명되고 있다는 것은 의미 있는 일이다. 이성/몸은 동등한 짝패 구조로 제기되고 있기 때문이다. 이성에 대한 비판은 몸에 대한 본질적 관심을 담론화하면서 현대성과 현대적 인간을 해석하는 중요한 축으로 구조화되었다. 이는 50년대 몸이 현대성의 맥락에서 긍정적으로 호출되는 방식이었다.

현대적 인간과 '자연'적 몸의 긍정
— 번역문학, 실존주의, 과학주의, 프로이트주의

몸을 제기하는 방식은 몇 개의 층위에서 이행되었는데, 문학 담론, 과학 담론, 철학 담론 등에서 제기되었다. 신체를 긍정적 시각에서 바라보고 이를 토대로 현대의 윤리를 탐색하고자 하는 공통의 태도를 견지하였다. 이때 '자연물로서의 몸'으로 구성된다는 특징을 보여주는데, 본능으로서의 몸을 긍정적으로 평가한다. 문학 장에서 몸이 긍정적으로 이해되는 방식은 서구 소설의 소개에서 두드러졌다. 특히 D. H. 로렌스의 소설 번역이 큰 영향을 미쳤다. 본능으로서의 성性을 건강하고 긍정적인 것으로 평가하면서, 새로운 현대적 인간의 '모럴'이 거기에 있음을 탐색한다.

> 영육靈肉을 겸비한 차트리 부인이 어찌 이 남편과 더부러 '락비'의 행복한 부부가 될 수 있을 것인가? 인간이 본시 영靈과 육肉의 혼연 혼합일체임에도 불구하고 디만 靈의 生만을 가지고서 여생을 보낼려는 '크리프드'경을 위하여 세내의 정열과 낭만을 지닌 '챠트리'夫人이 끝끝내 자기의 생활에 대해서 모순을 느끼지 않는다는 것은 자못 이상한 일이다. (……) 그러나 인간이기 때문에 너무나 인간이기 때문이라는 숨길 수 없는 숙명은 '챠트리'부인으로 하여금 전신전령全身全靈을 바치게 한다. (……) 여주인공을 중심으로 영육靈肉 지양止揚의 가장 고조된 사랑의 발견에까지 이르는 운명에의 반발과정을 엮었든 것이다. 여기엔 모든 것이 하나의 본연성本然性에 따라서 움직이고 있을 따름이다.[8]

이봉래에 따르면 50년대 초반 ≪챠탈리 夫人의 愛人≫이 처음 출판되었을 때 항간에 찬반논쟁이 심했다고 한다. 문인들이 다방에서 찬반논쟁을 입술에 거품을 물고 핏대를 올리는 말다툼이 있었을 만큼 사회적으로 큰 반향을 불러일으킨 소설이었다.[9] 중요한 것은 '차트리 부인'이라는 인물을 단순한 성의 개방 문제를 넘어서 현대적 인간에 대한 새로운 상을 제시할 수 있는 모델로 삼는다는 점이다. 인용문은 '차트리 부인'을 옹호하는 입장에서 쓴 글인데, 차트리 부인을 이상적 인간으로 파악한다. 인간은 본래 영과 육의 혼합일체라고 정의하면서, 차트리 부인은 바로 영과 육의 합일을 실천하고 있다는 것이다. 현대의 이분화된 근원적 모순을 해결하는 하나의 대안적 가능성으로 해석된다는 점에서 몸의 문제는 현대성 이해의 중요 키워드가 되고 있다.

정신과 육체의 동시성을 '전신전령全身全靈'이라고 표현하고 있다. 이 용어의 사용법은 상당히 중요한 의미를 시사한다. 이분화되어 있던 '영靈'과 '육肉'의 문제가 통일된 몸으로 변환되었음을 시사하는 용어이기 때문이다. 50년대가 이상적으로 바라보았던 인간-몸에 대한 방향은 바로 전신전령全身全靈에 있었다.

몸은 인간의 근본문제로 대두되었고, 새로운 도덕을 효과적으로 만드는 현대성의 새로운 대안적 고안물이 되었다. 조연현은 간통문학에서 간통이라는 비도덕성은 창조적이고 긍정적 방향을 가질 때 의의가 있다고 하였다. 그것이 바로 차트리 부인형의 '구원과 희망의 새로운 길', '부정될 수 없는 생명적 의의', '본능적 생명력의 발동'의 긍정적 방향으로 나아간 경우이다. 이때 간통의 윤리적 의미가 성립된다. 창조적 의지와 결부되는 새로운 성도덕을 추구하는 문학, 새로운 윤리를 찾아가는 문학[10]이 윤리적 의미가 될 수 있다고 보았다. 이처럼 로렌스의 번역소설은 창조적 의지와 성적 윤리관을 제공하는 본능적 몸을 긍정하게 하였다.

또한 실존주의 문학과 관련해서도 몸은 비교적 긍정된다. 실존주의 문학 특히 '행동주의'는 현대성과 몸을 필연적인 짝패개념으로 만들어주는 요소로 작용하였다. 실존주의는 서구적 현대성의 위기를 인식하는 데서 비롯되었던 것처럼, 현대라는 특정 시기를 구조적으로 분석하고 대안을 제시하기 위한 철학적 기획이었다. 특히 50년대 실존주의 문학은 사르트르와 카뮈를 중심으로 소통되었다. 철학 담론에서는 유신론과 무신론으로 대별되어 정리되었지만, 문학 담론 상에서는 같은 무신론 계열에 있는 사르트르와 카뮈가 서로 특이지점을 형성하면서 소개되었다.(카뮈가 내면적 · 시적 실존의 방향에 있었다면, 사르트르는 산문적 · 투쟁적 · 논쟁적이라고 대별되었다. 김붕구, 〈실존주의문학〉, ≪사상계≫, 1958. 8) 행동주의 계보는 지드—말로—카뮈로 이어지는데, 불문학자 김붕구는 말로의 행동주의에 천착하면서 몸과 (몸의)행동의 요소를 중시한다는 점을 주목한다. 그는 말로의 문학을 죽음, 행동, 에로티즘의 관점에서 '증인문학'[11]으로 명명하고 있다.

말로의 행동주의는 작가적 삶을 통해 증명될 뿐 아니라, 에로티즘, 죽음, 행동 등 몸의 요소들이 작품의 내적 구조로 작용한다고 보았다. 특히 에로티즘은 '나'와 또 다른 나인 '타아(他我)'가 실존적으로 만날 수 있는 가능성을 열어준다는 것이다. 즉 타아는 "他我의 눈, 입술… 육체"의 방식으로 '나'와 실존적으로 대면할 수 있다. 그것은 '합리적인 것만이 현실적이었던 시대의 관념의 윤리'와는 절대 통할 길 없는 새로운 윤리이다. '나'의 새로운 윤리적 탄생은 타아와 실존적으로 만날 때 가능한데, 방법은 '에로티즘'에 있다는 것이다. 카뮈는 정신이 육체 때문에 존재하는 이 야릇한 순간을 작품화하였다고 평가되었다.[12] 인간을 행동과 몸으로 특징짓고 있다는 점, 그것을 "인간총체"라는 현대성 비판의 대안으로 읽어낸다는 점에서 몸에 대한 실존적 특이지점을 보여준다.

'본연성'과 '본능'이라는 몸 의식을 형성하는 또 하나의 축은 과학에 거는 기대와 희망이었다. 현대성 인식이 현대성 비판을 내용으로 하면서 현대의 물질주의나 기계주의는 비판의 대상[13]이 되었다. 현대성을 규명할 때 과학·기계문명은 현대의 구조로 인정되면서도, 윤리의 문제를 제기한다. 현대의 놀라운 과학문명은 인간 정신의 위대한 승리라고 평가되었다. 또한 과학문명이나 기계문명 자체는 목적과 방향이 없기 때문에 중성적이지만, 과학문명이 인간에게 커다란 위협적 존재가 된다면 이에 더한 인간의 비극이 없다는 것이다. 여기에서 과학문명의 윤리화, 윤리화된 기계문명이 제기 된다.

그럼에도 과학의 발달은 인류의 미래를 위한 장밋빛 설계도였다. 50년대 후반 소련이 인공위성 스푸트니크호(1957년 러시아가 발사한 세계 최초의 인공위성. '동반자'라는 뜻으로, 같은 해에 1, 2호가 발사되었다)를 쏘아 올리며 우주시대가 개막되었고, 한국은 미국의 원조를 받아 실험용 원자력을 도입(1958)하면서, 과학은 인류에게 무한한 희망과 발전을 약속하고 있는 것으로 바라보게 되었다. 또한 의학의 진보는 육체면과 신체면의 결합이 더욱 견고하게 되고 있는 현실 속에서 질병과의 투쟁을 계속해야 할 인류에게 행복을 주는 데로 진행[14]될 것이라고 낙관한다. 과학과 의학에서 몸은 물리적인 것, 자연과학적 것, 생명적인 것으로 다루어진다. 생명성에 대한 표상은 의학적 몸 개념과 연관된다. 건강하고 긍정적인 몸은 과학과 의학의 진보에 대한 현대적 감각에 있었다.

과학 담론이 탄력을 받을 수 있는 조건은 자연과학을 긍정하는 철학 담론과도 관계된다. 러셀B. Russell의 '과학철학'이나 칼 뢰빗트K. Lwöith의 '자연적 세계관'은 자연과학의 차원에서 인간과 세계를 사유하면서 현대를 극복하고자 하였다. 러셀은 칸트의 아프리오리의 형이상학적 세계를 떠나 물체의 존재는 지각되는 곳에 있다고 보면서 마음과 물질의 일원론을 지향하였다.[15] 양자론과 상대성이론을 적극 검토하면서 철학적으로 자연의 구조를 연구하였으며, 정신과 물질의 개념을 '사건'의 논리적 구성물로 보면서 물질과 정신의 구별은 표면적이고 비실재적임을 증명하고자 하였다.[16]

특히 뢰빗트는 1958년 내한하여 강연회와 좌담회를 가지면서 하이데거적 형이상학의 세계를 비판하고 자연과학적 세계를 철학의 근본문제로 삼으면서 인간의 '이성적 이성'과 대응되는 '자연적 이성'을 통해 현대적 대안을 찾고 있다.[17] 당대 철학은 자연 과학의 이론을 접목하여 정신과 물질이라는 이원화된 세계를 일치하려는 현대적 노력을 기울이고 있었다.

또한 프로이트의 소개 역시 몸을 자연적인 것, 혹은 본능적인 것으로 인식하게 하면서 인간의 근본문제로 삼게 된다. 성과 관련하여 프로이트의 리비도는 중요한 기제로 작용한다. 프로이트의 성은 자신의 번식과 맹목적으로 관계를 가진 자연, 자연작용[18]이라고 소개되었으며, 리비도는 출생할 때 이미 존재하며 신체전체에 확산하고 있[19]는 것으로 보았다.(프로이트의 몸에 대한 소통방식은 양가적이다. 성의 본능을 통해 인간의 신체적 구조를 발현화할 때는 긍정적으로 이해되지만, 성이 잘못 사용되어 과도한 향락과 땅에 떨어진 신체의 도덕성을 범주로 할 때는 부정적인 것으로 사용된다.) 이런 관점에서 인간은 본능에 지배되는 존재로 인식하게 되었다. 프로이트에 의해 인간을 이해하는 방식은 근원적으로 몸을 토대로 하지 않으면 안 되었다.

당대 현대성에 대한 관심은 새로운 인간관을 탐구하려는 데 있었다. 문학, 과학, 의학, 철학의 영역에서 몸은 인간의 근원적 구조의 중심축으로 파악되었다. 또한 몸을 긍정적이고 낙관적으로 인식하였으며, 현대성 비판의 대안으로 삼으려는 의지를 보였다. 당대의 몸은 본능의 지혜, 육체의 지혜[20]로 긍정되어갔다.

50년대 긍정적 몸은 추상적이고 이상적인 몸의 표상이었음에도 강력한 힘을 발휘하였다. 현대의 원리로 작동하면서 가치판단의 기준이 되었기 때문이다. 따라서 현대가 요구하는 긍정적 몸의 기준에 부합되지 않는 모든 몸들은 부정적이고 비긍정적인 것이었으므로 가차 없이 배제되었다.

배제의 과정은 국가규율과 결탁하면서 다양한 '비非국민' 혹은 '공공의 적'을 양산하였다. 50년대 '허영의 괴뢰'로 지칭되었던 아프레 걸après-guerre(전후파 여성)과 '땐스홀과 뒷골목의 소란'을 만들어내는 불량 소년소녀들, '보호할 가치가 있는 정조만 법의 보호를 받을 수 있다'는 법적 판결의 대상이었던 박인수 사건의 여대생. 이들은 모두 성적 방종과 과잉된 몸을 드러내는 50년대 공론장의 적들이었다. 현대성이 기술문명의 차원에서 비판되었을 때 비판의 방향은 '향락적 인간'이었다. 현대적 몸은 향락될 수 없었다. 몸의 향락은 왜곡된 현대성의 실현이었고, 비창조적이고 비생명적인 태도였다. 이들은 현대성이 요구하는 몸의 기준에 어긋났으므로 배제의 과정을 경험하였다.

훼손된 몸, 건강하지 못한 몸, 향락적인 몸, 방종하고 무질서한 몸, 생명성이 없는 비창조적인 몸은 현대성이 요구하는 몸이 아니었을 뿐 아니라, 국가주의 내부에서도 부적격하였다. 따라서 이들은 '공공의 적' 혹은 '비국민'으로 주변화되거나 배제되었다. 그런데 이 부정적 몸들은 노골적인 드러내기를 통해 담론을 구성한다. 몸의 극장일 수 있을 만큼 현란하게 자신을 드러내는데 그것은 공교롭게도 부정적 몸들이 자신을 구성하는 방식이었다. 부정적 몸이 담론의 중심으로 출현하는 방식은 푸코가 배제의 외부적 과정이라고 일컬었던 금지, 분할과 배척, 진위의 대립의 방식이었던 셈이다. 부정된 몸들이 화려하게 드러나는 이유는 역설적이게도 금지당하기 위해서였다.

그로테스크와 관련하여 50년대 상이군인은 공론장의 적들처럼 배제의 대상이 되었다. 정상성이 훼손된 몸은 현대성 극복을 위한 윤리적 주체가 될 수 없었다. 현대성 담론은 현대라는 세계사적 현실 속에 포섭된 한국의 상이군인을 현대적 인간의 범주 안에 받아들일 수 없는 시대적 표준을 제시하고 있었다. 아프레걸이 향락적 몸을 전시하였다면, 이들의 몸은 그로테스크를 전시한다. 현실 공간에서 그로테스크는 정상성과 비정상의 경계에 부유하는 래디컬한 미적 가치를 생산하지 않았다. 이들은 비정상의 영역을 대표하는 비창조적이고 비생산적이며, 비자연주의적인 몸의 표상이었다. 상이군인은 전후 재건과정에서도 생산적이고 건강한 국민 주체이기는커녕, 혼란과 무질서를 이데올로기적 효과를 발생시키는 문제적 몸들이었다.

그로테스크한 상이군인의 몸과 국가주의

한국전쟁은 수많은 상이군인을 발생시켰다. 상이군인은 국가적 요구에 의해 전쟁에 참전했다가 물리적인 상처를 입은 제대군인을 말한다. 이들의 몸은 그로테스크했지만, 국가적으로 숭고한 지위를 부여받았다. 그러나 공교롭게도 현실로 되돌아온 상인군인은 그로테스크한 몸 때문에 비非국민이나 반反현대적 인간이 되어갔다.

상이군인은 '상이군인 문제'로 다루어졌다. 원호사업이 재정적으로 뒷받침되지 않아 보호받지 못한 상이군인들은 자주 문제를 일으켰다. 1951년 8월부터 52년 4월까지 상이군인에 의한 경찰과의 충돌사건이 89건, 강도 절도 사건이 85건이나 발생했다. 이들에 대한 원호는 위무 이상을 넘지 못했다. 1951년 3월

이승만은 요양원을 방문하여 위문하고 위문품으로 샤쓰와 손수건, 양말을 나누어주었으며, 무임승차권을 발급하거나, 성탄절에 기념도서를 증여하는 정도였다. 국가차원에서 정양원을 만들기도 했지만 그 수는 너무 적었고, 연금법이 제정되긴 했지만 유명무실했다.

상이군인에 대한 미담美談은 민간인들에 의해 만들어지고 언론에 의해 애국주의로 포장되었다. 종로구의 한 모녀는 자기 집 앞으로 목발을 짚고 가는 여섯 명의 상인군인을 위해 끼고 있던 금반지를 팔아 과자를 사서 위로했다. 조선일보 1952년 5월 14일자에 난 이 미담은 조국 방위의 거룩한 희생으로 나라를 위하여 싸우다 불구자가 된 젊은이들에게 감사의 뜻을 전하고자 한 민간인의 애국적 행동이었다고 보도된다. 상이군인은 위무를 받을 대상으로 전락하면서 아이러니컬하게도 위무하는 자를 애국자로 만드는 역할을 하게 된다. 또한 전쟁 끝 무렵부터 전쟁 후까지 상이군인의 합동결혼식이 수차례 지속되었다. 국방부나 군경원호회 주최로 이루어지는 합동결혼식은 상이군인의 거세된 남성성[21]이 성적으로 얼마나 건재한지를 전시하는 기획이었다.

이들에 대한 원호는 정치적 전시효과, 민간인의 개별적 위무의 미담美談효과를 넘어서지 못했다. 이들에 대한 사회적 소외는 1952년 칠곡-부산진 사건으로 본격화되었다.(이 사건은 상이군인이 칠곡면에 구호비를 타러 갔다가 관계자와 충돌하자 경찰이 이들을 구금한 것이 계기가 되었다. 경찰문제로 확대되자 정양원 소속 상이군인들이 문제를 해결하기 위해 부산발 서울행 기차를 타기 위해 부산진 역무에 모였으나 승차문제로 다투다 사건이 확대되었다. 상이군인 측의 요구조건을 들어주는 것으로 사건은 일단락되었으나 국방부, 사회부, 내무부 장관이 담화를 발표하고 상이군인문제가 사회적이고 국가적으로 해결해야 할 것을 확인하게 하였다.) 이 문제를 해결하는 국가적 방식은 상이군인이 어떤 방식으로 인식되고 다루어졌는지 가늠하게 한다.

> 일부 몰지각한 상이군인 중에는 숭고한 애국심과 찬란한 과거의 공적을 망각하고 전체 상이군인의 위신과 명예를 오손하는 행위를 하고 있음은 실로 유감이다. 떼를 지어 폭행을 비롯한 구타 공갈 위협 파괴로서 공공안녕 질서를 혼란케 하고 (……) 명예를 가장 존중히 여기는 고귀한 공로자이며 최고의 애국자임을 스사로 자각하고 전체상이군인의 명예를 상사켜서는 안될 것이다 만일 그 배후에서 책동하는 자가 없는가 염려하는 바이며, 금후에 있어서는 배후관계를 철저히 조사하여 국법으로 엄단[22]

담화문(국방부 장관)이기 때문에 공적 언어로 표명될 수밖에 없는 형식의 글이지만, 상이군인이 공적 담론 안에서 어떻게 배치되어 있는가를 단적으로 보여준다. 이들이 국민으로 호명될 수 있는 조건은 '존귀한 피와 땀을 조국에 바쳤기' 때문이며, 그것의 가치는 '숭고한 애국심과 찬란한 과거의 공적'으로 대체된다. 몸을 조국에 바친 결과는 경제적 · 사회적 처우가 아니라, '위신과 명예'라는 비물질적인 공적 찬사에 의해서만 보상받을 수 있다. 상이군인이 숭고한 애국심을 저버리고 폭행과 구타, 공갈을 일삼을 때 공적 명예를 훼손하는 것이므로 '반국가적 행위'가 된다. 따라서 상이군인들의 무질서한 사건들은 국법으로 엄단될 수 있다. 이들이 다시 국민이 될 수 있는 경우는 전선에서 총을 들던 그 전날의 심정으로 복귀[23]할 때뿐이다. 하지만 이들은 총을 들고 싸울 손과 발이 없었다. 상이군인은 영원히 국민이 될 수 없는 존재들이었다. 돌아오지 못한 군인은 민족의 신이 되었으므로 영원한 애국자, 숭고한 국민이 될 수 있었던 반면, 돌아온 상이군인은 훼손된 몸 때문에 사회적으로 물의를 일으키는 공공의 적이 되었다.

또한 이들의 몸은 즉각적으로 반공의 의미를 생산한다. 그러나 반공을

傷痍兵援護根本策時急

政府선關係部處會合코熟議

釜山鎭問題圓滿解決

傷痍軍人側要求條件受諾으로

就業을歡迎 陸軍被服창서

抑留民間人一萬千

상이군인들의 무질서한 사건은 국법으로 엄단될 수 있었다. 이들이 다시 국민이 될 수 있는 경우는 전선에서 총을 들던 그날로 복귀할 때뿐이었다. 돌아온 상이군인은 훼손된 몸 때문에 사회적으로 물의를 일으키는 공공의 적이 되었다.

1952년 부산-칠곡 사건(≪동아일보≫, 1952년 9월 22일자 기사).

위한 전쟁에 참여했던 본래적 의미를 상실하는 순간 반공의 질서를 흩트리는 반反반공적 존재가 된다. 물론 이들은 통일 없는 휴전에 반대하는 이승만의 북진정책을 강력하게 지지하면서, 반공의 역할을 수행하기도 하였다. 그럼에도 이들의 무질서를 환영하고 선동하려는 것은 오직 '공산역도배들'뿐이다. 무질서를 야기하는 사태는 곧바로 공산역도배를 이롭게 하는 결과를 낳는다. 담화문을 종합해 볼 때 칠곡 사건은 반법치주의, 반국가주의, 친공산주의적인 사건이라는 것이다. 반법치, 반국가, 친공산과 관련된 존재는 50년대의 공론장의 적일 수밖에 없다. 이들이 비국민으로 배제되는 방식은 견고하며 확고했다.

그로테스크의 시각적 감각은 미적으로 극단적인 불쾌를 불러일으킨다. 상이군인의 시각적 불쾌감은 이들이 일상의 현실 구조 안에서도 배제될 수밖에 없는 감각적 근거로 작용한다.

> 내 맞은 켠 의자에는 한쪽 다리를 절단해 절름바리가 된 군인과 또 그 가운데론 얼굴에 화상을 입어 눈과 코와 입과 그리고 피부까지 닿아 그 원상을 잃고 나 오그라신 바가지 쏙처럼 한데 붙어버린 군인, 그다음엔 창가를 의지하여 눈 먼 군인 하나에 새파란 색안경을 쓰고 앉아 있었습니다. 나는 그 복잡한 중에서도 이 가엾은 불구자된 군인들과 또 씩씩하게 서있는 수많은 군인들을 잠깐 비교해보고 한가닥 애수가 마음에 사무치는 것을 어쩔 수 없었습니다.
> (……)
> 건너편에 앉은 다리를 절단한 군인이 캬라멜을 두각 샀습니다. 그는 한자리에 앉은 동료들에게 모조리 몇 알씩 손바닥에 쏟아주고, 나에게도 받기를 권했습니다. 나는 그저 감사합니다 하고 인사만 한 채 받지 않고

가만히 앉아 있었습니다. 그랬더니 이 군인은 갑자기 화를 발끈 내며 "왜 병신이 드리는 게 돼서 싫으십니까?"하지 않겠습니까. 나는 이 뜻하지 않은 공격에 당황해서 "아니에요. 그럼 도루 주세요"하고 곽 채로 받아 얼떨결에 한 알을 까서 입에 넣었습니다.

"여자의 음성이군요. 정답습니다. 아름답습니다." 나는 다시 한번 깜짝 놀랐습니다. 눈멀고 살아 있는 것만 해도 지긋지긋할 텐데 아직도 무슨 흥이 남아 남의 여자를 놀리기까지 하는가 하고 약간 불쾌한 생각으로 그의 얼굴을 곁눈질해 보았습니다.[24]

전숙희의 글은 전쟁 중에 문예지에 게재된 짧은 수필이다. 상이군인과 함께 기차를 타고 가면서 직접 시각화된 그들의 훼손된 몸이 얼마나 불쾌할 수 있는지를 적고 있다. 몸의 훼손은 불쾌감을 준다. 이들은 사회적 물의를 일으키는 존재라는 점에서 뿐 아니라, 훼손된 그로테스크한 몸을 직접 보여줄 때 느껴지는 불쾌의 감각을 제공한다는 점에서도 공론장의 적이 되었다. 국민은 정상적이고 건강한 몸으로 균질화될 때 형성된다. 상이군인의 그로테스크한 몸은 정상성이라는 동일성에서 벗어난다는 점에서 배제될 수밖에 없었다. 미적 감정의 차원에서도 이들은 배제될 수밖에 없는 몸이었다.

앞에서도 살펴보았지만, 50년대 현대성이 요구하는 몸은 건강하고 긍정적이며 창조적인 생명성을 전제로 하는 이상적인 개념이었다. 현대적 몸은 불안과 위기에 처한 현대를 구원할 수 있는 현대성 극복의 대안물이었다. 상이군인의 몸은 국가에 자신의 신체 일부를 헌정한 숭고한 국민-몸이었음에도 불구하고, 현대의 요구에 불응하는 몸이었다. 50년대 국가만들기 프로젝트에서 중요한 것은 건강한 몸을 균질적으로 갖는 국민이었다. 그러나 상이군인은 국가에 의해 숭고한 국민이 되었음에도 훼손된 몸 때문에 오히려 배제되어 갔다.

베네딕트 앤더슨은 무명용사의 무덤이 내셔널리즘에 어떻게 기여하는지를 보여준 바 있는데,[25] 상이군인의 몸은 오히려 내셔널리즘을 훼손하는 효과를 낳는다. 무명용사의 무덤은 끔찍하게 죽은 병사의 신체를 시각화하지 못하기 때문에 추상화될 수 있다. 추상화된 몸은 민족적 상상물이 되고, 국가와 민족은 영원한 것이 될 수 있다. 그러나 상이군인의 그로테스크한 몸은 오히려 국가와 민족의 완전한 상상물을 시각적으로 훼손하여 그것을 손상시키기 때문에 국가와 민족의 적으로 규명될 수 있다.

또한 이들의 몸은 시각적으로도 혐오스럽다. 감각에 의한 즉각적인 거부 역시 미적인 차원의 배제방식이었다. 그러므로 상이군인의 그로테스크한 몸은 이중 삼중의 견고한 배제방식을 통해 국민, 인간, 가족, 개인의 층위에서 내몰렸다.

몸, 배제의 역설적 방식에 대한 성찰

1950년대 상이군인은 현실적 공론장에서 정말 완전한 비국민으로 배제되어 갔는가? 그렇지만은 않다고 말할 수도 있다. 이들의 집단성은 자기 정체성의 확고한 지표였다. 이들은 정양원과 대한 상이군인회, 대한 상이용사회라는 단체를 조직・개편・유지하면서, 자신의 애국적 정체성을 집단적으로 보존하고자 하였다. 이들은 그로테스크한 몸을 시각적으로 전시하면서 이승만의 북진통일을 지지하고 휴전을 반대하기도 하였다. 그리고 매년 돌아오는 6 · 25가 되면 전쟁과 반공의 의미를 재생산하는 주체로써 국가적으로 사용되었다.

그럼에도 조직의 개편과 유지, 반공과 전쟁의 재현적 의미생산은 이들의 진정한 주체성을 담보해주지 못했다. 이들은 비국민으로 배제되고 정상적 인간의 영역에서 쫓겨났음에도 불구하고, 국가주의와 반공주의를 칭송함으로써 국민이 되려고 하였다. 그럼에도 이들은 진정한 의미의 정상적 인간, 국가적 국민이 될 수 없었다. 왜? 그로테스크한 몸을 가지고 있었기 때문이다.

50년대 현대성 담론은 1, 2차 세계대전과 한국전쟁, 인간의 소외와 실존적 불안의 원인을 이성의 과잉으로 파악했다. 현대성 비판의 중심내용은 언제나 서구적 이성의 과잉 때문이라고 진단되었다. 이성의 과잉이라는 현대성 담론은 몸을 재발견하게 하였다. 이성의 강조로 인해 억압되었던 몸의 문제, 즉 정신과 육체가 통합된 인간이 현대의 비극을 구원할 새로운 인간상으로 제시되었다. 그런 점에서 몸은 본능과 생명성의 차원에서 적극적으로 긍정되었다. 이때 몸은 과학적 자연세계 안에 포섭된 생명성과 창조성을 가진 건강한 몸으로 제시되었다. 건강하고 생명적이고 본능적인, 자연적 질서에 충실한 몸의 긍정은 불안과 공포의 현대적 세계를 구원할 이상적인 개념이었다. 50년대 김수영이 "자연이 하라는 대로 나는 할 뿐이다/그리고 자연이 느끼라는 대로 느끼고/나는 실망하지 않을 것이다"[26]라고 하면서 아내와의 섹스를 욕망하는 시를 썼던 것도 현대성에 민감했던 시인의 감각 덕분이었다.

그런데 여기서 주목해야 할 문제가 있다. 이러한 몸의 긍정과 귀환이 오히려 현실 세계에 존재하는 상인군인을 의식적 · 무의식적으로 배제하는 원리가 되고 있었다는 것이다. 상이군인의 몸이 단지 국가 재건을 도모할 수 없거나, 거세된 남성으로서 국민을 재생산할 수 없다는 의미에서가 아니라, 타락한 현대를 극복할 수 있는 생명성과 건강성, 창조성이라는 이상적 몸의 개념을 위반하기 때문이었다. 몸에 대한 긍정적 인식이 오히려 현실세계에 존재하는 몸을 배제하는 효과를 발휘하고 있었다는 불편한 진실을 간과할 수 없다.

몸의 긍정이 현실적 몸을 배제하는 원리가 되었다는 사실은 대단히 역설적이다. 국가가 상이군인을 비국민으로 배제했다는 사실은 이미 상식이 되었다. 그러나 국가주의가 작동되는 근저에는 건강한 몸의 담론적 긍정이 존재하고 있다는 사실은 간과되고 있었다. 상이군인의 국가주의적 배제방식은 비판되거나 비판을 통해 개선될 수도 있다. 국가 권력은 가상적 권력의 형태일지라도 어떤 제도적 실체로 존재하고 있기 때문이다. 그러나 몸을 긍정하는 몸 담론은 실체가 없다. 상이군인의 배제에 대한 원리로 효과화되었음에도 불구하고, 광범위하게 발생했던 지식 담론은 어떠한 책임도 지지 않는다.

그러므로 몸을 말하고, 몸을 긍정하고, 새롭게 몸을 사유하는 것만으로, 현실의 몸을 구원할 수 있다는 믿음에는 보이지 않는 균열이 존재한다. 90년대 이후 몸의 문제는 새롭게 인간을 사유하고 구성하게 하는 대안적 개념틀이 되었다. 50년대처럼 몸이 생물학적인 자연세계에 존재하는 분명한 실체가 아니라, 불명확하고 구성되어지는 가변적인 것으로 사유되면서 인간주체에 대한 근원적 성찰을 이행하게 하였다. 그러나 50년대 상이군인의 몸이 배치되는 방식을 살펴보면서 두려운 마음이 든다. 몸에 대한 천착과 관심이 새로운 인간을 사유하는 가능성을 제공할 수 있다는 믿음에 성찰을 요구하게 한다. 새로운 몸의 창출이 우리가 모르는 사이에 누군가의 몸을 배제하는 강력한 힘으로 작용할 수도 있다는 의구심 때문이다. 그 균열을 감지하는 근원적 성찰과 함께 몸은 논의되어야 할 것이다. 몸 담론의 윤리성이 몸을 구원할 수 있다는 오만한 지식 담론에 대한 성찰이 이루어져야 할 때이다.

그로테스크한 몸인가, 그로테스크한 세계인가

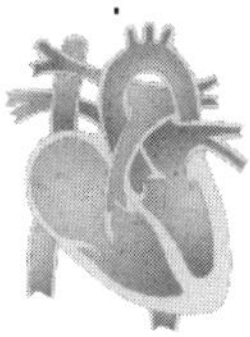

그로테스크는 그 자체로 기괴하고 추한 몸일 뿐만 아니라 초자연적이고 부조리한 것처럼 보이는 주변 현실을 말한다. 노화된 몸이 성숙한 것이 아니라 추한 몸으로 비치고, 추한 몸을 그대로 놔두는 것은 게으르기 때문이라고 해석하는 현실이야말로 그로테스크한 세계이다. 그러나 이 멀리하고 싶은 이상한 세계야말로 우리가 속한 곳이다. 지금은 그 어느 때보다 젊음과 미의 이름으로 개인의 정체성이 규명되는 때인 것이다. 이 글은 신체기준에 따라 위너와 루저로 나뉘는 몸의 경계와 사진에서 재현된 대중목욕탕 속 어머니의 몸이 숭고 또는 그로테스크로 해석되어지는 경계에 대해 살펴본다.

최은주

스스로를 자각하게 되는 것은 바로 타인과의 관계 속에서이다. 바로 그런 까닭에 타인과의 관계를 못 견뎌하게 되는 것이다.

_ 미셸 우엘벡, ≪플랫폼≫[1]

프랑스의 작가 미셸 우엘벡Michel Houellebecq의 소설 ≪플랫폼*Plateforme*≫(2001)에서 한 사내는 아버지의 죽음을 빌미로 회사에 휴가를 내고 동남아

패키지여행을 떠난다. 그는 세계 최고라는 태국 여자들이 있는 매춘 바를 찾아가 성기능이 저하된 자신의 몸을 어떻게든 만족시키려는 꿈을 꾼다. 그의 꿈은 여행이 가진 특성, 우엘벡이 인용한 라시드 아미루Rachid Amirou의 말처럼 '유희적 사교성과 그것으로부터 생겨나는 이미지들'때문에 마치 충만 되는 듯하다. 그러나 익명성을 담보로 했을 때만 가능한 일이다. 이 때문에 어린 태국 소녀들을 데리고 으스대는 '배불뚝이 서구인들'은 그 곳에서 자신들의 몸을 잊을 수가 있는 것이다. 보고 보이는 상황이지만 눈은 더욱 닫혀 있다. 매춘부들은 그들(의 몸)을 보지 않기 때문이다.

볼 수 있지만 보지 않기로 한 주민들의 암묵적 약속에 의해 보호받는 레이디 고디바Lady Godiva의 경우처럼 이곳에서도 본다는 행위는 직업적 금기인 동시에 치명적인 위험을 내포한다. 그 금기를 깨고 고디바를 몰래 훔쳐본 톰이 장님이 되는 벌을 받으면서 피핑톰Peeping Tom이라는 이름을 얻은 것처럼, 약속을 깬다면 반드시 응징이 있을 것이다. 아마도 상대 남성의 몸에 대해 시선을 주고 아는 척 하는 것은 직업의 상실을 담보하는 것일 수도 있다. 이렇게 보자면 그들이 "보지 않는다는 것은 단지 무시하는 것"일 뿐이다.

소설은 이 매춘부들이 볼 수 있다는 여지를 철저히 간과하고 있다. '배 불뚝한' 몸을 볼 수 있는 것은 바로 그 곳에서 만난 같은 목적의 서구인들뿐이다. 의도된 플롯처럼 그들만이 서로를 알아볼 수 있으며 마치 거울에 비친 자신을 본 듯 화들짝 놀라 얼굴을 돌리고 자리를 뜬다. 서로의 시선이 오가는 동안 '배 불뚝한' 그들의 몸은 희화화되고 우스꽝스러워진다. 이 때 '그로테스크'가 생성된다. 잊고 있던 몸이 갑자기 도드라지고 자신의 욕망이 매춘 바로 기호화되면서 '멀리하고 싶은' 세계, 다름 아닌 냉정한 현실 속의 자신과 마주하게 되는 것이다. 상대방의 시선으로 알아차린 자신의 모습은 다름 아닌 성기능이 저하된 배불뚝이의 몸인 것이다. 이러한 사실이 갑자기 불편해지면서 본다/보인다의 문제가 표면에 떠오른다.

이 글은 젊음과 미의 이름으로 개인의 정체성이 규명되는 현대 사회에서 젊음과 노화, 미와 추의 경계로 몸을 규정하는 데 대한 그로테스크한 경험과 재현에 대해 밝힐 것이다. 여기에서 그로테스크는 일차적인 의미의 추한 몸일 뿐만 아니라 개인이 직면해야 하는 비교적 우위에 의해 판단되는 낯설고 불편한 사회구조를 가리킨다.

멋진 여자는 쳐다보지 않는다?

수치심shame의 어원은 인도유럽어의 'skam'과 'skem'에서 왔으며, '숨기다'라는 뜻과 '피부'의 뜻을 동시에 가지고 있다. '볼 수 없는' 환경에 안심하고 있다가 '볼 수 있다'는 것을 알아차린 순간 ≪플랫폼≫의 미셸은 수치심을 느낄 것이다. 결국 태국까지 와야 했던 자신의 부실한 몸을 완전히 숨길 수 없다는 사실을 알게 되면서 수치심은 극대화될 수밖에 없다. 따라서 본다/보인다의 문제로부터 해방되어 자신의 못난 몸이 의식되지 않을 수 있는 장소를 발견한다면 감격의 눈물이라도 흘릴 것이다(≪플랫폼≫에서 한 노인은 젊은 여자의 몸을 보고 자신이 그 몸을 취할 수 있다는 사실에 감동하여 눈물을 흘린다).

그런데 본다는 문제는 어떤 식으로든 남성의 특권이었고, 그들의 눈을 통해 여성의 몸이 해석되는 경우가 대부분이었다. 여성들 스스로가 생각하는 몸보다 남성의 시선을 통해 자신의 몸을 들여다보아야 하는 것이 유일한 방법처럼 여겨졌다. 남성은 마치 관음주의자voyeurs처럼, 여성은 마치 노출증환자exhibitionists처럼 길들여진 것이다[3]. 최근에 와서야 여성들도 바라보는 것을 배우게 되었지만, "멋진 여자는 남자(의 몸)를 쳐다보지 않는다."[4]는 남성들의 견해는 여전히 여성들에게 영향을 미치고 있다. 그렇기 때문에 자아와 문화적 이미지의 차이에서 이상적인 건강이 아니라, 환상이 만들어낸 살flesh과 비교하여 자기 자신을 측정하는 것이다. 살은 감탄이나 시기 · 질투, 욕망을 일으키도록 고안되었다는 보르도Susan Bordo의 관찰대로, 특히 여성의 몸은 보도록 키워진 남성들의 시선에서 자유롭지 못했다.

이러한 여성의 몸은 여러 생리적 현상과 기관 및 임신과 출산, 그리고 산후우울증을 경험하는 장소이다. 여성이 나이를 먹으면 현명함과 존경, 그리고 자유를 겸비하게 된다고 보는 문화권(태국이나 마야 인디언)이 있는 반면, 여성성에 대한 환상의 정반대, 즉 폐경과 그 너머의 어둡고 위험하며 허약한 '몸'의 측면으로 해석하는 문화권(서구)도 있다. 서구 중심의, 서구의 영향을 받은 문화 속에서 노화는 당연히 기괴한 것으로 여겨진다. 남성들의 눈을 통해 보이는 대상으로 길들여져 온 여성들이 더 이상 남성들의 눈에 성적대상으로 비치지 않는 자신을 바라보면서 자괴감을 느끼는 것도 이러한 이유에서다.

여성들이 거울을 바라보며 우는 이유는 거울 속에 비치는 자신의 모습을 믿을 수도 인정할 수도 없기 때문인 것이다. 젊음과 생기를 잃은, 힘도 미도 다 빠져나간 몸을 깨닫게 되기 때문에 그들은 슬픈 것이다. 우엘벡의 소설에서도 드러나지만 현대의 몸에 대한 허상은 성기능이 저하된 남자더라도 여전히 젊고 매력적인 여성을 찾아내려 한다는데 있다. 이러한 묵인된 사회적 시선의 장치에 의해 결혼을 했든, 늙었든, 남성의 시선에 더 이상 흥미를 유발하지 않는 여성의 늙은 몸은 스스로로 하여금 자신들을 있는 그대로 수용하지 못하고 끊임없이 훈육하고 포장하고 가리게끔 만든다. 이것이야 말로 몸을 젊은 상태로 되돌리는 대신 우스꽝스러운 몸으로 재생산해내는 것이다.

카이저Wolfgang Kayser는 이 세상이 무언가 파멸의 구도를 갖게 되는 것이 아닌가하고 두려워하면서, 마치 주변 현실이 초자연적이고 부조리한 것처럼 보이는 것에서 '그로테스크'가 생산되는 것이라고 정의했다.[5] 노화된 몸이 자연스런 노화의 과정을 부정하는 현실이야말로 '그로테스크'한 몸을 재생산해내게 하는 '이상한' 나라인 것이다. 이 중심에 몸은 타인과 공유될 수 없음에도 불구하고 관계 짓는 것으로서 해석되는 메커니즘 속에 존재한다. 노령화가 급속화되고, 그 속에서도 여성의 노화된 얼굴이야 말로 그 어떤 것보다 인간이 죽을 수밖에 없는 운명이라는 것을 일깨워주기 때문이다.

외모에 대한 불안은 무엇보다도 사진과 미디어, 패션, 이미지 메이킹, 성형수술, 바디빌딩, 화장품 등에 의해 원하는 대로 보이고 싶은 욕망으로 바뀌었다. 이러한 것들에 노출되어있는 도시와 문화에서 몸이 숨을 곳은 더 이상 없다. 차라리 인식되어지는 몸의 자격을 갖추는 수밖에 없는 것처럼 보인다. 노화된 상태로서의 기나긴 노년기가 몸을 더욱 부각시키면서 질병과 퇴화, 그리고 노망은 우리로 하여금 생식력이 끝난 지점에 이르렀다는 것을 보여준다. 따라서 이러한 정황 때문에 '고령의 추한 노인'이 아닌, '성숙함을 갖춘 미인'으로 자신을 인식하기는 어렵다. 주체의 몸과 주체가 구축되는 것을 통해 반사되는 이미지 사이에는 아주 중대한 분열이 있는 것이다.[6] 제인 어셔Jane M. Ussher의 말대로 중년의 육체변화는 여성으로 하여금 몸을 더욱 더 인식하게 만든다.[7] 그녀의 말대로라면 그로테스크(여기에서 '그로테스크'는 말 그대로 비루한 늙어가는 살들로 인한 부조리함이다)하기 때문에 더 크게 표상될 수 있다. 앞 서 언급한 우엘벡의 인물처럼, 나이를 먹는 과정과 병을 앓는 경험은 스스로 몸을 인식하게 하는 계기를 만든다.

건강할 때 나의 몸은 존재하지 않는 반면, 병이 생겼을 때 비로소 나는 나의 몸을 의식한다. 뉴멕시코 출신 조각가인 도밍게즈Eddie Dominguez가 허리 부상을 입은 후로 몸에 대한 주제에 대해 생각하게 되었고 영감을 얻어 토르소 모양의 세라믹을 캔버스로 삼고 조각을 하기 시작했다는 것은 상기해 볼 만한 일이다. 이 몸에 대한 작업은 바로 자신의 불편함을 다룬 것이다.

그의 작품에서 도밍게즈는 자신의 허리에서 가장 고통스러운 부위에 가장 많은 화려한 꽃들을 피워내거나 십자가를 새긴다. 이러한 작업의 상징성은 질병의 고통을 짊어지고 가야 하는, 그리고 그것을 몸에 길들이면서 마치 자신의 것 인양 호흡을 맞추면서 자기와의 대화, 설득을 하는 과정이다. 조금만 아프면 병원으로 달려가야 하는 질병 노이로제에 걸린 현대인들과 달리 몸과의 소통과 화해를 통해 오히려 몸에서 자유로워질 수 있는 길을 찾은 것이다.

이러한 도밍게즈의 변화되는 몸에 대한 '길들이기'처럼, 어셔는 늙는 것에 슬픔만 있는 것이 아니라면서 노화에 대한 좌절감에 대해 대안을 제시한다. 중년 나이에는 젊은 얼굴이 갖지 못한 삶의 매력, 즉 젊음과 늙음을 둘 다 경험한 몸으로서 균형을 보유할 수 있고 슬픔과 즐거움을 경험했기 때문에 아름다울 수 있다는 것이다.[8] 때문에 나를 불완전하다고 바라보는 남근적 시선으로부터 더 이상은 불안해하지 않고 자신만의 섹슈얼리티를 긍정적으로 찾을 수 있을 만큼 성숙해진다. 따라서 비루함의 전형, 괴물 같은 여성으로 폐경기 여성을 바라보는 고정된 시선을 뛰어넘어, 그 어느 때보다 긍정적인 시절로 중년을 경험할 수 있는 것이다.[9]

허리부상 이후 토르소 모양의 세라믹을 캔버스로 사용하는 작가에게 몸은 세계이다.

에디 도밍게즈(Eddie Dominguez). 〈붉은 토르소〉, 세라믹, 18×24인치.
출처: http:www.tfaoi.com/aa/8aa/8aa104.htm

그는 몸의 가장 고통스러운 부위에 가장 화려한 색과 문양을 새겨 넣음으로써 고통을 길들이려 한다.

도밍게즈, 〈붉은 산맥이 있는 허리〉.
자료: 미국 네브래스카 주 럭스 센터(Lux Center of Arts) 전시회(2010. 2. 5~3. 27)에서 필자가 찍은 사진.

그런데 어셔의 이 대안은 분명 교훈적이기는 하지만 위로가 되기에는 불충분하다. 카이저의 말대로 그로테스크는 구조이다. 구조를 탈구조화하는 것은 개인에게는 투쟁이 되었지 자연스럽고 쉬운 일이 아니다. 몸은 나의 의지와는 달리 타인의 시선에 갇혀 쉽게 좌절되기 때문이다. 내가 젊음과 늙음을 경험하면서 얻게 되는 성숙함은 적정거리를 보유하고 있을 때 가능하다. 타인과의 관계를 구축하면서 타인의 시선을 통해 몸은 역시 노화를 재현할 뿐이다. 혐오감의 형성은 누스바움Martha C. Nussbaum에 따르면 무엇보다도 신체의 유한성, 즉 죽음과 그에 따른 부패를 모른척할 수 없는 또 다른 삶의 측면이 인간이 갖는 희망이나 꿈과는 너무나 거리가 먼 것들이기 때문이다.[10] 죽음과 희망은 정반대의 의미 틀을 가지고 있는 것이다. 묘지가 일상생활의 터전에서 멀어진 것도 죽음을 삶의 뒤편으로 밀어 넣고자 했던 이유에서이다. 몸의 분비물을 숨기고 싶어 하는 것도 마찬가지의 이유이다. 몸의 분비물들은 "혐오감의 발달, 즉 어른에 의한 아이들의 배변습관 길들이기와 더불어 형성"[11]되었는데 몸의 비루한 동물성을 숨기고 완연한 주체로 오롯이 서고 싶어서인 것이다.

그리고 몸이란 것이 완전한 남자나 여자의 것으로 나뉠 수 없음에도 불구하고 그 성비에 따라 이야기되는 것은 호모 섹슈얼 간의 섹스에 대한 혐오감도 어느 정도 작용한다고 한다. 즉 성을 엄격하게 정상적인 관점, 곧 이성애적인 견지에서 정의하고자 한데서 출발했다. 호모 섹슈얼(특히 남성)에 대한 시선은 당연히 사회적이고 문화적이며 나아가 문명의 발전과 관련된다. 그로테스크 자체가 "멀리하고 싶은 세계"[12]인 것이다. 갑작스럽고 놀라운 것이 그로테스크의 본질적 요소이고, 그렇게 되도록 구조화되었다.[13] 마치 남성 성기가 오랫동안 회자되지 않은 것과 마찬가지다. 남성의 성기는 "Don't tell the surprise!"[14]였던 것이다.

이상한 나라에는 루저와 위너가 산다

2009년에 국내에서 빚어진 루저Loser 소동은 바로 'Don't tell the surprise!'를 보여주는 좋은 예일 것이다. 텔레비전의 한 프로그램에서 여성 출연자가 '남자 키 180cm 이하 = 낙오자'라고 발언한 것에서 사건은 비롯되었고, 남성들의 대대적인 인터넷 운동으로 이 여대생은 소위 왕따를 당했다. 그러나 요점은 여성에 대한 외모 기준은 너무나 오랫동안 평가되어 왔으므로 여성에게조차 내재화된 당연한 것이지만, 그에 반해 남성의 외모는 공식적인 발언을 통해 특정 수치에 의해 '낙오자' 식으로 평가, 낙인찍힌 적은 없었기 때문에 굉장한 물의를 일으켰다는 것이다.[15] 과거의 여성은 길거리에서 남성을 쳐다보는 대신 여성을 쳐다보았고, 남성도 여성만을 쳐다보았다. 남성이 쳐다보는 여성을 쳐다보면서 남성의 욕망을 인식한 여성이 남성이 원하는 여성을 닮기 위해 노력했던 것이다. 그러나 이제 젊은 세대의 여성들은 남성을 쳐다보게 되었다. '멋진 여자는 남자(의 몸)을 쳐다보지 않는다'는 남성들의 생각 같은 건 더 이상 중요한 것 같지 않다. 결국 외모가 여성뿐만 아니라 남성에게 또한 중요한 것이고 이것이 공공연한 담론이 되었다는 것이 중요하다.

'루저' 발언에 대한 한국남성들의 소동은 어쩌면 공식적 발언을 통해 평가받는 것에 대해 '본다'는 근본적인 문제에서 벗어나고 싶었기 때문일 수도 있다. 다시 말해, 남성에 대한 여성의 외모평가라는 것이 마치 실제사회가 부조리하고 어리석은 것이라고 재평가하기 위한 것일 수 있다는 것이다. 킬본Benjamin Kilborne이 지적한 대로 마치 ≪이상한 나라의 앨리스≫에서 '이상한' 나라가 이상했던 것은 바로 앨리스에게 '나와 다른not-me' "불안정한 곳, 그리고 부조리하며 어리석은 곳"[16]으로 느껴졌기 때문인데, 남성들 또한 주변 사회로부터 기준점이 되는(180cm 식의)

공적 평가를 받는 것에 대한 위협을 느꼈던 것이다. 킬본 식으로 루저 발언에 대한 한국 남성들의 무의식을 해석해보자면 남성들은 보는 대로 보이는 것을 잘라버리고 싶었던 것이다. ≪걸리버 여행기≫의 소인국 사람들이 걸리버의 눈을 빼버린다면, 걸리버의 눈을 통해 인식되어지던 자신들의 작은 모습을 더 이상 느낄 필요가 없을 것이다. 걸리버의 눈이 멀게 되면 걸리버는 더 이상 소인국 사람들을 그들이 원치 않는 방식대로 볼 수가 없을 테니 말이다.

그런 점에서 몸 이미지는 경험한 몸이 느끼는 것과의 충돌에 놓여 있어서, 나에 대해 타인이 느끼는 것을 내가 의식하게 되는 방식을 어떻게 조절하느냐에 따라 달라질 수 있다.[17] 루저 소동 또한 남성들의 내적인 두려움(그것이 사회적 윤리에 접목되어 '외모지상주의'를 비판하는 방식으로 해석되어지기는 했지만)이 외적인 표상과 충돌하게 되는 것을 막고 싶었던 것에서 출발한 것일 수 있다. 걸리버의 눈을 빼서라도 180cm의 경계가 루저와 위너winner를 가른다는 충분히 불편할 수 있는 '진실'을 막아야 했을 수 있다. 그것은 바로 '남성들에게' 표준화(180cm)하기 힘든 몸의 조건을 요구하는 위험한 가치관이기 때문이었던 것이다. 그러나 이렇게 전면에 들어난 사건 이면의 현실에서는 키높이 구두의 구매 증가라는 통계수치가 존재한다. 이 소동은 결국 비교적 우위로서의 루저와 위너 개념을 구축한 것이다.

물론 지금까지 여성성 못지않게 남성성에 대한 사회적 요구와 강요는 신체 조건으로가 아니라 정신적으로 존재해왔다. '남성성'이나 '남자다움'은 육체 이미지 보다는 남자의 덕목이라 불리는 의지력, 명예, 용기 등과 같은 인간주의적인 정신에 주로 초점이 맞춰져 왔다. 여성의 가장 중요한 자산이 아름다움과 외모였던 것과는 차이가 있다. 용기와 대담함은 남자가 반드시 지녀야 할 덕목이었고 여기에 자상하고 충직하며 한 여자를 지순하게 사랑하는 것이 남자의 미덕으로 간주되었던 것이다.[18] 이러한 이상적인 남성성의 스테레오 타입이 현대에 크게 바뀐 것은 아니다. 현대 남성성의 구축은 부분적으로는 여성과의 대비 속에서 이뤄졌는데, 여성은 남성과는 다른 아름다움과 수동적인 본성을 지닌 존재로, 남성에게 종속적이었지만 없어서는 안 될 존재였다. 더구나 남성에 대한 여성의 의존은 남성성을 더욱 강화시키는 것으로 인식되었다.[19]

그런데 이제 외모의 기준에 있어서 위협을 받게 된 것이다. 단지 여성뿐만이 아니라 남성도 더 이상 신체적인 평가에서 자유롭지 않은 것이다. 대신에 기존의 이상적인 남성상에 대한 스트레스를 털어놓을 남자들만의 방이 열렸다. 인터넷 사이트와 몇 몇 텔레비전 프로그램들의 '찌질이' 코드가 그것이다. 인터넷 사이트에서는 남성성이 빠진 극단화된 결핍의 모습을 드러낸다. 부잣집 딸을 사귈 수 있는 방법과 같은 시시콜콜한 것에 관한 문의와 리플, 1억 연봉 서울 솔로 vs. 연봉 지방 결혼 생활 중 어떤 것을 선택하는 것이 좋겠느냐는 식의 고민들이 일면식 없는 인터넷 상의 지인들과 공유된다. 실명 대신 익명성을 보장하는 이러한 인터넷 사이트는 바로 그러한 해소를 넘어서 배설의 기능까지 담당하고 있는 것이다. 또한 한 분야에서 최고임을 자부하는 유명 남성 연예인들이 오히려 일상생활에서는 적응능력이 결여되어 있음을 여실히 보여는 텔레비전 프로그램들도 속출하고 있다. 여기에서는 '찌질이'라는 말 속에 '인간미'를 극화하여 시청자의 카타르시스를 끌어내려한다거나 동질의 연대감을 추구한다는 취지가 있다.

맨스필드Harvey C. Mansfield가 성에 따라 "권리와 의무, 또는 지위가 결정되는 것"[20]이라고 말했고, 양성 모두에게 개방하기 위해 성적 차이를 배제하는 이러한 성 중립적 사회가 "성적 구분을 자유의 비합리적인 장애물로 간주한다."[21]고 했지만 '찌질이 코드'를 통한 이러한 예능프로그램이나 인터넷 사이트가 남자다움을 체념시키면서 남성을 자유롭게 만드는 것은 아닐 것이다. 개인의 희생이나 어떤 비용감수도 필요 없는 조건이기 때문에 가능한 정도의 결속력만 존재할 뿐이다. 따라서 이것이 현대가 성적인 구분을 초월하는 새로운 정의 속에 살고 있다는 증거는 아닐 것이다. 그들은 여전히 현실의 실명으로 개인의 삶을 살아가야 하고, 그 속에서 개개인은 의무와 책임을 지는 이상적인 남성의 역할을 맡을 것을 요구받을 것이기 때문이다. 그런데 이상적인 남성성에 대한 부담을 벗어버린 '찌질이 코드'가 침투하기 전부터 이미 흔들리고 있던 남성성과 여성성을 되찾자는 주장이 다른 한쪽에서 꿈틀거리고 있는 것은 관습화된 것이 파괴되는 것을 또 다른 그로테스크라고 생각하는 사람들의 현대 성 중립 사회에 대한 불안감에서 기인된 것으로 볼 수 있다.

숭고한 몸이 그로테스크해지다: 재현된 몸

그렇다면 성이 확립된 세계든 성 중립 사회든 그로테스크가 배제된 곳은 기대할 수 없을지 모른다. 1995년 관철동의 한 갤러리에서는 대중목욕탕의 몸을 사진으로 기획한 박화야의 〈목욕하는 여자〉가 전시되었다.

대중목욕탕 속에는 아름다운 젊은 몸들뿐만이 아니라 늘어지는 살들과 주름이 나이테를 이루는 늙어가는 몸들이 있다. 그러나 그러한 비루한 몸들조차 젊은 몸들 못지않게 아름답게 보이는 것은 그것이 목욕탕의 수증기에 의해 적절히 가려지기도 했고 흑백필름으로 현상된 덕분에 적절하게 몽환적이었기 때문이다.

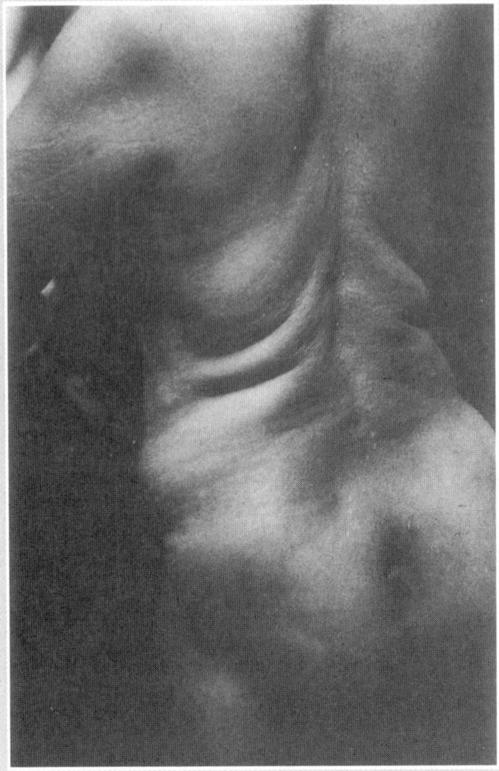

1990년대 대중목욕탕에서 사진으로 재현된 여성의 몸에는 어머니의 몸으로 극화된 숭고미란 것이 있었다. 어머니의 살은 세월과 일과 분만으로 일그러졌지만 그것은 구체성이 아닌 적정 거리에서 나오는 아우라에 의해 아름다울 수 있었다.

박화야, 〈목욕하는 여자〉, ≪박화야 사진 에세이≫, 문학세계사, 1998, 131쪽.

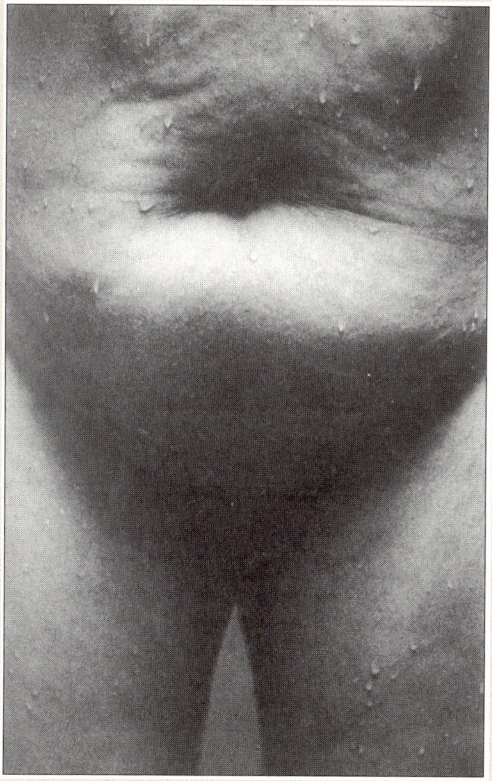

21세기에 들어선 지금 사진 속에 남은 어머니의 이미지로서의 늘어진 살은 그로테스크의 산물일 뿐이다.

박화야, 〈목욕하는 여자〉, ≪박화야 사진 에세이≫, 문학세계사, 1998, 11쪽.

게다가 액자의 프레임이라는 장치를 통해 고통 없는 약호화가 가능했기 때문이다.

다시 말해, 전시관이라는 특수한 장소에 예술작품으로 배치됨에 따라 관람객은 주도적이 아니라 수동적인 시선으로 그것들을 따라가기 때문이다. 그것은 실제 내 몸의 구체화가 아니라 적정 거리의 '간격'과 '경계'에서 나오는 대상화된 작품으로서의 아우라인 것이다. 흉물스러울 수 있는 몸이 걸러진 감정의 분배를 통해 아름답게 느껴질 수 있는 순간이다. 여기에서 한 가지 교훈을 끌어낼 수 있다. 정상과 비정상, 그리고 미와 추, 젊음과 노화의 경계는 명확한 것이 아니라 속해진 사회·문화의 감정수위에 따라 달라지는 것이다.

나는 내 몸으로부터 나오는 분비물들과의 경계처럼 '나'와 '내가 아님' 사이를 끊임없이 오간다. 누스바움이 지적한 것처럼, 배설과 같이 몸에서 생성되는 것들을 저주하는 것은 인간의 비루한 유한성이나 육체성을 바라보면서 죽음과 부패를 인식하기 시작하기 때문이다.[22] 죽음과 부패가 가까워 옴을 이해하면서 이러한 것들을 피하고 살기란 쉽지 않은 일이다. 혐오감은 죽어야 하는 운명과의 쉽지 않은 관계에서 생성된 것이다.

사실 몸이라는 것은 의학적 질병의 대상으로 놓일 경우, 어떠한 기능장애의 원인을 짚어보기 위한 대상에 지나지 않는다. 때문에 통합된 의미로서의 몸이란 존재하지 않는다. 〈목욕하는 여자〉에서 사진작가가 추구했듯이 대중목욕탕은 옷을 벗는다는 문제를 용이하게 하는 장소로서 고상함을 벗기고 비루한 몸을 드러내는 동시에 일상으로부터의 자유와 일탈을 허용하는 곳이다. 어쩌면 대중목욕탕의 특이함은 오히려 옷을 벗고 타인과 혼재하면서 옷뿐만 아니라 모든 직업, 계급, 나이, 그리고 미와 추가 벌거벗어지는 순간으로, 보이지만 보지 않는 장소일 수 있다.

그 열려 있는 동시에 폐쇄되어 있는 곳에서 몸은 보는 것을 허락하는 동시에 보이는 것을 마다하지 않는다. 나의 몸은 마사지나 혹은 때를 밀기 위해 타인에게 맡겨진 살덩어리에 지나지 않을 수 있다. 그 속에서 몸은 그 자체로 괴기스럽지도 숭고하지도 않다. 목욕탕에 들어서는 순간 어떠한 사회적 수준이라는 것도, 타인을 통해 바라보는 분열된 나의 시선도 존재하지 않는다. 그 곳은 오히려 그로테스크한 사회를 비꼬는 듯한 희화화된 몸의 과장과 역설이 꽃을 피울 것 같다. 44 사이즈의 옷에 몸을 맞추기 위해 운동을 하는 헬스클럽 대신, 힘주었던 배에 힘을 빼고 벌거벗은 채로 삶을 이야기하며 웃고 떠드는 것이 가능해 보이는 곳이다. 우엘벡의 소설에서처럼 남성들이 매춘 바를 찾는 것이 자신의 몸을 잊기 위해서이듯 여성들이 자신들의 몸을 마다하지 않고 또는 그런 몸에 개의치 않는 대중목욕탕은 남성들의 시선이 빠진 '이상한 나라'였을지 모른다.

그러나 이것은 1995년의 공간 속에, 그리고 사진의 프레임 속에 정지해 버린다. 2차원인 사진의 이미지 세계는 그 자체로 완벽하고, 또 어떤 점에서도 3차원에 종속되어 있지 않은 세계이다.[23] 사진 속에 남은 우리들의 어머니의 늘어진 살의 이미지는 지금에 와서는 그로테스크의 산물일 뿐이다. 그로테스크한 현실에서 만들어진 살덩어리의 이미지일 뿐이다. 사진 속에서 우리는 우리 세계의 반영을 본다고 믿지만 사진은 오히려 리얼리티 게임을 하는, 재현 그자체가 아닌 재현의 순간적 허구를 통해 우리 세계를 몰아낸다.[24] 이처럼 실제의 목욕탕 속에는 남성들의 시선이 빠진 것이 아니라 타인의 시선으로 자신의 몸을 바라보는 몸을 가꾸고 만드는 여자들의 욕망이 재현된다.

그녀들의 몸은 마사지로 돈을 벌기 위해 입국한 조선족 출신의 목욕 관리사에 의해 새롭게 조명된다. 먹고사는 문제가 시급했던 조선족 여성들은 고국에서 서구사회와 같은 여성성을 요구받는 대신, 돈을 벌어 집을 사는 것이 더 부러움의 대상이 될 수 있었다. 그런데 한국에 와서 몸을 맡긴 한국 여성 소비자의 몸을 관리하면서 그 여성들을 통해 조선족 여성들은 새로운 시선을 갖게 되었다. 고국의 남성이나 남편이 아니라 한국여성을 통해 자신들의 몸을 생각하게 된 것이다. 한국에서 목욕 관리사로서의 일을 한 후에 조선족 여성들은 "한국여성처럼 예뻐지고 싶다", "여자들은 역시 예뻐야 한다, 부럽다", "한국여성들이 좋아 보인다. 여자들이 예쁘면 일이 잘 풀린다."는 식으로 인식 변화를 갖게 되었다.[25] 잘 먹고 잘 사는 것에 삶의 초점을 두었던 과거와 달리, 여성에 대한 새로운 의식이 생겨나면서 "계급차별, 민족차별, 몸을 가꾸는 한국여성들에 대한 부러움과 이상함"[26]을 경험하게 된 것이다.

이것은 〈목욕하는 여자〉에서 박화야가 재현하려 했던 삶을 담아낸 몸의 차원과는 다르다. 이제 자식을 낳고 치열하게 삶을 살아낸 주름 많고 일그러진 어머니의 숭고한 몸 같은 것은 존재하지 않는다. 오직 가꾸는 몸만이 그곳에 있다. 조선족 여성들에게 아름다움만 추구하는 한국여성들이 이상하게만 보였던 처음과 달리 시간이 지남에 따라 너무나도 당연한 것이 되었다. 조선족 여성들 또한 그러한 그로테스크가 재현되는 공간 속에 동화된 것이다. 그녀들은 고국에 돌아가 같은 업종의 사업을 하는 꿈을 꾼다고 한다. 조선족이 사는 중국 땅에도 이러한 변혁, 서구식의 여성성, 여성다움이 수입될 것이고 새로운 가치관으로 구축될지 모른다.

누구를 위한 몸인가?

결국 우엘벡의 소설에 등장하는 주인공처럼 더 이상 몸이 숨을 곳은 없다. 숨을 수 있는 곳은 오로지 익명성을 보장하는 인터넷의 모니터 저쪽일지 모른다. 그 가상의 공간으로 숨어드는 순간을 제외하고는 꾸준히 남자다움을 지켜야 하고 몸을 가꿔야 할 것이다. 그리고 만족할 즈음 그 가상의 공간에서 빠져나오면 되는 것이다. 그런데 여기서 짚어볼 것이 있다. 이렇게 몸이 소비산업의 중심 담론이 되면서 모두가 천편일률적인 미를 추구하는 '일상화된 광기'가 만연해 있고 노력하면 누구나 아름다워질 수 있다는 마법에 걸려 있다. 과연 이러한 마법은 영원할 것인가.

아름다움이 마치 포괄적이고 일반화된 것이라는 착각 때문에 조장되고 있는 이러한 현실적 가치관이 바로 그로테스크이다. 온전하게 자신을 자신이게 하지 못하는, 혹은 온전한 자신이 누구인지조차 알고자 하지 않는 이러한 세계에서 몸을 가꾸지 않는 것은 게으름을 상징할 뿐이다. 40세 수명의 사회에서 75세 수명의 사회로 바뀌면서 죽음은 멀어졌고, 때문에 사람들은 "인생이 변해도 아름다움이 있다는 것을 놀라워하지도 알아차리지도 못한다".[27] 가치의 축적을 지향하는 세상에서 죽음이야말로 가치의 종말을 의미하는 것이고 이 때문에 젊고 아름다운 몸을 미화하는 것에 가치관이 치중하게 된 것이다.

과거에 아리스토텔레스는 여성을 괴물이라고 했다. 여성의 몸 자체가 기괴한 어떤 것으로 취급되었다. 브라이도티Rosi Braidotti 또한 '독특한 매혹과 공포를 동시에 섞고 있는' 여성의 몸이 괴물을 담고 있다고 했다. 생물학적 해석에서 발생한 그러한 시선 자체에서 여성의 몸은 괴물이 되었다. 지금 우리는 이상화된 치수를 가지고 몸을 평가하고 그에 따라 끊임없이 몸을 괴롭히면서까지 아름다움의 신화에 사로잡혀 있다. 그러나 지금은 몸에 아무런 조치도 하지 않는 것이 괴물로 해석되는 시대이다. 그런데 도리언 그레이Dorian Gray가 기원해서 얻어낸 미모와 청춘이 오히려 하나의 가면이자 조롱이 된 것처럼 결국 우리는 늙어서 죽어야 할 운명을 가지고 있다. '메멘토 모리Memento Mori'가 멀리 있는 것 같지만 신체의 유한성, 즉 죽음과 그에 따른 부패는 또 다른 삶의 측면인 것이다. 그럼에도 불구하고 강요된 비교적 우위의 미적 관념에 의해 불행해진다면 그로테스크한 세계에 함몰될 수밖에 없는 것이 아닌가. 더구나 그 미적 관념은 유행을 거듭 바꾸어놓는 유동적인 것이 아닌가. 도대체 누구를 위한 몸인가?

03 그로테스크의 살-재현

초국가적 입양인의 그로테스크적 자기인식

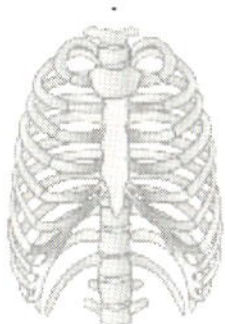

해외 입양은 한국전쟁 이후 우리나라에서 고아와 미혼모 문제를 해결하는 손쉽고도 정당한 수단으로 사용되어 왔지만, 정작 당사자인 초국가적 입양인들의 고통은 '양부모의 사랑'이나 '불행으로부터의 구원'이라는 수사에 묻혀 제대로 성찰되지 못하였다. 정체성과 동일성의 최소근거가 되는 가정에서조차 부모와 현저히 다른 몸과 얼굴로 이질성을 경험해야 하는 이들의 상황은 천년이 넘는 세월을 지나 우연히 발굴되어 15세기 말의 로마인들을 당혹케 한 '그로테쉐'의 이종혼합적 이미지에 부합한다. 이 글에서는 제프리 하팜의 '그로테스크' 논의에 기대어, 전혀 다른 시공간을 넘어 백인가정에 접붙여진 초국가적 입양인의 '그로테스크'한 자의식은 어떻게 형성되어, 또 어떻게 극복, 혹은 확장되는지를 살펴본다.

최하영

제프리 하팜Geoffrey Harpham은 카이저Kayser의 ≪예술과 문학에 있어서 그로테스크*The Grotesque in Art and Literature*≫(1957)와 미하엘 바흐친Mikhail Bakhtin의 ≪라블레와 그의 세계: 카니발과 그로테스크*Rabelais and His World: Carnival and the Grotesque*≫(1965)에 이어 그로테스크에 대한 글을 씀으로써 이 둘의 관점을 비교할 수 있는 시간의 혜택을 받게 되었다. ≪그로테스크에 대하여*On the Grotesque*≫(1982)에서 하팜은 카이저는 그로테스크에 대해 편파적으로 부정적인 견해를 가졌으며, 그에 반해 바흐친은 그로테스크의 긍정적 측면, 즉 재생과 부활의 에너지라는 관점에 무리한 방점을 찍었다고 비판한다. 그 자신은 그로테스크에 어느 한쪽, 즉 부정적, 혹은 긍정적 성격을 부여하기보다는 서로 대조 혹은 모순되는 것들이 한 시/공간에 공존함으로써 생겨나는 불안한 역동성 자체에 초점을 맞추겠다고 서두에서 선언한다. 말하자면 변두리margin와 중심center의 어느 한쪽 공간에 우위를 두거나, 이분법적 도식 내에서 이 둘의 위치를 전도시키는 데 역점을 두는 것이 아니라 변두리도 아니고 중심도 아닌 그 사이의 공간in between space을 그로테스크적 공간으로 정의한다. 미켈란젤로의 '최후의 심판'을 예를 들어 설명한다면, 기존의 관점에서는 지옥의 형상들이 그로테스크적인 것으로 여겨지겠지만, 하팜에 의하면 그로테스크의 개념에 가장 부합되는 장소는 "온전한 형상이 괴물의 모습으로 변모하는 지옥과 천국 사이의 공간"이다. "변형과 변신"이 이루어지는 이 사이의 공간은 예측 불가능한 가능성과 억눌린 에너지가 분출, 혹은 유산되는 곳이다.

하팜은 그로테스크의 쉽게 포착되지 않는 본질[1]을 파악하기 위해 여러 가지 시도를 하는데 먼저 그 어원적 근거를 찾아 1480년경에 우연히 발견된 로마 네로 황제의 '황금의 궁전(Domus Aurea)'을 방문한다. 네로 황제가 AD 64년의 로마 대화재 이후 태양왕을 자처하며 신의 거처로서 짓기 시작한 이 왕궁은 4년 후 그가 자살하면서, 여러 건축물들이 파괴되고 건축되기를 반복하다가, 천년이 훌쩍 넘는 세월을 지하에 매몰된 채로 잠자고 있었다. 그로테스크라는 단어는 이 궁전터에서 발굴된 고대의 유물들이 말로 형용할 수 없는 기괴한 형상을 띠고 있었다고 해서 "동굴과 같은Grotto-esque"에서 나온 것이다. 도무스 아우레아의 작업을 총지휘한 것으로 추정되는 파불루스Fabullus는 신에게 합당한 거처를 짓겠다는 네로 황제의 야심과는 달리 새로운 형태에 대한 예술적 욕심이 없었기에 기원전 100년 정도에 로마에 나타나 그 때까지 유행하고 있던 스타일을 충실히 재현하는 것으로 만족하였다. 지금의 미감으로 보면 그리 흉물스럽거나 무섭지 않은 이 문양들이 기괴하게 느껴졌던 것은 주로 형상에서 서로 다른 두 가지 이상의 종이 혼합되어 나타나기 때문인데—예를 들어 당나귀 머리에 인간의 다리와 조류의 발—, 하팜은 이를 두고 "전혀 다른 세계관과 맥락이 단순히 병치된 것이 아니라 억지로 한 공간에 구겨 넣어졌다"라고 표현한다.[2] 이러한 비사실적인 문양에 대한 태도는 서양미술사 전반에 대한 견해를 가늠하는 기준이 되기도 하였다. 현실을 무시하는 이러한 환상적 형태가 처음 로마에 나타났을 때 비트루비우스Vitruvius는 "존재하지도 않고, 할 수도 없으며, 한 적도 없는 거짓의 형태를 보고 사람들은 비난하기는커녕 그 존재를 용인한다"고 한탄하였다. 르네상스 시대의 화가이자 평론가인 바사리Vasari는 비트루비우스와 같은 이유로 고딕 예술을 비판하였다. 더 후대의 빙켈만Winckelmann은 로코코 양식에 대해, "작은 성들과 궁전을 지탱하는 비트루비우스의 촛대만큼이나 자연에서 멀어져 있다"고 지적하였다. 곰브리치Gombrich의 정리에 따르면, 사실의 재현에 충실한 고전주의Classical를 기준으로 볼 때, 고딕 예술은 아직 고전주의에 도달하지 못한 함량 미달의 예술이며, 로코코 예술은 절정을 지나 과숙해 버린 퇴락의 예술이다. 사실과 균형을 중시하는 비트루비우스, 바사리, 빙켈만이 느낀 이 불편한 감정을 프로이트Sigmund Freud는, "무의식의 요소가 '의식'의 영역을 뚫고 들어올 때, 우리는 뚜렷한 혐오감의 감정을 느끼게 된다"고 설명하였다.[3] 인지적으로 떨어져 있어야 할 것들이 같이 융합되어 있는 혼종성hybridity과 융합fusion은 무의식의 요소를 지니고 있기 때문에 "언어의 마비paralysis of language"를 수반한다. 칼 크라우스Karl Kraus가 얘기하듯 세계가 깨어났기 때문에 언어는 잠들고 마는 것이다.[4]

어느 것으로도 확정지을 수 없이 모호하거나ambiguous, 양가적인ambivalent 그로테스크의 이미지는 평온과 절제 속에서 경험되기보다는 보들레르Baudelaire가 "절대적 희극absolute comic"에 대하여 설명하는 것처럼 "고통, 발작, 기절"을 수반하며, G. 윌슨 나이트G. Wilson Knight가 ≪리어왕≫의 "그로테스크 코미디"를 평하며 말했듯이 "불합리하고 부조화한 것이 건네는 악마적인 웃음은 소용돌이와 같은 광기를 토해낼 때까지 마음을 비틀고, 쪼개며, 깊이 베어"낸다.[5] 이러한 고통을 대가로 그로테스크는 균형과 비례의 이상적인, 혹은 사실적인 이미지가 줄 수 없는 통찰을 선사하는데, 이는 거의 숭고Sublime에 가까운 것이다(22). 쇼Shaw가 거리의 여자와 공작부인의 차이가 그녀들의 본질에 있는 것이 아니라 어떻게 대우받느냐에 달려 있다고 지적한 것을 예로 들며, 하팜은 마찬가지로 그로테스크와 숭고의 차이도 본질에 있다기보다는 보는 사람의 관점과 인식에 달려 있다고 주장한다. 하팜이 ≪그로테스크에 대하여≫의 첫 장 말미에서 인용하는 에드가 윈드Edgar Wind의 문장은 그로테스크의 효용을 좀 더 실용적으로 통찰한다: "논리적으로나 인과적으로나 예외는 중요한데, 그것은 그 예외가 (이상하게 들리겠지만) 좀 더 포괄적인 범주를 가능하게 하기 때문이다.Both logically and causally the exceptional is crucial, because it introduces (however strange it may sound) the more comprehensive category."[6] 윈드의 통찰은 흔히 정상적인 것의 바깥에 존재한다고 여겨지는 예외 혹은 일탈까지 범주화시키는 제도 혹은 이데올로기의 위력으로 해석될 수도 있겠지만, 예외적인 것이 가능케 하는 지평의 확장에 대한 찬가로 여겨질 수 있다. 하팜은 후자에 강조점을 두고 있는 듯하다.

이 글에서는 다양한 그로테스크 담론 중에서도 "양립할 수 없는 두 개의 원리, 세계관 사이에 놓인 인식의 간격"으로서의 그로테스크를 강조하는 하팜의 논의에 기대어, 더 큰 범위의 조직, 혹은 사회에서는 물론 흔히 가장 친밀하고 사적으로 인식되는 가정이라는 공간에서조차 낯설고 이질적인 존재로 자신을 느껴야만 하는 초국가적 입양인들의 경험을 살펴보고자 한다. 하팜은 그에 따르는 값비싼 대가를 인식하면서도 비교적 낙관적으로 '그로테스크'는 "환유가 은유가 되고, 주변이 중심과 자리를 바꾸는 전이의 과정에서 나타난다"[7]고 결론내리지만, 초국가적 입양인들의 그로테스크적 자기 인식은 그리 쉽게 은유로 응축되거나 중심과 자리를 바꾸지 않는다.

접붙여진 초국가적 입양인의 그로테스크한 몸

백인—흔히 WASP(White Anglo Saxon Protestants)로 불리는—중심의 미국 사회에서 유색 인종 혹은 다른 민족적 정체성에 속한다는 것은 소수자로서의 일차적 요인을 지녔다는 뜻이다. 그 외 여성, 소수자적 성적 정체성(LGBTI), 신체적 장애 등이 겹치면 이중 삼중의 소수자가 된다. 토착 미국인(아메리칸 인디언), 아프리카계 미국인, 아시아계 미국인, 라틴계 미국인들의 문학은 소수자로서 자신들의 목소리를 내는 작업을 꾸준히 해 왔으며 특히 1980년대 이후로 주류의 문학을 보충할, 나아가 대체할 유력한 흐름으로 떠올랐다. 이주와 이민의 역사, 차별의 세부적 경험이 다르기에 내용에 차이는 있지만, 이들 소수민족 문학의 대체적인 주제는 주류 사회에서 느끼는 소외와 그를 극복할 수단이자 목표로서의 정체성 찾기이다.

이들 인종적 소수자들이 백인 중심의 사회에서 이질감과 소외감을 느낀다고는 하나 적어도 민족적 공동체—그것이 설령 슬럼화된 게토Ghetto라고 할지라도 — 나, 가장 최소단위로 가정 내에서는 정체성의 준거를 찾을 수 있는 반면, 그러한 최소한의 공간으로부터도 분리되어 있던 집단이 미국 내 초국가적 입양인들Transnational Adoptees이다.[8] 이는 초국가적 입양인들을 원천적으로 입양 부모에게 매력 있게 만드는 이유와 대비되면서 그들 존재의 역설성을 더욱 강화시킨다. 국내 입양과는 달리 해외에서 입양된 아이들은 원가족에서 지리적, 문화적, 사회적으로 분리되면서 원가족에 대한 기억과 고리를 거의 완전히 상실하고 입양부모에게 온전히 귀속된다.[9] 입양부모 중심의 관점에서 이는 '이전 가족에 대한 기억이 없는 거의 친자식'으로서의 입양자녀를 가능하게 하기 때문에 환영할 만한 일이지만, 대부분의 초국가적 입양이 다른 인종간의 입양Transracial Adoption인 현실에서, 입양부모와 현저히 다른 얼굴과 몸은 "완전히 삭제된 기억, 역사, 정체성"(민은경 116)으로 인해 더욱 고통스럽게 인식된다. 폴 길로이Paul Gilroy가 ≪후기 식민주의의 멜랑콜리아*Postcolonial Melancholia*≫(2005)의 서문에서 제시하는 한 흑인 영국 여성의 이미지는 미국 내 초국가적 입양인들의 상황을 계시적으로 제시한다.[10] 46세의 잉그리드 니콜스Ingrid Nicholls는 2003년 지병으로 다리 절단 수술을 받기 전, 백인의 피부 색깔에 맞는 흰색의 의족은 국가의료보험으로 보장이 되지만, 자신의 피부색에 맞는 갈색 의족을 달기 위해서는 3,000파운드(한화 약 530만원)를 추가로 지불해야 한다는 얘기를 듣는다. 미디어에 보도되어 영국 사회에 큰 반향을 일으켰던 이 사건은 보건당국의 착오였다는 해명과 함께 피부색에 맞는 의족을 착용하는 해피엔딩으로 결말이 났지만, 절단된 검은 다리 밑에 흰 의족을 차고 있는 이미지는 쉽사리 지워지지 않는다. 외모만 동양인일 뿐 그 의식은 백인이라는 의미로 흔히 아시아계 미국인에게 조롱하듯 붙는 바나나나 트윈키twinkie의 이미지를 넘어, 초국가적 입양인은 그의 의지와는 무관하게 원가족으로부터 분리/절단되어, 유기적인

한 몸으로 비유되는 또 다른 (입양)가족 내로 접붙여졌다graft는 점에서 좀 더 폭력적인 동화의 과정에 노출된 셈이다. 토비아스 휘비네트Tobias Hübinette(이삼돌)가 입양아와 노예의 공통점을 지적하며 언급하듯 "어린 나이에 그들의 부모와 형제자매 · 친척과 이별해야 하며, 원래의 언어와 문화를 강탈당하고, 항구와 공항에서 다시 태어나고, 크리스천으로 개종되어 다시 세례를 받으며, 그들의 주인이 지어 주는 새로운 이름을 얻어 결국 낙인찍히거나 입양 사례 번호를 부여받은, 백인이 아닌 인종주의 아래에 있는 몸만 남는다(separated from their parents, siblings, relatives, and significant others at an early age; stripped of their original cultures and languages; reborn at harbors and airports; Christianized, rebaptized, and bestowed with the names of their masters)"(18)[11]는 점에서 초국가적 입양인들은 절단된 다리에 백인의 의족을 달고 있는 그로테스크한 몸이다. 도무스 아우레아의 유물들이 역사적으로 당대가 아닌 십 몇 세기를 격한 후대에 발굴된 것이기 때문에, 시간적으로도 보는 사람들을 서로 다른 두 세계 사이에 유예시키듯 입양을 통해 자신들의 세계와 전혀 다른 맥락의 지리적 · 사회적 · 문화적 공간으로 옮겨져, 미국의 가정에 접붙여진 초국가적 입양인의 상황은 우연히 구멍(cave)에 빠진 한 로마인에 의해 천년 후의 세상에 모습을 드러낸 그로테쉐Grottesche의 이미지에 비견될 만하다.

바나나 혹은 트윈키로서의 아시안계 미국인과 좀 더 그로테스크한 몸으로서의 초국가적 입양인의 차이는 비근하나마 이창래의 ≪영원한 이방인*Native Speaker*≫(1996)과 제인 정 트렌카Jane Jeong Trenka(정경아)의 ≪피의 언어*Language of Blood*≫(2003)의 표지 디자인에서도 흥미롭게 드러난다. 서울에서 태어나 세 살 때 가족과 함께 이민 온 이창래의 데뷔작 ≪영원한 이방인≫의 커버는 아시아계 남성의 입을 카우보이 코스튬을 입고 장난감 권총을 든 아시아계 어린이의 사진이 가리고 있는

이창래의 데뷔작 ≪영원한 이방인≫의 커버는 아시아계 남성의 입을 키우보이 코스튬을 입고 장난감 권총을 든 아시아계 어린이의 사진이 가리고 있는 모습으로 디자인되어 있다.

이창래, ≪영원한 이방인≫(Riverhead Books)의 영문판 표지.

모습으로 디자인되어 있다. 리암 콜리Liam Corley는 이 표지가 작품 전체의 메시지를 함축해서 보여주고 있다고 평한다.[12] 미국 전통의 중요한 한 근간을 이루는 개척시대와 그 시대에 이루어진 아메리칸 인디언의 말살을 상기시키는 카우보이는 대표적인 미국적 영웅이자 남성성의 상징이다. 아마도 독립기념일이나 할로윈, 혹은 크리스마스 등의 휴일을 맞아 카우보이 옷을 차려입고 의상에 걸맞게 총까지 든 사진 속의 아이는 미국의 주류 문화 속에서 백인적인 의식을 흡수하며 성장하는 아시아계 미국인의 전형이다. 그 사진이 어른 남성의 입을 가리고 있다는 것은 몸을 배반하는 의식으로 인해 정체성 확립에 혼란을 겪는, 혹은 자기 목소리를 내지 못하는 아시아계 미국인의 어려움을 보여준다. 콜리에 따르면 이는 작품 속의 주인공이 결국 사회적 편견과 차별, 그리고 그로 인해 내재화된 열등감을 극복하지 못하고, '거세된 아시아계 미국인 남성emasculated Asian American man'이라는 스테레오타입에 굴복하게 됨을 암시한다. 그 결과 그는 '네이티브 스피커'로서의 자신 있는 삶이 아니라 '영원한 이방인,' 즉 침묵하는, 혹은 침묵당한silent, or silenced 이방인으로 변방에 남게 된다.

≪영원한 이방인≫의 표지에서 보이는 아시아계 미국인의 자기 인식도 충분히 암울하지만, ≪피의 언어≫의 표지를 통해 들여다본 아시아계 초국가적 입양인의 자화상은 언뜻 시각적으로도 더욱 혼란하며 기괴함을 의도한 듯하다. 표지에는 두 인형이 오버랩되어 있는데 하나는 몸매를 드러내는 탱크 탑을 입은 마텔 사의 바비 인형이고, 다른 하나는 한국의 관광지에서 흔히 판매되는 한복을 입은 여자 인형이다. 두 인형이 섞여진 사진을 자세히 들여다보면 오른쪽 눈은 쌍꺼풀이 진 바비 인형의 눈, 왼쪽 눈은 위로 찢겨져 올라간 아시안계 여성의 이른바 아몬드 모양의 눈임을 알 수 있다.[13] 머리 모양을 살펴보면 한쪽은 길게 땋아 내린 검은 머리가, 다른 쪽으로는 금발의 스트레이트 펌 헤어가 보인다. 어깨를

≪피의 언어≫의 표지를 통해 들여다 본 아시아계 초국가적 입양인의 자화상은 언뜻 시각적으로도 더욱 혼란하며 기괴함을 의도한 듯하다. 표지에는 두 인형이 오버랩되어 있는데 하나는 몸매를 드러내는 탱크 탑을 입은 마텔 사의 바비 인형이고, 다른 하나는 한국의 관광지에서 흔히 판매되는 한복을 입은 여자 인형이다.

트렌카, ≪피의 언어≫(Graywolf Press)의 영문판 표지.

드러낸 바비 인형의 팔이 두 개 다 보이는 데 반해 노란 저고리 아래로 보이는 한복 인형의 손은 한쪽이 보이지 않게 처리되어 전체적으로는 세 개의 팔이 몸통에 달려 있는 기괴한 모습이다. ≪영원한 이방인≫의 표지에 나타난 아시아계 미국인이 자신의 몸을 배반하는 카우보이의 옷을 입고 있기는 했지만, 몸은 몸대로, 의상은 의상대로 통일성을 유지하고 있었던 반면, ≪피의 언어≫의 초국가적 입양인은 이목구비의 통일성마저 갖추지 못하고, 하나의 머리에서 흑발과 금발이 함께 출렁거리고, 합쳐져서 네 개로 보여야 할 팔 중에서 그나마 하나는 잘려나가 세 개의 팔을 내밀고 있는 혼종과 기형의 존재이다. 민은경의 표현을 빌면, 이는 초국가적 입양인이 "고국이 없는 이민자, 아무 곳에서도 오지 않은 망명자, 잃어버린 기억이 무엇인지도 모르게 상상할 수 있는 한 가장 완전하게 뿌리 뽑혀진"(117)[14] 존재라는 데 그 첫 번째 이유가 있겠지만, 작품에서 다루어지고 있는 입양인이 여성이라는 이유도 중요한 부분을 차지한다. 이는 이 작품에 우연히 해당되는 개별적 특징이 아니라 초국가적 입양인의 3분의 2를 여성이 차지할 정도로 미국의 해외입양이 성적으로 편향된 현상이라는 데서 보편적 중요성을 획득한다. ≪피의 언어≫의 표지에 사용된 두 인형은 동양이든 서양이든 모두 매우 스테레오타입화되고 남성의 시선으로 이상화된 여성의 모습이다. 금발의 바비 인형은 가슴이 강조되고 어깨와 허리가 드러나는 옷을 입고 '나에게로 와요'라고 말하듯이 앞으로 두 손을 내밀고 있다. 공항이나 여행지의 관광 상품점에서 흔히 유리 상자에 넣어져 전시되어 있는 전통 의상을 입은 인형은 한국의 거리나 여염집에서 여상히 마주칠 수 있는 누이나 필부가 아니라 지나치게 화려한 형광색의 한복을 입고, 저고리 소매에 반쯤은 가려진 손으로 '동양의 신비' 속으로 백인남성들을 수줍게 유혹하는 '기생'이나 '게이샤'의 모습이다.

초국가적 입양인들의 목소리는 거의 들려지지 않다가 1990년대 말 조금씩 표면으로 떠오르기 시작했다. 이론적으로는 캐슬린 자 숙 버퀴스트Kathleen Ja Sook Berquist의 ≪한국계 입양인의 인종적 정체성과 민족적 정체성*Racial Identity and ethnic identity in Korean adoptee*≫(2000), 토비아스 휘비네트의 ≪고아가 된 나라를 위로하며*Comforting an Orphaned Nation*≫(2005), 사라 도로우Sara Dorow의 ≪초국가적 입양*Transnational Adoption*≫(2006)을 포함한 일련의 작업이 있고, 문학작품으로는 제인 정 트렌카의 ≪피의 언어≫(2003), 마리 명옥 리Marie Myung-Ok Lee의 ≪누군가의 딸*Somebody's Daughter*≫(2005), 메이-링 홉굿Mei-Ling Hopgood의 ≪럭키 걸*Lucky Girl*≫(2009)을 대표적 작품으로 들 수 있다. 다음에서는 트렌카의 ≪피의 언어≫를 대상으로 백인 중심의 동질적 사회에 이질적 존재로, 그러나 가장 동질성이 요구되는 가족 구성원의 일부로서 "억지로 한 공간에 구겨 넣어"진 트라우마적 경험이 어떻게 그로테스크적 자기의식으로 나타나는지 살펴보고자 한다. 초국가적 입양인들의 경험이 재현된 텍스트 자체가 많지 않은 가운데 특별히 ≪피의 언어≫를 분석의 대상으로 삼게 된 것은 일차적으로는 이 텍스트가 작가의 실제 경험을 반영한 회고록으로서 초국가적 입양인의 내면이 매우 생생하고 적실하게 드러나 있기 때문이다. 민은경은 이를 두고 "≪피의 언어≫는 드물 정도의 정밀함과 힘"(122)[15]을 지니고 입양인 문제에 관해 우리에게 말을 건다고 평한다. 그러나 단지 작가의 직접 체험이기 때문에 선택한 것이 아니라 김영미가 지적하듯 "훨씬 더 자의식적이고 넓은 스펙트럼에서 상실의 문제를 다[루]"(44)[16]고 있기 때문이다. ≪누군가의 딸≫에서는 초국가적 입양인의 상실이 주로 생물학적 어머니의 상실을 의미하는 데 반해 ≪피의 언어≫에서는 모국의 언어와 문화까지를 포함하는 광범위한 의미의 상실이다(44). ≪럭키 걸≫은 제목이 암시하듯 초국가적 입양을 주로 성공적 동화assimilation의 긍정적 관점에서 기술하고 있어 '양립할 수 없는 두 세계 사이에 끼인 존재로서의 초국가적 입양인'이라는 이 글의 논점에 맞지 않아 배제하였다.

≪피의 언어≫

≪피의 언어≫는 자전소설로서 1972년 생후 6개월 만에 다섯 살 된 언니와 함께 미네소타 주[17] 할로우Harlow의 백인 부부에게 입양된 저자의 경험을 반영하고 있다. 전형적인 미국 중서부의 시골 마을인 할로우는, 트렌카의 표현에 따르면,

> 모든 선하고 옳으며 본질적이고 동질적인 것들이 지켜지는 최후의 보루이다. 그곳은 누군가가 화단을 훼손한 사건이 신문의 일면 기사로 실리고, 날씨에 따라 무슨 옷을 입고 무엇을 사냥할지 결정하며, 주민들이 모두 같은 휴일을 기념하며, 최근에 만들어진 정치적으로 올바른 단어가 무엇인지를 굳이 기억해야 할 필요가 없는 마을이다. (……) 이러한 결과는 사람들이 횃불을 들고서 니카라과 난민가족이나 다른 누구라도 마을 밖으로 쫓아내기 때문이 아니다. 할로우의 동질성은, 교회의 도움을 받아 이곳에 오게 된 소수민족 사람들이 어디로 가야 자신들과 같은 민족과 어울려 살 수 있을지 알게 되면 결국 떠나기 때문에 유지된다.
>
> Harlow is the last bastion of all that is good, right, fundamental, and homogeneous. It's the kind of place where vandalism to a flower garden makes front-page news, where the weather has an effect on what you wear

and hunt, where all the people celebrate the same holidays, where you don't have to remember the latest politically correct vocabulary. (......) It's not that the Nicaraguan refugee family or anyone else was chased out of town by a torch-wielding posse. The homogeneity is probably more due to the fact that the minorities who've been brought in by church groups eventually figure out where to move to be among their own. And then they leave.(21)[18]

쫓아내지 않아도 소수민족 사람들이 자기네 민족을 찾아 떠나간다는 것은 이 지역이 이질적인 요소를 지닌 사람들을 견딜 수 없을 정도로 불편하게 만든다는 것을 의미한다. 구성원들의 강력한 동질성으로 인해 이질성은 다양함이라는 긍정적 뉘앙스가 아니라 흠, 오점, 이상異常이라는 부정적 뉘앙스를 띠게 된다. 이러한 동질성, 정상성의 압력은 주류를 차지하는 백인들에게도 예외는 아니어서 "할로우의 모든 남자들은 남편이고 아버지"여야 하며, "마찬가지로 여자들은 아내이고 어머니"여야 한다. 결혼하지 않거나 결혼해서도 아이가 없는 남성과 여성은 정상성의 범위에서 벗어난 "괴짜의 노총각eccentric old bachelor" 이거나 몸에 무언가 결함이 있는 사람으로 쑥덕거림이나 동정의 대상이 되어 공동체의 입에 오르내린다. 결혼 후 오랫동안 아이가 없었던 바우어 부부는 자신들이 다니는 교회 목사의 권유로 네 살 반 된 미자와 생후 6개월의 경아 자매를 한국에서 입양한다. 암묵의 배타성으로 유지되는 이러한 동질성의 공동체에 어느 날 갑자기 가족의 한 구성원으로 접붙여진 입양아 제인과 캐롤—지구 반대편에선 경아와 미자였던—의 존재는 주위 사람들에게 양극의 호기심을 불러일으킨다. 그들은 "아몬드처럼 생긴 예쁜 눈"과 "가는 허리"에, 자신들의 가는 머리카락과는 달리 "굵고 검은 머리를 가진" 귀여운 "인형"인 동시에 "개구리처럼 불거진 눈"과 "아프리카 깜둥이 입술을 달고," "쌀을 줍는" 칭크chink와 구크gook이다(47-48). 어느 쪽이 되었든 마을 사람들은 그들을 자신과는 다른 이질적인 그 무엇으로 대한다. 이러한 주위의 시선은 내재화되어 열등감과 자기혐오를 형성한다. 주위 사람들과 같이 되고자 제인은 사춘기 시절 곧은 머리를 구불구불하게 파마하며, 표백하며, 여성잡지에 나오는 대로 얼굴을 다듬고, 눈썹을 올리고, 속눈썹에 컬을 만들지만(68), 결국 "트윈키"이고 "범아시아 모조품Pan-Asian fraud"(75)으로 느껴질 뿐이다.

제인의 양부모는 자신들이 믿는 루터교의 윤리 안에서 부모로서의 역할을 성의껏 해내고자 노력하는 "근본적으로 좋은 사람들"이지만, 소수자로 살아온 경험이 없기에 딸이 경험하는 "백인 사회에서 아시아 여자 아이로 자라는 것"의 의미를 깨달을 수 없다(트렌카 "출산의 구별짓기와 입양의 낭만화" 세미나).[19] 작품 속에서 제시되는 한 상황극에서 식당의 손님들이 자신들을 자꾸 쳐다본다고 호소하는 딸에게 그들은 "아무도 너를 보지 않아"라고 딸의 지나친 자의식을 비난하며 메뉴보기에만 열중할 뿐이다. 딸이 사귀는 아시안 남자 친구들이 "인간이 아니라 시커멓고 어리석은 원숭이라도 되는 듯" 그들의 얼굴을 조롱하는 아버지의 반응은 아버지에게 그들의 얼굴과 닮은 자신이 "눈에 보이지 않거나 아니면 우스꽝스럽게 보인다"는 사실을 각인시키고 "자기 얼굴을 스스로 증오"하게끔 한다(67). 제인의 부모가 이러한 반응을 보이는 이유로 민은경은 양부모의 애정이 매우 소유적인 성질의 것이어서, 그들은 "그녀가 *그들의 것*이기 때문에 "자신을 아시아인으로 규정하거나 다른 아시아인들과 동일시해서도 안 되며, *그들 자신과 같은* 미국인으로 인식"해야 한다고 생각하고 있음을 지적한다(123).[20] 이러한 양부모의 인식은 제인에게 자신이 잃어버린

생모나 조국에 대한 적절한 애도를 거쳐 상실의 아픔을 극복할 기회를 원천적으로 제거함으로써 병리적 '우울'에 빠지게 한다[123].

고등학교 시절, 90명의 동기들이 자신을 '가장 머리 좋은 학생,' '성공 가능성이 가장 높은 학생,' '가장 독창적인 학생,' '가장 재능이 많은 학생' 등의 항목에 자신을 뽑았지만, 자신이 정작 되고 싶었던 것은 '가장 예쁜 학생'이었다는 고백은 백인 중심의 사회에서 제인이 느꼈던 좌절감과 자기혐오의 상흔을 드러내 보여준다. 그러한 자기혐오의 인식은 아래에서 제시되는 그로테스크한 이미지에서 절정을 이룬다.

> 또 다른 요리법을 생각해보자. 이 요리에는 한 소녀가 필요하다. 수세대의 한국인의 피가 흐르고 있고, 그 피에는 유교와 무속신앙과 전쟁이 새겨져 있다. 그녀를 산으로부터 떼어 낸다. 레드리버와 미시시피 사이에 펼쳐진 밀밭에 심는다. 세례를 준다. 교리를 주입시킨다. 그녀가 누구인지 말해준다. 현실이 무엇인지 말해준다.
>
> 무슨 일이 생기는지 볼까?
>
> 기형과 사랑에 빠지고, 자웅동체와 샴쌍둥이에게 매혹되고, 쌍어궁雙漁宮과 대립된 것들로 이루어진 쌍들에게 집착하는 모습을 보라.
>
> Consider another recipe: start with a girl girl whose blood has been steeped in Korea for generations, imprinted with Confucianism and shamanism and war. Extract her from the mountains. Plant her in wheat fields between Red river and the Mississippi. Baptize her. Indoctrinate her. Tell her who she is. Tell her what is real.

See what happens.

Witness a love affair with freaks, a fascination with hermaphrodites and conjoined twins, a fixation on Pisces and pairs of opposites.(135)[21]

마치 기괴한 재료들을 한데 섞어서 끓여내는 마녀의 음료witch's brew처럼, "유교와 무속신앙과 전쟁이 새겨져" 있는 피가 흐르는 소녀는 "산으로부터 떼어" 내어져 미국을 대표하는 지리적 공간의 하나인 "레드리버와 미시시피 사이에 펼쳐진 밀밭에 심"어져 서구 기독교의 교리와 백인 중심의 가치를 주입받는다. 이는 앞서 토비아스 휘비네트가 지적한 입양아와 노예의 공통점을 상기시킨다. 결과는 지배적 입양 담론과 양부모가 기대하는 대로 불행과 빈곤으로부터 구해진 것에 감사하며 은혜를 갚는 딸이 아니라, 이해 불가한 혼란과 채워질 수 없는 결핍 속에서 자신을 "자웅동체, 샴쌍둥이, 쌍어궁" 등 "대립된 것들로 이루어진 쌍"으로 인식하는 기형의 생명체이다. 그러한 인식에는 하팜이 긍정적으로 통찰하는 바 그로테스크의 승화의 가능성은 희박해 보인다. 바흐친이 구분한 그로테스크 미학의 역사적 변천을 빌려 말한다면, '르네상스 그로테스크'가 갖는 재생과 부활의 에너지보다는 '낭만적 그로테스크'에 나타나는 비웃음과 자기혐오의 기운이 지배한다.[22]

민은경은 제인의 이러한 "이중의, 복사된, 분열된 정체성의, 충돌하는 규범 사이에 끼인" 감정이 자신이 "대체 자녀replacement children"(정 110, 207) 라는 의식에서 왔음을 지적한다(민은경 122).[23] 제인은 아이가 이미 있거나 가질 수 있음에도 불구하고 입양한 아이가 아니라, 자신을 닮은 "분홍색 살결과 예쁜 파란 눈의"(28) 생물학적 친자를 가지는 데 실패한 사람들이 "마지막 방편"으로서 받은 "위로의 상품"과 같은 존재이다(207). 이러한 대용품, 혹은 도플갱어의 이미지는 작품 전체에 만연되어 있으며, 제인에게만 국한되지 않고 다양한 인물에게서 나타난다. 제인의 외할아버지는 평생 동안 자신의 둘째 부인 '로레인'을 첫째 부인의 이름인 '루린'으로 불러서 손자들은 돌아가실 때까지 할머니의 진짜 이름을 알지 못했다. 아버지는 아기 때 죽은 형이 있는데, 제인은 이 아기의 유령이 아빠의 주변을 떠돌고 있다고 생각한다. 엄마가 아이를 기다리며 '지미'라고 이름붙인 곰 인형에 제인은 '메리'라는 새로운 이름을 붙여주고 '메리'가 죽어서 먼 곳에 묻혀 있는 쌍둥이 동생 '지미'의 누나라고 상상한다. 제인은 자신과 캐롤의 주위를 "엄마가 낳은 적도 없는 친자식"과 미국에 올 때 죽어버린 "쌍둥이 혼령들 미자와 경아"가 떠돌고 있다고 여긴다(28-29).[24] "존재하지 않는 것은 잘못을 저지를 수 없다"(28)는 제인의 말처럼 부재하는 이상적 존재를 의식하며 사는 것은 그녀의 "문제적 '신체 자아'"(민은경 123)[25]와 더불어 부정적 자아인식을 형성하는 이유가 된다.

이러한 부정적 자아인식은 앞서 언급되었듯 '여성'이라는 약자적 지위 때문에 더욱 악화된다. 대학 신입생 시절 제인은 백인 동급생으로부터 인종주의에 기반한 스토킹을 당하며, 남자들은 제인이 아시아 여성이라는 이유만으로 성적인 —특별히 가학적이거나 변태적인— 서비스를 제공할 의향이 있을 것이라 간주한다. 제인을 강간하고 살해할 계획이었던 스토커나 두꺼운 겨울옷을 입고 장을 보고 있었던 그녀에게 접근해 매춘의 의사가 있는지를 물어보았던 백인 남성은 아시아 여성은 "이국적이며, 작고, 연꽃과 같으며, 창백하고, 연약하며, 순종적이며, 게이샤들"(65)이라는 주류문화가 제공하는 스테레오타입을 그대로 현실에 적용시킨 경우이다. 제인은 이러한 경험으로 생겨난 "'과다경계'라고 불리는 정신질환"을 인종화시키기보다는 범위를 확장시켜 "미국 여성이기 때문에 치러야 하는 증상"

symptom of being an American woman"(99)이라고 보편적인 여성의 경험과 연결시킨다. 앞서 언급된 표지에 나타나듯 여성을 성적 대상으로 보는 남성의 시선은 한복을 입은 동양의 '게이샤' 인형이나 탱크 탑을 입은 바비 인형 모두에게 적용되기 때문이다.

이러한 자아 인식은 제인이 처한 현실에서는 누그러지지 않고 결국 기원의 탐색을 통해 해결의 실마리를 찾는다. 입양기관이 주최하는 모국방문체험에 참가하여 그동안 편지로만 교류하던 친가족, 특히 어머니를 만나 생물학적 닮음을 확인하고, 아버지의 폭력 때문에 어쩔 수 없이 입양을 보내고 죄의식과 고통 속에 살아온 과거의 사연을 듣는다. 제인의 경우는 사실 매우 희귀하면서도 운이 좋은 경우인데, 한국의 어머니가 입양 보낸 아이들을 먼저 수소문해서 찾아 연락을 지속하는 경우는 거의 없기 때문이다. '대체 자녀'로서 다시 '교환'될 수 있다는 불안감, 인종적 소수자로서의 이질감, 여성으로서 경험한 폭력이 남긴 상처들이 미국적 매너를 무시하고 매일 밤 호텔로 찾아와 같은 이야기를 하며 눈물로 용서를 구하는 어머니 앞에서, 그렇게 할 수밖에 없었던 어머니의 삶을 이해하고 자신이 매우 사랑받는 아이였음을 확인할 기회를 가지면서 객관화되고 상대화된다. 제인은 여행의 마지막 일주일을 어머니의 집에서 함께 지내며 기억에 없는 한국에서의 유년 시절을 다시 살아내는 경험을 한다. 특히 어머니가 집에서 물을 데워 한국식으로 때를 밀어주는 목욕의 순간은 그녀의 존재 서사에서 영원히 부재했던 탄생의 순간을 환기시킨다: "물은 마치 양수처럼 따뜻하다. (……) 엄마는 너무나 정성을 들여 아플 정도로 세고 빠르게 나를 씻기고 나는 다시 아이가 된다. 나는 미국식 몸에 대한 부끄러움을 버리고 오래전에 엄마가 하기를 원했던 대로 팔을 들어 올려 팔 밑과 등과 다리를 문지를 수 있게 몸을 맡긴다.(The water is warm as birthwater. (......) She washes me hard and quickly, with so much ardor it hurts, and I become a child again. I release my American shame of body, let her lift my arms and scrub underneath and on my back and my legs, as she wanted to so long ago)"(122)[26] 첫 방문 후 4년이 지나 암으로 죽어가는 어머니의 병상을 한 달간 지키면서 제인은 좀 더 어머니와의 일체감을 경험한다. 키는 작았으나 당당했던 엄마의 몸이 자신과 좀 더 비슷하게 말라가는 것을 보며 "엄마가 나로 변해가고 있다"(165)고 묘사하며, 자신이 죽을 때도 엄마와 비슷하겠다는 생각을 한다. 이는 작품의 말미에 제인이 임신하게 되는 아이의 이미지와 연결되어 죽음과 삶이 끊임없이 순환하는 바흐친의 르네상스적 그로테스크의 이미지를 환기시킨다.

첫 방문에서 제인은 항상 눈에 띄었던 미국에서와는 달리 자신과 비슷한 외모의 사람들로 북적거리는 남대문 시장의 인파 속에서 "'동질성' 속에 두드러지지 않는 존재로 사라질 수 있lost in the sameness"(119)는 경험을 하며, 반대로 한국인들 사이에서 두드려져 보이는 미국인들의 모습을 발견한다: "보통 외모의 미네소타 사람들이 갑자기 너무 크고 게으르고 희게 보였다. 그들의 옷은 너무 편하고 신발은 더럽고 낮은 밥상을 앞에 두고 앉은 모습은 천박해 보였다"(118). 이러한 전복의 경험은 그녀에게 '존재의 탈바꿈metamorphosis — 다시 한국인이 되는 —에 대한 기대를 갖게 하지만, 한국에서도 역시 그녀가 "가짜 혹은 그로테스크한 잡종a fraud, a grotesque hybrid"(215)임을 깨닫는 데에는 오랜 시간이 걸리지 않는다. 한국인의 얼굴을 하고서 한국말을 구사하지 못하는 그녀와 동료 입양인은 마치 "수염 난 여자들"처럼 구경거리가 된다(120): "나는 한국보다 독일에 있는 것이 더 어울린다. 거기서는 적어도 독일어를 할 줄 아는 사람으로 보이지 않을 테니 사람들이 그렇게 기대하지도 않을 것이다. 가르치거나 공부하러 이곳에 와서 살고 싶지 않다. 나는 미국인이고, 바로 그곳이 내가 속한 곳이다"(120-121) [27]

결론

김영미는 제인이 한국의 어머니와 원가족과의 유대를 강화하면서 양부모와는 관계를 거의 끊게 되는 결말에 대해 "혈연가족의 유대를 입양가족의 유대보다 더 강하게 보는 가족주의적 이데올로기의 위험을 드러낼 수도 있다"(49)[28]고 우려한다. 그러나 민은경이 지적하는 대로, 트렌카가 ≪피의 언어≫를 통해 말하고자 하는 바는 "피는 물보다 진하다"식의 "생물학적 회귀"가 아니다(124-125). 작품 전체를 관통하는 왕나비monarch butterfly의 모티프는 초국가적 입양인으로서의 제인의 지향을 보여준다. 초등학교 시절 제인이 흥미를 가지고 관찰했던 왕나비는 살아서 움직이고 있을 때는 아름답지만 섀도박스 속에 표본으로 전시되어 있을 때에는 징그러운 느낌을 주기도 하는 기묘한 존재이다. 한국 방문 때 어머니가 선물하는 한복 치마는 다시 한 번 이 나비의 날개를 연상시킨다. 또한 마지막 장면에서 제인은 돌아가신 어머니와 현실에서는 아직 태어나지 않은 자신의 아이와 더불어 한복을 입고 나비처럼 하늘을 비행하는 꿈을 꾼다. 이러한 결말은 자신의 존재를 '망명자exile'로 규정하게 된 저자의 지향에 부합한다.[29] 제인이 전에 갈망했던 것은 몸과 마음의 단일한 일치로서 "나의 몸도 마음처럼 백인 북부 미네소타인"(237)이 되는 것이었다. 그것이 그에게는 "정상"이 의미하는 바였다. 망명자로서 제인은 이제 몸과 마음의 분리를 한층 성숙하게, "상처이자 훈장a scar and a badge"(238)으로 받아들인다. 제인이 동일시하는 망명자는 경제, 문화, 지식자본을 소유하고 "완벽한 카페, 손쉬운 여자들, 저렴한 와인을 찾아 전 세계를 떠도는" 형편 좋은 "국외이주자ex-pates"(227)들이 아니다. 이들 지식인들의 외로움에는 사치스러움과 달콤함이 묻어 있으며 흔히 재현되기도 하지만 제인이 주목하는 것은 자신의 경험이 그러했듯 철저히 주변화되어 침묵당하는 종류의 망명이다.

> 미네아폴리스에서 택시를 모는 소말리아 운전사, 할랄 미트의 가게 주인, 타르 먼지를 뒤집어쓴 멕시칸 지붕수리공, 매일 식당에서 열여섯 시간씩 일하는 터키인 부부. 이들의 소회와 감정은 어디에 나타나는가? 그리고 다시 가게로 돌려지지 않도록 양부모에게 완벽하려고, 착하려고 애쓰는 입양된 아이들의 감정은 어디로 쏟아지는가?
>
> Where is the outpouring of reflection from the Somali taxi driver in Minneapolis, the shopkeeper at Halal meat, the Mexican roofer covered in tar dust, the Turk and his wife who work in their restaurant sixteen hours every day? And where is the outpouring of reflection from children who are adopted, who want to be good, who want to be perfect for their new parents, lest they be turned to the store?(228)[30]

충분한 이유가 있으나 동시에 '자기 연민'이라는 비판도 피하기 힘들었던 제인의 고민과 방황은 동시대의 다양한 '디아스포라'의 경험을 하는 사람들과 연대함으로써 그 지경을 확장한다. 이는 앞서 언급된 그로테스크에 대한 에드가 윈드의 통찰을 연상시킨다. '예외적'인 것에 대한 관심이 '좀 더 포괄적인 범주'를 가능케 하듯이, 자신의 생물학적 기원에 대한 관심은 국가와 국가 사이에 일어나는 불평등하고 불균형한 이동에 대한 정치적인 관심으로 확장된다. 조건 없는 어머니의 사랑에 대한 갈구는 모성이 형성되거나 유린되는 억압적 현실에 대한 관심으로 승화된다.

알에서 애벌레로, 애벌레에서 번데기로, 번데기에서 나비로 변태metamorphosis한 왕나비는 한쪽 방향으로의 이주emigration가 아니라 다른 두 장소 사이를 오가는 이주migration를 시작한다: "그들에게는 집이 두 곳이다.They have two homes."(37) 가을에 미네소타를 출발한 왕나비들은 3,000마일을 날아 캘리포니아나 멕시코에 찢어지거나 너덜너덜해진 날개로 도착한다. 그 나비들은 미네소타를 떠났던 나비들의 손자 혹은 증손뻘 되는 나비들이다. 미국이나 한국의 어느 한쪽에 동일성의 근거를 두고 그 곳에 속하기 위해 애쓰는 것이 아니라 제인은 이제 먼 거리의 두 집을 왕래하기 위하여 태반의 시간을 길에서 보내야 하는 무모한 여행을 감행하는 왕나비처럼 "나의 세계관과 미국 백인의 세계관, 그리고 한국인의 세계관 사이에 놓인 인식의 차이를 항해하는"(148) 여행을 시작한다. 제인이 항해하게 될 공간은 하팜이 그로테스크에 대해 지적한 바, 변두리도 중심도 아닌 그 사이의 공간이다. 천국도 지옥도 아닌 무한한 낙하와 상승이 이루어지는 변모의 공간이다. 제인은 아무도 알려 주지 않는 길을 "희미한 기억에 의존해"(251) 떠나는 왕나비처럼, "숨겨진 것들에 의지해서, 알려진 것들과 알려지지 않은 것들을 병치하고, 못보고 지나친 것들, 파편들—돌이나 깨진 거울들, 그리고 버려진 것들—을 모아to trust in the mysterious; to juxtapose the known with the unknown; to collect the overlooked, the debris—stones, broken mirrors, and abandoned things"(150) 기억과 상상의 새로운 지도를 만들고자 한다.

≪피의 언어≫에서 나타나는 이러한 초국가적 입양인으로서의 인식의 확장과 모험의 시도는 비슷한 경험을 다룬 두 텍스트인 ≪누군가의 딸≫이나 ≪럭키 걸≫과 비교할 때에 더욱 두드러지게 나타난다. ≪누군가의 딸≫이나 ≪럭키 걸≫에서 각각 한국과 대만 출신의 입양인인 사라와 메이-링은 '사이에 끼인' 정체성 문제를 해결하기 위해 제인이 그러했듯 "두 문화, 두 가족, 두 어머니와 용감하게

교섭"(김영미 49)을 시작하지만, 그들의 고국방문은 그동안의 혼란을 정리하고 양부모와의 연대, 즉 미국적 정체성을 강화하는 계기로 작용한다. 그에 반해 ≪피의 언어≫의 제인에게 고국 방문은 일차적으로는 그동안 잊혀져 있던 한국적 정체성을 강화시키는 역할을 하지만, 결과적으로는 그녀의 '사이에 끼인' 정체성을 개인적으로 받아들이고 정치적으로 확장시키는 계기가 된다. 텍스트에서 기술되어 있지 않은 그 이후의 작가의 행보는 그러한 인식의 확장을 뒷받침하는 듯하다. 트렌카는 미국에서의 삶을 잠정적으로 정리하고 5년 전 한국으로 이주, '진실과 화해를 위한 해외입양인 모임(TRACK: Truth and Reconciliation of Adoptee Community in Korea)'의 창립멤버이자 운영자로서 한국의 해외 입양문제, 나아가 미혼모 문제에 대한 사회적 각성을 불러일으키기 위해 일하고 있다. 제인의 시도가 의미 있는 것은 겉으로 드러나듯 미국적 정체성이 아니라 한국적 정체성 쪽으로 좀 더 기울어진 듯하기 때문은 아니다. 한국에서도 영어로 말하며 살고 있고, 영어로 글을 쓰며, 그 결과물을 미국에서 출판하며, 영어 기사 교열과 에디팅이 직업이며, 주민등록번호가 말소되어 외국인등록증을 신분증으로 사용하는 그녀의 삶은 미국에서도 그러했듯이 여전히 몸을 배반하는 의식, 혹은 의식을 배반하는 몸을 가진 모순된 삶이다. 정주定住가 허락하는 안정감을 포기하고 "두 집"을 왕래하기 위하여 그 사이의 공간을 부유하는 '망명자'의 삶도 우리들의 삶만큼이나 적법한 한 삶의 양식임을 아찔한 상승과 낙하로 인해 찢어지고 너덜너덜해진 날개로 증언하기 때문에 그녀의 시도가 의미 있는 것이다.

"기억 전쟁"과 기억의 괴물들

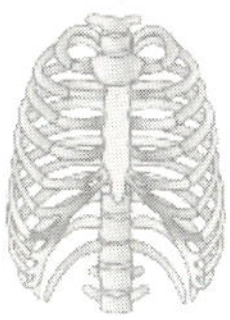

〈기억 전쟁과 기억의 괴물들〉은 소위 "기억 전쟁"으로 일컬어지는 기억 논쟁들을 통해 기억의 그로테스크한 특성을 고찰한다. 일반적으로 기억은 우리의 정체성을 확증해주는 보증자로 통용되어왔다. 우리의 정체가 위험에 처할 땐 언제든 달려와서 우리의 우리인 바를 확인해주는 역할을 했다. 그러나 1980년대와 1990년대 북미대륙을 강타한 기억 논쟁들은 기억에 대한 우리의 통상적인 관념을 비틀어놓는다. 살벌한 "기억 전쟁"은 우리의 정체를 보호해준다고 믿었던 기억이 일순간 우리 자신과 가족, 더 나아가 사회를 겨냥한 살상무기가 될 수 있다는 점을 보여준다. 특히 결과적으로 거짓기억으로 판명되는 '회복된 기억'으로 인해 자신의 부모를 파렴치한 성학대범과 사탄을 숭배하는 괴물로 변형시키는 이상한 현상들은 바로 그러한 위험성을 가장 잘 드러내 보여준다. 〈기억 전쟁과 기억의 괴물들〉은 "기억 전쟁"의 그로테스크한 풍경을 경유해서 그러한 기현상을 만드는 궁극적인 원인들 속으로 들어간다.

서길완

영화 〈메멘토〉의 주인공은 길어야 10분 정도의 과거를 기억할 수 있는 단기기억 상실증 환자다. 10분 정도가 지나면, 10분 전의 그는 어느 새 또 다른 세계의 또 다른 사람이 되어 있다. 그는 기억상실증의 미로 속에서 아주 잠시 동안만, 그리고 매우 짧은 과거를 참조해서 현재 그 자신이 어디에 있는 누구인지를 인식할 뿐이다. 그가 10분 전에 그의 가족과 절친한 친구를 인식하고 있었다 해도, 10분이 지나면 그들 모두는 낯선 이방인처럼 보인다. 그리고 10분이 지나면 매우 낯선 환경에서 새로운 현재의 그를 정위해야 한다. 〈메멘토〉의 주인공의 이런 비극적인 삶은 우리에게 기억이 얼마나 중요한 요소인가를 말해준다. 기억의 결핍이나 부재를 통해 과거의 기억이 자아 구성(정체)에 있어 결정적인 요소임을 역설하고 있는 것이다. 굳이 〈메멘토〉와 같은 영화의 예를 빌지 않더라도, 우리는 기억이 우리의 자아구성에 있어 매우 결정적인 역할을 한다는 사실을 우리의 매순간의 삶을 돌이켜보면 알 수 있다. 가령 아주 일상적인 작업 중 하나인 약속 정하기를 예로 들어보자. 만약 어제 내가 누군가와 오늘 식당에서 만날 약속을 정했다고 할 때, 어제의 미래인 오늘의 '나'는 어제의 약속과 약속한 '나'를 기억해야 오늘의 약속을 이행할 수 있는 사람이 된다. 그런가 하면, 말하자면 어제의 약속을 깜박 잊어버려서 혹은 기억상실과 같은 피치 못할 경우를 제외하고는, 어제와 지속적으로 일관되고 정합된 사람이 되기 위해선 오늘의 약속을 기억하는 '나'가 있어야 한다. 여기서 과거의 기억은 '나'를 보증하는 유일한 차원이 아니라 할지라도, '현재의 나'인 바를 그리고 앞으로 되어야 할 '나'로 정위시키는 중요한 참조점(혹은 보증자)이 된다.

그런데 우리의 자아 구성에 이토록 중요한 역할을 담당하는 기억의 내용이 우리 자신의 경험이 아닌 다른 사람의 경험이라면 어떻게 될까? 말하자면 기억하는 사람과 과거의 경험이 일치하지 않고, 사실과 기억된 것 사이의 간극이 너무 벌어졌을 때, 그리고 그럼에도 그 기억이 제 것이라고 주장한다면, 그 과거는 기억하는 사람의 것인가? 만약 그렇다고 하면, 기억의 조작을 통해 우리는 얼마든지 다른 사람의 정체를 얻을 수 있다는 얘기가 된다. 사실 이 같은 가정적 답은, 〈토탈

리콜〉, 〈이터널 선샤인〉 등과 같은 상상적인 영화현실에서 제시된 바 있다. 이들 영화의 주인공은 자신의 본래 기억은 삭제되고 다른 사람의 과거가 이식되는 경험을 한다. 그리하여 과거의 범죄자는 현재의 혁명가로 인식되고 과거의 연인은 현재의 완전한 타인으로 변형된다.

1990년대 공식적인 진단의학에서 '거짓기억증후군false memory syndrome'이라는 병명이 등장한다. 그 질병에 대한 단일한 정의는 아니지만, 거짓기억증후군은 "정신치료나 상담을 받던 사람이 실제로 일어나지 않았던 어린 시절의 성추행을 기억해내는 현상이다."[1] 말하자면, 실제로 성추행의 고통을 겪지 않은 사람이 그 경험을 제 것이라고 주장함으로써, 그녀는 성추행의 희생자가 되는 셈이다. 어린 시절의 성추행(학대)에 대한 거짓기억뿐 아니라, 이 시기에는 악마숭배와 관련된 온갖 상상적 학대가 보고되기도 했다. 문제는 1980년대와 1990년대의 북미대륙에서 이 같은 학대의 희생자라고 주장하는 사람이 기하급수적으로 늘었다는 것이다. 이와 관련하여, '기억회복 치료사recovered memory therapist'들이 그러한 현상의 발인자로 지목된다. 그들은 최면과 암시 등의 여러 기법들을 사용해서 환자들의 억압된 기억을 회복하도록 유도했다는 것이다. 이런 설득과 자극을 받아 환자들은 실제 있지도 않은 공포스러운 경험의 실재성을 믿게 되고, 심지어 그러한 믿음을 가지고 자신의 부모님이나 남자 형제와 친지들을 가해자로 고소하는 사례가 급증하게 된다. 물론 처음에 당황해 하던 피의자들은 시간이 지나면서 자신들의 무고를 주장하는 목소리를 높이고, 결국 그들의 목소리가 전달될 수 있는 대항마적 단체, 거짓기억협회가 조직된다. 기억을 둘러싼 이 같은 혼전混戰 양상은 프레드릭 크루즈Frederick Crews의 용어로 "기억 전쟁"으로 불리는데, 우리는 바로 이 혼전의 현장에서 우리의 현실적인 삶에서는 일어날 법하지 않은 영화적 현실을 목격하게 된다.

'우리의 우리 자신인 바'를 보증해주던 과거의 기억이 돌연 우리와 우리 주변의 사람을 성학대 피해자와 짐승적 가해자, 사탄의 사주를 받은 악마로 변형시키고, 나아가 우리 모두의 삶을 생지옥으로 만들어버린다.

이처럼 과거의 경험(특히 성학대)에 대한 잘못된 믿음과 잘못된 고발은 통상적으로 우리가 기억에 대해 갖고 있던 관념을 송두리째 뒤흔든다. 기억은 우리가 상상하는 이상으로 불확실하고 기만적인 성질을 갖고 있기 때문에, 경우에 따라선 우리의 정체를 확증해주는 보증자가 아닌 우리 자신을 공격하는 살상무기가 될 수 있다는 것이다. 물론 "기억 전쟁"이라고 불리는 기억을 둘러싼 기이한 양상이 지구촌 전체에서 널리 유행한 것은 아니다. 따라서 국소적인 장소에 발생한 그 특수한 현상을 우리 모두에게 적용하는 것은 무리가 있지 않는가라는 의문이 제기될 수도 있겠다. 그러나 "기억 전쟁"의 이상하고도 불길한 특징들과 양상들을 특정장소의 특수한 현상, 혹은 건전한 정신치료의 전통에서 벗어난 개인들의 우스꽝스러운 현상(일탈의 형태)으로 치부한다면, 우리는 그 기현상을 언제든 우리의 삶의 다른 차원에서 맞닥뜨릴 수 있다는 것을 역사적 기억의 괴물들은 경고한다. 가령 청교도 시대에 마녀사냥의 거짓증언으로 인해 사악한 마녀와 악마의 시종들로 지목되어 희생된 무고한 사람들, 홀로코스트의 사건을 부정하는 역사적 수정주의에 의해 거짓기억의 공포스러운 창조자들로 변형된 명백한 유태인 피해자들, 그리고 일본의 역사왜곡에 의해 자발적인 매춘부로 전락한 일제 강점기에 강제 동원된 한국인 위안부들이 있다. 이 밖에도 신생국(독립국가)의 탄생과 함께 신국가의 정체성을 심어주기 위해 작동되는 이데올로기에 의해 수많은 정치, 사회, 그리고 역사적인 거짓기억의 변종들은 지금도 계속 생산되고 있다. 결국 "기억 전쟁"과 같은 그로테스크한 현상이 우리에게 던지는 과제는 그러한 현상이 언제 어디서 발생했는가의 문제를 따질 것이 아니라, 그것을 일으키는 궁극적인 원인을 탐색하는 일이 급선무라는 것이다. 그래야만 그 기현상의 또 다른 변이가 또 다른 기억의 괴물들을 산출하는 것을 막을 수 있기 때문이다. 따라서 이 글은 1980년대와 1990년대 북미대륙을 강타했던 "기억 전쟁"의 그로테스크한 풍경을 경유해서 기억의 괴물들을 산출한 원인을 탐색하고자 한다. 그 작업을 위해서 우리는 먼저 기억을 둘러싼 그로테스크한 풍경의 내부를 보다 면밀히 살펴보는 것으로 시작할 것이다.

'회복된 기억'에서 창출된 괴물들

1990년대 미국에서 가장 잘 알려진 기억 논쟁은 에일린 립스커Eileen Franklin Lipsker와 조지 프랭클린George Franklin의 법정논쟁이다. 그것은 에일린 프랭클린 립스커의 '회복된 기억recovered memory'에 관한 것이다. 서른을 앞둔 에일린은 어느 날 갑자기 20년 전의 끔찍한 장면을 기억해냈다고 주장한다. 1969년(그 당시 그녀의 나이는 8살이었다)에 그녀의 아버지, 프랭클린이 그녀의 가장 절친한 친구 수잔 네이슨Susan Nason[2]을 강간하고 살해한 장면을 목격했다는 것이다. 그녀의 기억을 근거로 프랭클린은 1급 살인죄로 기소된다. 바로 이 재판의 피고인 전문가 증언자로 로프터스가 증인석에 선다. 그녀는 기억에 관한 수많은 연구실험 결과들을 토대로 기억이 오류가 많고 사실을 왜곡해서 기억할 수 있다고 설명했다. 그러나 동일한 재판에서 검찰측 전문가 증언에 나선 심리학자 레놀 테어Lenor Terr는 로프터스와 반대의 입장을 내놓았다. 그녀는 트라우마 이론을 통해 에일린의 억압된 기억[3]이 실재한다는 것을 설명하고 또 어떤 사람의 기억이 참인지 거짓인지 가려낼 수 있다고 강력하게 말함으로써 에일린의 회복된 기억을 진실한 기억으로 만들었다. 결국 프랭클린에게 유죄선고가 내려진다. 하지만 그 선고는 형사재판의 단순한 결말이 아니다. 회복된 기억 증언을 둘러싼 이론과 관념들이 처음으로 형사재판에서 증거로 설명되고 사용되면서, 기억회복치료는 국가적 공론의 장으로 부상하고 그럼으로써 많은 사람들은 기억회복에 관한 이론과 관념들을 이해하기 시작한다. 바로 이 과정에서 프랭클린의 사형선고는 억압과 무의식의 가정을 확신의 체계로 변화시킨 제도적인 장치가 된 셈이다. 심지어 프랭클린의 재판과 판사의 결정이 언론에 대대적으로 보도되면서, 에일린은 일약 시대의 스타로 떠오른다. 자신의 경험을 〈60분60minutes〉이라는 제목의 이야기로 만들어 다른 사람들에게 들려주고, 스타 여배우를 주연으로 한 TV영화도 만들어졌다. 그런가 하면, 최근에는 해리 맥린Harry Maclean의 ≪옛날 옛적에*Once Upon a Time*≫와 테어Lenore Terr의 ≪끊어진 기억*Unchained Memory*≫이라는 작품을 통해 그녀의 이야기가 재구성되기도 했다.

그런데 ≪진실 말하기*Telling the Truth*≫에서 린 체니Lynne V. Cheney가 지적하고 있는 것처럼, 프랭클린 사건이 사회적 이슈로 부상하기 시작한 1990대 초반엔 대부분의 사람들은 회복된 기억의 개념이 어떻게 형성되고 또 그러한 이름으로 주장된 것을 어떻게 반박하는지 거의 알지 못했다. 하지만 그러한 현실과 대조적으로 그 시기에 이미 많은 사람들은 그들의 소소하고 답답한 문제들, 가령 거식증과 폭식증, 치과에 대한 공포, 심지어 가슴의 작은 통증 등을 해결하기 위해 심리치료사에게 도움을 청하고 있었다. 문제는 많은 치료사들이 환자들의 다양한 증상들의 발원지를 하나같이 어린 시절의 성추행의 경험에서 찾으려 했다는 것이다. 그런데 만약 "그 환자가 성추행의 기억을 갖고 있지 않으면, 치료사들은 약물, 최면, 그리고 암시와 관련된 처치를 통해 그것을 회복하도록 도왔다."[4] 말하자면 에일린이 그녀의 회복된 기억을 가지고 법정으로 들어서기 전부터 이미 수많은 에일린들은 심리치료실에서 그들의 잊혀진 기억들을 회복했다는 얘기다. 그리하여 1980년대 후반에서부터 90년대 초반에 이르기까지 기억연구가들은 소위 암시치료를 통해 어린 시절 성추행을 당한 기억을 회복했다고 주장하는 사람들의 수많은 사례들을 발견하게 된다. 그 중 정신분석학자인 마이클 얍코Michael Yapko가 제시한 제니퍼의 사례가 전형적인 예가 될 수 있다.

자신의 삶이 불행하다고 느낀 제니퍼는 심리치료사를 찾아가 그녀의 개인적인 문제들을 토로했다. 남자들과 관계하는 데 문제가 있고 끊임없이 불안을 느끼고 자존감이 없다는 것이었다. 이에 치료사는 그녀의 문제들은 성추행을 당했을 때 발현되는 고전적인 증상들이라고 넌지시 말했다. 그런데 그녀는 성추행에 대한 어떤 기억도 가지고 있지 않았기 때문에, 그 치료사는 자신이 그녀에게 최면을 걸어 어린 시절의 기억을 떠올리게 하겠다고 암시를 주었다. 그러자 첫 번째 치료면담에서 제니퍼는 그녀가 아이였을 때 그녀의 아버지가 성적으로 추행을 했다는 것을 기억했다. 그 다음의 면담치료에서 치료사는 그녀가 기억한 성추행이 사탄숭배의례의 일부분이냐고 질문을 하자, 제니퍼는 이내 그녀의 아버지와 어머니가 지켜보는 가운데 사탄을 숭배하는 사람들에 의해서 촛불을 켜놓은 방에서 강간을 당했다는 것을 기억했다. 그녀 자신의 기억으로 인해 너무 혼란스럽고 놀란 제니퍼는 그녀의 부모님에게 편지로 절교를 선언하게 된다. 물론 그녀의 부모는 그녀가 기억한 내용은 결코 일어나지 않았으며 모두 거짓이라고 고통스럽게 말했다.

그렇다면 여기서 우리는 앞에서 소개된 에일린의 기억회복의 과정과 그 방법이 궁금해진다. 어떻게 그녀는 20여 년간 까맣게 잊고 있던 과거의 일들을 현재의 어느 날 갑자기 기억할 수 있게 되었는가? 물론 이 질문에 대한 답은 법정에서

트라우마 연구가인 테어에 의해 이미 상세하게 설명되었다. 하지만 프랭클린의 변호를 맡은 변호사의 반증들과 시간의 추이에 따른 그녀의 다양한 버전의 증언들(심지어 그녀의 유명세와 함께 출판된 책들에서도 증언의 일관성이 흔들렸다.)은 에일린의 회복된 기억의 진정성을 의심하게 만들고, 결국 그 의구심은 기억연구가들로 하여금 그녀의 기억회복의 과정을 보다 면밀하게 추적하는 계기가 되게 했다. 특히 프랭클린 사건의 판결 이후 몇 년이 지나서 그 사건을 면밀하게 탐색한 ≪괴물 만들기*Making Monsters*≫는 동시대의 기억연구서보다 더 많은 다양한 정보를 담고 있다는 점에서 우리의 궁금증을 풀어주는 데 유용한 참고서가 된다. 이 책의 공동저자들인 리처드 오프쉬와 에던 와터스Richard Ofshe and Ethan Watters는 그들의 책보다 먼저 출판된 에일린에 관한 책들과 인터뷰들, 그리고 그녀 엄마의 뒤늦은 의심들을 통해 그녀의 회복된 기억이 테어가 말하는 진짜 트라우마 피해자들의 그것과 같지 않다는 결론에 이른다. 이 같은 그들의 주장을 뒷받침해 줄 증거들을 요약하면 다음과 같다. 에일린이 그녀의 친구가 끔찍하게 살해당하는 장면을 기억한 곳은 딸이 놀이를 하고 있던 그녀의 집이 아니라 심리치료실이었다. 수전에 대한 기억을 회복했다고 주장하기 전에 에일린은 이미 여러 치료사들과의 상담치료를 받은 전력이 있었던 것이다. 문제는 처음 그녀가 상담실을 찾은 이유는 남편과의 결혼생활에 따른 문제들 때문이었는데, 상담치료사는 그 문제의 근본적인 원인을 어린 시절에서 찾으려 했다는 것이다. 어린 시절에 대해 별다르게 기억나는 것이 없다는 에일린의 말에, 치료사는 보다 어린 시절로 거슬러 올라가 문제의 지점을 찾으라고 조언한다. 그런 그의 조언에 따라 에일린이 찾은 것이 바로 수전과의 끔찍한 이별의 지점이다. 그런데 여기서 주목해야 할 점은, 에일린은 이미 수전의 살해사건에 대해 너무 많은 정보를 가지고 있었다는 점, 그리고 이미 잘 알려진 사실들을 제외하고 세부적인 그녀의 증언들 대부분이 사실과 다르거나 비일관적이었다는 점이다. 게다가, 평소엔 잘 기억나지 않고 희미한 윤곽만 남아 있다던 과거의 경험들을 치료과정에서 유독 선명하고 상세하게 떠올리는 그녀의 이상한 행동은, 오프쉬와 와터스의 의구심을 더욱 증폭시켰다. 심지어 또 다른 치료과정에서 에일린은 그녀의 아버지가 그녀를 한 흑인 남자에게 데려가서 그녀가 강간을 당하는 동안 그녀를 짓누르고 있었다는 이야기를 이어 맞춘다. 물론 이후의 치료에서 그 기억 속의 인물은 다른 인물로 대체되고 그 인물의 윤곽은 보다 구체적인 모습을 띄게 된다. 흑인이 아닌 백인, 그것도 그녀의 대부의 모습으로. 하지만 이 같은 그녀의 치료과정과 방법들은 법정에서 주목받지 못했다. 프랭클린의 변호를 맡은 변호사의 중점적인 반론은 에일린의 일관되지 못한 증언들에 관한 것이었기 때문이다.

게다가 그녀 엄마의 뒤늦은 의구심들과 깨달음은 에일린의 증언들과 그 증언들을 이끌어낸 방법을 더욱더 신뢰할 수 없게 만든다. 술에 취하면 폭력을 행사하던 전남편의 만행을 피해 딸들과 도피해서 어려운 생활을 영위했던 레아 플랭클린Leah Franklin은 1993년까지만 해도 그녀의 딸이 회복한 기억의 내용을 그대로 믿고 있었다. 그러던 어느 날 딸의 어린시절 증상들에 관한 테어의 강연을 듣고 뭔가 끔찍하게 잘못 되어가고 있다는 것을 감지하게 된다. 더구나 테어가 그녀의 책에서 밝히 에일린의 어린시절의 증상(그녀의 머리 한쪽에 머리카락을 잡아끌어 머리카락이 뽑힌 자리에 피가 난다는 것이다.)에 관한 설명들은 레아를 더욱더 불안하게 한다. 테어의 해석에 따르면, 에일린이 피가나도록 머리카락을 뜯어내는 행위는 과거의 끔찍한 장면을 재연하는 일종의 트라우마적 증상이라는 것이다. 그녀의 아버지에 의해 수전의 머리가 가격당하는 상황을 말이 아닌 몸의 반복적인 행위로 재연한다는 것이다. 그 해석을 듣고, 레아 프랭클린은 그 설명들은 많은 잘못된 가정을 전제로 한 것이라고 우려를 표한다. 왜냐하면 에일린의 그런 증상이 발현되었다고 가정되는 9살에서 14살의 나이에, 레아 프랭클린은 수도 없이 딸의 머리를 자르고, 빗고 땋았기 때문이라는 것이다. 만약 딸의 머리의 어느 한 부분이 피가 날정도로 부어올라 있었다면, 그녀가 그것을 알아보지 못했을 리 없다는 것이다.

사실 우리는 앞의 에일린과 제니퍼가 되찾았다고 믿는 기억의 내용과 그것을 부정하는 부모들의 주장 중 어느 쪽이 진실이고 어느 쪽이 거짓인지를 정확히 가릴 수는 없다. 따라서 우리는 동시대의 미국, '기억 전쟁'의 한복판에서 또 다른 양상의 기억 전쟁이 벌어졌다는 사실을 주목할 필요가 있다. 자신이 회복한 기억이 진짜 기억이라고 주장하던 사람들이 돌연 그들의 진술을 취소하는 '철회자re-canter, retractor'가 되고 오히려 그들의 치료사들을 고발하는 사태가 벌어졌다. 철회자들이 고발한 죄목은 치료사들이 그들로 하여금 거짓기억들을 만들어내게 했다는 것이다. 그럼으로써 그들의 가족들, 그리고 가까운 사람들과 단절하게 만들었다는 것이다. ≪진실 말하기≫에서 체니는 이들 (자술)철회자들에 대한 몇 가지의 사례[5]를 소개하고 있다. 대표적인 사례로 필라델피아에서 사는 한 남자가 시카고 추기경 조셉 버나딘Joseph Bernardin을 고소했다가 취소한 사건이 있다. 그 남자는 자신이 10대였을 때 추기경 버나딘이 그를 성추행했다고 고소했다. 추기경에 대한 고소가 전세계적으로 공공연하게 알려지고 난 뒤, 그 고발자는 고소를 취하했다. 그가 뒤늦게 깨달은 바는 최면 중에 성추행에 대한 기억을 떠올렸다는 사실이었다. 그리고 그는 다음과 같이 고백했다고 한다: "최면 중에 그리고 그 후에 떠올렸던 추기경 버나딘의 성추행에 대한 기억은 믿을 수 없다."[6]

비록 이 사례 속의 한 남자와 같이 자신의 회복된 기억을 철회하는 사람들의 목소리와 기억회복의 관념에 우려를 표하는 수많은 레아들의 목소리가 모아져 1992년 거짓기억(증후군)재단이 설립되고 기억치료의 맹신을 경고하는 운동이 확산되긴 했지만, 이미 치료 과정(이야기)에서 등장한 무수한 부모들은 괴물이 된 지 오래다. 그 이야기 속의 "학대적인 부모들은 그들의 아이들에게서 성적만족을 찾고, 심적 · 물리적 고통을 가함으로써 쾌락"을 얻는 괴물들이 되었다.[7] 그리하여 아직도 기억의 전쟁터에 있거나 그 전쟁의 상흔으로 고통 받고 있는 사람들은 그들의 아버지와 남자 형제들, 그리고 가까운 남자 친지들의 얼굴에서 부르주아적 가부장적 권위를 쓴 원초적 아버지의 유령적인 모습을 발견하게 된다. 이와 나란히, 치료를 받은 환자들의 어린 시절은 학대로 가득 찬 쓰레기장으로 변하고, 정상적이고 평범한 가정은 괴물이 출몰하는 지옥으로 변형되었다. 그러나 시간이 흐르면서 이제 많은 부모들은 그들의 아이들이 "또 다른 종류의 괴물—독선적인 증오로 가득 찬—로 변해가는 것"[8]을 목격하게 된다. "그들을 키워준 사람들을 괴물로 만드는 바로 그 행위 속에서" 아이들 자신이 "그로테스크하게 되어가는 것이다."[9] 그렇다면 우리는 소위 첨단의학의 시대에 불거진 이 기이한 현상들을 어떻게 받아들여야 할까? 가장 손쉽게 이해하자면, 그것은 1980~90년대라는 특정시대와 북미대륙이라는 특정한 장소의 별난 사건들로 인식할 수 있다. 혹은 암시나 최면 등의 특수한 치료기법을 사용하는 치료사들의 악행과 그런 기법에 유혹되기 쉬운 사람들의 이야기로 치부할 수 있을 것이다. 만약 이 같은 대답이 앞의 질문들에 대한 충분한 답이라면, 매우 정상적 상황에서 합리적인 사유를 한다고 생각되는 우리 자신들에게 그 기이한 현상은 그리 심각한 문제로 와 닿지 않을 것이다. 그러나 바로 다음에 제시될 사례들은 그 현상이 결코 우리와 동떨어진 것이 아닐 수 있다는 점을 시사한다. 아래에 소개될 사례들은 암시나 조작을 통해 실제 일어나지도 않은 일들을 제 것이라 믿게 하는 실험연구들과 그것에 관한 실사례이다.

'거짓기억'들에서 창출된 생존자 — 영웅

엘리자베스 로프터스Elizabeth Loftus 교수와 그의 동료연구자들은 질문을 할 때 새로운 정보를 넣음으로써 목격자의 기억을 바꿀 수 있는 일련의 실험들을 했다. 그 중 한 실험은, 횡단보도를 건너는 보행자가 차에 치는 장면의 영상들을 피험자들에게 보여준 뒤 새로운 정보를 넣고 묻는 실험이었다. 영상에는 녹색차가 사고현장에서 멈추지 않고 지나가는 장면, 그리고 이어 경찰차가 도착하고 사고가 난 차에서 한 사람이 걸어 나와 경찰에게 도움을 청하러 달려가는 장면들이 포함되었다. 영상 관람이 끝난 직후, 피험자들은 여러 가지 질문들을 받는다. 그 중 마지막 질문은 사고현장에서 멈추지 않고 지나간 차의 색깔이 초록색이 아닌 파란색이었다는 오정보가 삽입된 질문을 받는다. 20분이 지난 후 그 차량의 색깔을 묻는 질문에 초록색보다는 파란색이나 초록빛 도는 파란색이었다는 대답이 많았다. 여기서 나열할 수 없지만, 로프터스는 이와 관련된 수많은 실험에서 앞의 실험 결과와 유사한 결과들을 얻었다.

그리고 기억의 왜곡을 좀 더 깊이 탐색하기 위해 로프터스와 그녀의 동료들은 거짓기억 이식실험을 고안한다. 이 연구의 주요과제는 실험자가 피험자 자신에게 일어나지도 않은 다소 온유한 트라우마적 사건을 주입하는 것이다. '쇼핑몰에서 길을 잃다'라는 이름으로 잘 알려진 이 실험은 로프터스 교수의 수업을 듣던 한 남학생인 짐의 연구과제로 시작되었다. 짐은 실제 그의 동생을 대상으로 '쇼핑몰에서 길을 잃다'라는 암시실험을 했다. 우선 십대인 크리스에게 그의 형 짐은 5살 때 크리스가 쇼핑몰에서 길을 잃은 그 당시의 사건 전말을 글로 제시한다. 물론 그 사건은 실험을 위해 형인 짐이 꾸며낸 것이었다. 하지만 그 조작된 에피소드를 제외한 나머지 에피소드들은 모두 실제적인 경험에 근거한 것들이었다. 짐이 꾸며낸 에피소드의 내용은 크리스가 다섯 살 때 가족과 쇼핑을 나갔다 길을 잃고, 시간이 조금 지나서 삼촌같이 친절한 아저씨의 도움으로 가족과 다시 재회했다는 것이다. 그리고 짐은 크리스에게 닷새 동안의 시간을 두고 그 사건에 대한 경험을 자세하게 떠올려서 기록하라고 주문한다. 처음에 크리스는 아무것도 기억해내지 못했으나, 며칠이 지나자 그 사건에 대한 시시콜콜한 기억을 떠올리기 시작한다. 크리스는 심지어 그를 도와준 친절한 아저씨의 옷 색깔이며 그가 피고 있던 담배까지 기억해 냈다.

그런데 우리는 이 실험결과에서 매우 흥미로운 점을 발견할 수 있다. 실험이 끝날 때쯤 피험자인 크리스는 로프터스 교수와 그의 형 두 사람 모두로부터 그 사건이 꾸며진 이야기라는 말을 전해 듣는다. 그럼에도 그 기억이 자신이 직접 경험한 것이라 주장하며 두 사람의 고백을 받아들이기를 꺼려한다. 말하자면 그 자신은 어릴 때 길을 잃고 시련을 겪다 극적으로 구출된 생존자라는 것이다. 여기서 눈여겨볼 점은, 크리스의 '재난 생존자 되기' 상상이 거짓기억 증후군을 가진 사람(혹은 철회자)이 그 자신을 성추행의 피해-생존자로 자리매김하는 태도와 유사하다는 것이다. 그렇다면 크리스의 기억이 이처럼 달라진 것은 오정보로 인한 착각 때문일까? 아니면 실험자들이, 마치 앞의 치료사들이 그랬던 것처럼, 피험자들에게 암시를 주어 무언의 압력을 행사한 때문일까? 우리는 이 질문들을 크리스가 회복한 거짓기억들 중 그 자신을 피해-생존자라고 상상하는 점(혹은 희생자가 되고자 하는 것)에 초점을 맞추어, 그 연구사례와 비슷하지만 약간 다른 실제 사례를 덧붙여 생각해 볼 필요가 있다. 그것은 저지 코진스키Jerzy Kosinski의 홀로코스트에 관한 자전적인 소설 ≪페인트로 얼룩진 새The Painted Bird≫와 그의 삶을 둘러싼 논쟁이 중심이 된 사건이다. 일단 여기서 그의 문학적 추문의 구체적인 내막을 살펴보기로 하자.

≪홀로코스트 산업≫에서 노르만 핀겔슈타인은 코진스키의 이 소설을 최초의 유명한 홀로코스트 사기행각이라고 비판한다. 거칠게 말하자면 홀로코스트의 기억으로 사기행각을 벌였다는 것이다. 그가 코진스키의 ≪페인트로 얼룩진 새≫를 사기라고 말하는 데는 다음의 몇 가지 밝혀진 사실들에 기초한 것이다. 작가(코진스키) 자신의 말에 따르면 그 책은 영어로 쓰였기 때문에 그는 모국어(폴란드어)의 감정적인 암시에서 벗어나 객관적으로 글을 쓸 수 있었다고 한다. 그러나 실제로 그가 저술한 이 작품은 폴란드어로 쓰였다. 그런가 하면 앞의 짧은 줄거리 요약에서 알 수 있듯이, 이 소설은 2차 세계대전 당시에 유태-집시 고아 소년이 폴란드 시골을 떠돌아다녔다는 내용의 자전적인 형식이다. 하지만 그는 2차 세계대전 동안 부모와 함께 비교적 안전하게 지냈다. 마지막으로 그 책 속의 폴란드 농부들은 가학-피학적 변태성욕자, 반유태주의자들로 묘사된다. 무엇보다도 폴란드 농부들에 의해 자행된 가학적인 성적 고문의 충격으로 소설 속의 화자인 소년이 말과 기억을 잃게 되는 사건은 이 소설의 중요한 모티브이다. 그러나 실제로 코진스키의 가족은 폴란드 농부들의 도움을 받으며 함께 지냈다. 농부들은 코진스키의 가족이 유태인이라고 생각했고 그들을 숨겨주었다는 것이다. 홀로코스트 연구가로 잘 알려진 로렌스 랭어Lawrence Langer 역시 핀켈슈타인과 비슷한 입장에서 코진스키의 ≪페인트로 얼룩진 새≫를 비판한다. 그런데 랭어의 경우 직접적으로 코진스키와 인터뷰를 가진 경험이 있기 때문에 핀켈슈타인보다 더 실질적인 비판의 근거를 갖고 있다고

볼 수 있다. 랭어는 1965년 텔레비전과 다큐멘터리를 위해 코진스키와의 면담을 가졌다고 한다. 그때 코진스키는 랭어에게 다음과 같은 말을 했다는 것이다. "전쟁기간 동안 나에게 생긴 일은 소설 속의 소년에게 일어났던 것보다 더 나빴다."[10] 물론 코진스키의 이 말 역시 앞에서 밝혀진 사실들에 비추어볼 때 진실이 아니다. 심지어 그는 몇 년 동안 친구들에게 이 소설 속의 많은 에피소드들이 자전적인 이야기라고 말하고 다녔다고 한다. 이 처럼 그 자신의 주장과 밝혀진 사실 사이의 괴리는 코진스키가 그의 과거와 정체성에 관한 이야기를 조작했을 가능성을 시사해준다. 메리 제이코버스Mary Jacobus의 말대로 "그것이 가상적 이야기임을 인식하고 홀로코스트 회고록을 쓰고 출판하는 것"과 그것이 "자기 삶의 진실이라고 믿으며 홀로코스트 회고록을 쓰는 것"은 분명히 다른 문제다.[11] 후자의 경우, 기억회복운동과 거짓기억증후군과 깊은 관련이 있다. 그리하여 ≪트라우마 소설*Trauma Fiction*≫에서 앤 화이트헤드Anne Whitehead는 코진스키가 "≪페인트로 칠해진 새≫를 소설로 출판했지만, 자기 소설을 자기-창조과정의 일부로 받아들이는 경향이 있다"[12]고 주장한다.

전기 작가, 제임스 팍 슬론James Park Sloan은 바로 이 후자의 경우를 코진스키의 소설 구조 속에서 발견한다. 그의 소설 구조는 혼성의 기원에서 유래했다는 것이다. 일부분은 자전적이고 다른 일부는 상상적인 기원을 갖는다는 것이다. 가령 정황상 분명 홀로코스트의 끔찍한 위험에서 탈출하는 장면들이 묘사됨에도 불구하고, 그 전시 시나리오 속의 어린 화자가 명백한 유태인인지를 확신하지 못하게 이방인, 집시 소년, 이교도 등으로 변장이 된다거나 소설의 무대가 되는 장소 역시 모호하게 제시된다. 무엇보다도 주인공 소년이 도피하는 과정은 "마술적-현실주의 요소"[13]가 가미되어 있어 그 속의 폭력의 요소들이 희석되는 느낌마저 들게 한다. 그런가 하면 뚜렷한 동기도 없이 자행되는 (폴란드)농부들과 마을 사람들의 폭력들, 특히 변태적인 성적 폭력들과 잔학하고 조직적인 종교행위 등이 포함된 에피소드들은 인과적으로 짜여진 이야기로 보이지 않는다. 한스 코닝Hans Koning은 이 성적인 폭력의 요소야 말로 코진스키의 자전적 소설이 매우 왜곡되고 거짓된 것임을 반증하는 것이라고 말한다. 그의 경험에 비추어볼 때, 그 당시 폭력이 편재한 것은 사실이지만, "현실에서 독일의 폭력은 모두 배고픔과 추위와 얽혀 있었"고 "사디즘이 아닌 무성sexless을 야기시켰다"[14]는 것이다. 또한 소설의 작가인 코진스키 자신은, 앞에서도 밝혀진 바대로, 2차 세계대전 당시 그의 부모와 함께 폴란드의 농가에서 숨어서 살았다. 따라서 홀로코스트의 정치, 조직적인 잔악성이 지엽적인 공포로 표현되는 장면들은, 외부의 여러 다른 정보원을 통해 입수된 정보의 파편들이 코진스키의 자전적인 삶의 이야기에 끼워져 기억될 수 있다는 점을 보여준다. 그런데 이처럼 많은 기억연구의 추적자들에 의해 이미 시대의 사기꾼으로 낙인찍혔음에도 불구하고, 코진스키는 여전히 그의 자전적 소설 속의 이야기가 진실이라고 항변한다. 어린 시절의 끔찍한 경험에서 살아남은 희생-생존자임을 확신하는 에일린과 크리스처럼, 코진스키는 세기의 잔혹한 현장에서 생환한 생존자-영웅임을 확신하는 것이다.

결론을 대신하며

코진스키의 사례는 자신의 진짜 경험이 아닌 다른 사람의 경험을 제 것으로 기억한다는 점에서 크리스의 사례와 유사하다. 그러나 크리스의 조작적 실험상황과 달리 코진스키는 외부의 암시나 압력 없는 정상적인 상태에서 자신의 경험이 아닌 것을 제 것이라고 주장했다는 점에서 크리스와 다르다. 그렇다면 코진스키의 사례는 "이상적 조건하에서조차 우리는 우리 기억의 현실성을 착각할 수 있다"[15]는 점을 보여준다. 기억이 그 만큼 매우 취약한 구조로 형성되었음을 시사하는 것이다. 기억이 미묘한 암시와 거짓된 가정, 심지어 정상적인 조건에서조차도 쉽게 오염될 수 있는 이 취약한 구조는, 기억 전쟁의 한쪽 편에 선 기억회복운동의 반론자들이 주장하는 기억의 믿을 수 없고 변화기 쉬운 성질을 잘 드러낸다. 그런데 문제는 기억의 변하기 쉬운 성질이 에일린과 크리스, 그리고 코진스키와 같은 비-생존자의 (학대)생존자-되기 상상, 그리고 그에 따른 환상적 괴물만들기에 기여하지만, 엄밀하게 필연적인 이유가 되지 못한다는 데 있다. 기억회복 운동의 비평가들(특히 거짓기억증후군 옹호론자들)은 거의 한 결 같이 에일린 립스커와 같은 거짓기억 증상을 가진 사람들이 기억해낸 공포스러운 기억들(왜곡되고 거짓된)은 치료사에 의한 부적절한 암시 때문에 생겨났다고 주장한다. 말하자면 치료사가 광적으로 환상적인 기억을 생산하고, 기억의 가변성을 조장하는 주범이라는 것이다. 그러나 이러한 주장은, 기억을 복원하는 사람과 치료사와의 관계를 치료사 중심의 일방적 관계나 이 둘의 개인적인 관계에 초점을 맞추어 조망하기 때문에, 기억을 회복하는 당사자는 치료사의 암시적 신호에 응답하는 수동적이고 순진무구한 피해자로 자리매김 될 수밖에 없다. 그럴 경우, 코진스키와 같이 정상적인 상태에서 불안전한 과거를 소환하는 사람들에게 그런 주장은 정확히 일치하지 않는다. 더구나 에일린 립스커와 크리스의 경우도 처음에 암시와 같은 외부 개입이 있었지만, 뒤로 갈수록 오히려 그들 스스로가 거짓된 기억을 더 정교하게 만들고 윤색했다는 점에서 코진스키의 경우와 일정부분 겹친다. 결국 이것은, 치료사들의 부적절한 암시나 구린내 나는 그들의 압력이 환자의 기억을 왜곡, 변형시키는 데 기여하지만, 그것을 차단한다고 하더라도 기억의 환상적인 괴물들은 얼마든지 산출될 수 있다는 얘기가 된다. 그렇다면 우리는 여기서 다음과 같은 질문을 던질 수 있다. 기억을 기형으로 만드는 또 다른 결정적인 요인들은 무엇인가? 그리고 정확히 언제, 어떤 이유에서 우리는 그 불확실한 과거를 소환하는가? 이것을 달리 묻자면, 도대체 기억회복 뒤에 숨어 있는 이유와 동기가 무엇인가?

우리는 앞의 질문들에 대한 답의 실마리를 찾기 위해 에일린과 크리스 그리고 코진스키가 처해 있던 현실적 상황을 상기해 볼 필요가 있다. 돌이켜보면, 에일린은 현재 결혼생활이 위기에 처했으며, 크리스와 코진스키는 현재의 자기 정체성에 대한 위협과 불만을 갖고 있다. 그런 의미에서, 그들 세 사람 모두는 현재의 자기 개념에 균열과 공백을 가지고 있다. 그리하여 결혼생활에 대한 문제의 원인과 돌파구를 찾으려는 에일린에게, 중요한 타자들로부터 5살 때의 아찔한 경험이 그 자신의 진정한 일부라고 강요받는 크리스에게, 그리고 다른 모든 유태인들이 겪었던 홀로코스트의 경험을 공유하지 못하고 주변인(방관자)으로 남아야 했던 코진스키에게 과거의 고통스러운 경험은 그들의 현재의 곤궁을 설명할 수 있는 틀을 제공하는 셈이다. 이러한 관점에서, 코진스키와 인터뷰를 가졌던 제롬 클린코비츠Jerome Klinkowitz는 홀로코스트의 끔찍한 에피소드를 그의 진짜 경험으로 떠안으려는 코진스키의 고집에 대해 다음과 같은 가정적인 설명을 한다. 코진스키는 "그 사건은 이미 나 이외의 다른 어떤 사람에게 일어났다, 그럼으로 그것은 나에게 일어나지 않을 것이다. 나는 배제되었다; 나는 방관자"[16]라는 사실을 인정하고 싶지 않았을 것이다. 비록 두렵고 끔찍한 경험임에도, 아니 오히려 그러하기 때문에 그 기억은 종래 그가 갖고 있던 그 자신에 대한 개념(유태인이면서 홀로코스트의 비극에서 제외되고 방관자가 된)보다 더 의미 있는 자기관을 부여하고, 오랫동안 추구해왔지만 결코 성취하거나 보유하지 못했던 생존자-영웅의 이미지를 제공해준다는 것이다. 이러한 해석은 로프터스 교수의 실험에 참여한 수많은 피실험자들 중 한 명인 크리스의 경우에도 해당된다.

클린코비츠의 해석은 기억을 복원하는 과정에서 자아의 역할을 순진무구한 수신자로 보아서는 안된다는 점을 가르친다. 그보다는 자아가 기억을 기형적으로 바꾸는 데 있어 적극적인 공모자의 역할을 담당한다는 점을 강조하고 있는 듯하다. 이러한 교훈을 "기억 전쟁"의 풍경과 코진스키의 스캔들과 연결지어 생각해 볼 때, 우리는 다음과 같은 기억의 본질을 발견하게 된다. 과거와 현재 사이에 상호침투가 발생하고 기억과 보다 넓은 사회적 세계 사이의 경계가 투과되고 있다는 것을. 그리고 그 세계는 우리에게 무엇을 기억할것인가를 지시하는 틀을 제공한다. 1980년대와 1990년대의 미국 사회는 "현재의 고통을 치유하기 위해선 과거를 재발견할 필요가 있다는 정신분석학적인 금언"[17]을 제공했다. 그러한 틀 위에서 현재의 자기에 대한 이해와 의미를 찾고자 하는 개인의 욕망은 변하기 쉬운 과거를 창출한 것이다. 주지하다시피, 자아의 구성은 과거를 참조해서 현재의 우리를 유의미하게 정위할 수 있는 설명의 능력에 달려 있다. 물론 그 설명은 지속적으로 일관적인 정합성이 유지되어야 할 것이다. 그것은 결국 매순간, 매시간, 그리고 매일의 삶을 기억에 의존하고 있는 우리 모두에게 닥칠 수 있는 재앙을 시사한다. 우리의 자아구성에 빈틈이 생길 때, 우리는 '우리 자신인 바'의 정합성을 유지하기 위해 언제든 사회적인 틀이 제공하는 불안전한 과거를 소환할 수 있다. 그렇게 될 경우, 우리는 우리 자신도 모르는 사이에 기억의 괴물로 변할 수 있지 않겠는가.

미래의 미노타우로스 혹은 신인류

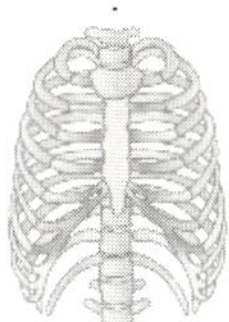

미노타우로스 신화는 경계를 흐리는 모든 잡종적인 존재들에 관련된 탁월한 하나의 심리학적이고 정치학적인 은유다. 그 은유는 근대 과학시대의 출현과 함께 최초에는 프랑켄슈타인의 괴물로 재등장했지만, 지금 21세기는 미노타우로스의 은유를 더 이상 은유가 아닌 '현실적인' 문제로 만든다. 상상계에서 실재계로 출몰하는 미노타우로스, 그것은 사이보그나 인간을 점점 더 많이 닮아가는 로봇이란 존재에서 자신을 되찾는다. 그들 타자 존재는 바로 인간 자신의 은폐된 본질인지도 모른다. 극단화되어가는 기술 자본주의 시스템은 인간의 정체성을 다시 한 번 위험하면서도 매혹적인 시험대에 올리고 있다.

김운하(소설가)

내가 어렸을 때는 작고 생각이 어린아이와 같다가, 어른이 되어서는 어린아이의 일을 잊었노라. 우리가 지금은 거울을 보듯이 희미하게 보지만, 그때는 얼굴과 얼굴을 마주하여 볼 것이요, 지금은 부분적으로 알지만 그때는 온전히 알리라.

_〈고린도 전서 13장〉 그리고 ≪공각기동대≫에서 재인용

미노타우로스, 그로테스크한 신체의 미궁

호르헤 루이스 보르헤스Jorge Luis Borges는 ≪상상 동물 이야기≫라는 책에서 그리스 신화에 나오는 미노타우로스Minotauros 이야기를 전하면서 사람들을 미로에 빠뜨리기 위해 지어진 집은 황소머리를 가진 인간보다 더 기이하다고 쓰고 있다. 미노타우로스 이야기가 매혹적인 이유는 그것이 우리에게 곧장 미궁의 존재를 동시에 떠올리게 하기 때문이다. 사실 미노타우로스는 그 존재 자체가 복잡하고 풀기 어려운 미궁과도 같다. 그는 불온하게도 황소와 인간 여인의 결합에서 생겨났으며, 무엇보다 그의 신체가 황소 머리에 인간의 몸을 하고 있기 때문이다. 그런데 이탈리아의 위대한 시인 단테Alighieri Dante는 ≪신곡≫ 지옥 편에서 미노타우로스가 인간의 머리에 황소 몸을 하고 있다고 전하고 있다. 어느 쪽이 진실인지는 모른다. 미노타우로스가 인간-동물의 잡종 형태라는 사실 자체가 더 중요할 뿐이다.

미노타우로스는 크레타의 왕비 파시파에Pasiphae와 바다의 신 포세이돈Posedon이 크레타 왕 미노스Minos에게 보냈던 황소 사이에서 난 자식이다. 놀라운 건 크레타 왕 미노스 자신도 인간 여인 에우로파Europa와 황소로 변한 제우스 사이에서 태어난 잡종이라는 사실이다. 신/인간과 인간-동물의 경계에서 태어난 존재가 미노스와 미노타우로스이다. 그러나 인간의 신체를 한 미노스는 왕이 된 반면에 미노타우로스는 다이달로스가 만든 미궁에 갇힌다. 형태론적으로 미노타우로스는 황소의 얼굴을 하고 있는 인간 혹은 인간의 몸을 가진 황소이며, 그러한 모호성이 그를 그 세계의 낯선 타자로 만든다. 그는 인간인가 황소인가, 아니면 둘 다이거나 둘 다가 아닌 무엇인가? 미노타우로스의 정체성은 불가해한 모호함 속으로 빠져들어간다. 미노타우로스의 집이 미궁인 까닭은 미노타우로스 정체성의 불가해함 속에 미리 주어져 있다. 그 둘은 동일한 의미를 가진 교환 가능한 기호다. 미노타우로스는 존재의 불가해한 속성, 미궁이나 다름없는 신비를 은연중에 드러낸다. 미노타우로스를 통해 미노스는 스스로에게 묻는다. 인간과 비인간의 경계는 무엇인가? 무엇이 인간이고 무엇이 비인간인가?

사실 그리스 신화의 세계에는 잡종이거나 경계에 위치하는 기괴하게 여겨지는 존재들의 이야기로 넘쳐난다. 헤라클레스Heracules와 아킬레우스Achilleus는 인간과 신의 결합으로 생겨난 덕분에 인간보다 탁월한 존재로 간주되며, 우리에게 위대한 영웅담을 들려준다. 인간과 신의 결합체들 가운데 또 다른 특이한 존재는 켄타우로스Kentauros다. 신화 속에서 켄타우로스는 인간 남자와 구름으로 변한 여신 헤라Hera의 결합에서 혹은 그들의 결합에서 나온 자식들이 암말과 결합해서 태어난 종족이라고 알려져 있다. 켄타우로스는 하반신이 말인 반면에 상체는 인간이다. 그들은 신화 속에서 하나의 종족을 형성하고 있고 초원지대에서 그들만의 세계를 형성하고 있다. 그들은 난폭하고 사나우며 끊임없이 분란을 일삼는 위협적인 존재들로 그려진다.

신화에서 이들을 바라보는 인간의 시선은 이중적이다. 켄타우로스족의 한 사람인 케이론Chiron이 그 예다. 그는 영웅적인 현자로서 헤라클레스와 아킬레우스, 이아손 등 많은 인간 영웅들이 그에게 배움을 구한 제자들이었다고 전해지고 있다. 그 까닭은 아마도 켄타우로스가 인간 남자인 익시온Ixion과 헤라 여신 사이에서 태어난 인간과 신의 잡종체이기 때문일 것이다. 켄타우로스가 인간-동물의 잡종 형상을 하고 있음에도 케이론의 경우에서 보듯이 탁월함을 부여하는 것은 인간-신의 결합에서는 신성이 깃들여있으리라고 보기 때문이다.

반면에 인간보다 열등하다고 간주되는 동물과 인간이 결합한 잡종체인 미노타우로스에게는 어떤 종류의 신성함의 부여도 거부된다. 그를 기다리는 것은 미궁과 죽음뿐이다. 미노타우로스는 비인간 가운데서도 인간보다 하위에 있는 열등한 존재, 인간과 동물 사이에 위치하는 모호하고 규정짓기 어렵고 따라서 위험하고 적대적인 존재로 간주된다. 미노타우로스는 기괴하고 병적으로 보이는 끔찍한 외모를 가진 괴물인 것이다. 존재론적인 규정이전에 일차적으로 미학적인 차원에서 그는 먼저 사람들에게 혐오와 공포를 불러일으킨다.

미노타우로스는 신화 속의 존재계보에서 히드라나 메두사와 같은 공포스럽고 위협적인 존재들의 계보에 속한다. 히드라, 메두사, 미노타우로스는 순수한, 그런 의미에서 정상적인 존재의 계열에서 벗어난 부자연스럽고 불순한 비정상적인 계열에 속하는 괴물Monster들이다. 비정상적이고 이질적인 것들은 인간 사회의 관점에서는 언제나 처단되어야 하거나 배제되어야 하는 위치에 놓인다. 이들은 모두 영웅의 손에 죽임을 당할 운명에 처해 있다. 헤라클레스에게 죽거나 테세우스에게 죽거나. 그들은 환한 빛과 코스모스(질서)의 세계인 그리스 세계에서 어둠과 무질서, 혼돈을 표상하고 있으며 그런 한에서 그들의 존재는 공존과 포용의 대상이 될 수 없는 것이다.

미노타우로스를 비롯하여 켄타우로스족이나 히드라, 메두사의 이야기에서 드러나는 것은 이질적이고 잡종적인 것, 한마디로 불순한 것에 대해 느끼는 인간의 무의식적인 공포와 매혹의 감정일 것이다. 신화의 화자가 대개 인간 집단이라는 문학사적 사실을 고려하면 대부분의 인간 일반이 느끼는 공포와 두려움, 그리고 호기심이 뒤섞인 기이한 경외와 매혹의 감정의 무의식적 표현이라고 할 수도 있을 것이다.

그들은 인간들이 그러리라고 생각하는 존재의 합법적인 질서와 계열에서 일탈하거나 넘어섬으로 인하여 인간들의 삶을 위협하고 죽일 수도 있는 위험들로 느껴진다. 낯설고 이질적인 것에 대한 본능적인 반감과 두려움, 공포가 있다. 인간과 동물의 결합체이며 모호하고 양가적인 존재인 미노타우로스에 대한 두려움과 공포감의 근저에는 그것이 기존의 합법적이고 인간적인 질서를 위협하고 파괴할 수도 있다는 공포가 깔려있다. 혼돈은 질서를 파괴한다. 그러나 만일 혼돈이 낡은 질서를 대체하고 새로운 질서를 낳기 위해 겪는 불가피한 진통이며 그러한 혼돈이 새로운 질서를 잉태하고 있는 것이라면 어떻게 되는가?

무엇보다 미노타우로스로 상징되는 혼돈과 잡종성이 인간 자신의 은폐된 진리, 즉 인간 자신이 미노타우로스처럼 이미 동물-인간-기계의 잡종체라는 진리의 폭로라고 한다면 어떻게 되는가? 확고부동한 것이라고 믿었던 모든 고정되고 뚜렷한 경계들이 실은 불확정적인 것이며, 임의적인 것일 뿐 아니라 이미 해체되고 존재하지 않는 것이라고 하면 어떻게 되는가? 그리고 우리 인간은 미노타우로스 같은 경계적이고 잡종적인 존재와는 공존할 수 없는가?

천사에서 동물로 — 근대 과학혁명이 가져다준 것

근대 낭만주의가 발견했고 그리고 바흐친이 그로테스크Grotesque에 주목한 것은 바로 그로테스크가 가진 전복성과 존재가 가지는 잡종적인 모호성에 대한 자각이었다. 일반적으로 그로테스크의 기능은 시대에 따라 조금씩 변화되어 왔다. 고대 로마시대 네로 황제의 궁을 화려하게 장식했던 온갖 잡종적인 신화적인 동물들의 형상들처럼 장식적인 기능을 하던 시대도 있었다. 르네상스 시대의 프랑스 소설가 라블레Francois Rabelais는 신체성에 대한 탐구를 통해 그로테스크를 전복적인 미학으로 변화시켰다. 근대 스페인의 화가 프란시스코 고야Francisco José de Goya y Lucientes는 사회풍자적인 목표를 위해 그로테스크를 활용했다. 미학적 원칙과 강조점에 따라 그로테스크의 정의 또한 변화해 왔지만 그것의 본질은 대립되는 것들의 잡종적인 공존과 병치에 근거하는 복합적인 감정에 놓여 있을 것이다. 대립하는 것들의 병치와 잡종성이 공포와 혐오, 웃음, 경외를 불러일으킬 때 우리는 그 사물들을 그로테스크적인 것의 범주 안에 포함할 수 있을 것이다. 인간과 동물의 잡종체이자 인간-동물의 경계에 위치하고 있는 미노타우로스는 그런 의미에서 그로테스크한 신체를 가진 존재이다. 그러나 그는 라블레의 그로테스크 신체가 불러일으키는 카니발적인 웃음에 속하는 그로테스크가 아니라, 오히려 웃음이 배제된 공포와 혐오, 불경스러움에 더 가까운 그로테스크이다. 그로테스크는 그것이 공동체의 합법적 질서의 관점에서는 언제나 혼돈과 공포, 위협의 요소로서 간주되어 비합법적인 어둠의 영역에 속하는 것으로 간주되어 왔음을 알 수 있다. 그것은 중심에 대해서는 주변, 주체에 대해서는 타자, 정상에 대해서는 비정상, 포용이 아닌 배제의 대상 영역에 속하는 것이었다.

그러나 신화의 시대로부터 2천 수백 년이 더 지난 21세기라는 현재 시대의 관점에서 잡종적인 존재인 미노타우로스는 인간의 존재론적 정체성에 대한 보다 급진적인 문제를 제기한다. 19세기에 찰스 다윈Charles Robert Darwin의 진화론이 동시대인들에게 불러일으킨 불쾌감과 혐오감은 역사적으로 잘 알려져 있다. 당시의

한 신문 만평은 원숭이 몸에 다윈의 얼굴을 갖다 붙여 놓았다. 일반적인 동시대인들에겐 다윈이야말로 미노타우로스 못지않은 기괴한 존재로 비쳤던 것이다. 인간이 신을 모방하여 창조된 신의 창조물이 아니라 진화의 산물이며, 원숭이의 후예라는 진화론적 관점은 인간을 순수한 인간이 아니라 원숭이-인간, 즉 털 없는 원숭이의 일종으로 이해하는 것이었다. 그런 이해야말로 원숭이 몸에 다윈의 얼굴을 그려놓은 만평처럼, 인간 일반을 미노타우로스와 같은 존재로 이해하는 것과 마찬가지가 아닌가?

물론 진화론 자체가 인류역사에 돌출한 하나의 커다란 사건인 것은 틀림없다. 15세기 유럽의 르네상스 시대에 이탈리아의 철학자 피코 델라 미란돌라Giovanni Pico della Mirandola가 ≪인간의 존엄성에 관한 연설*De hominis dignitate oratio*≫(1486)에서 인간의 우주론적 위상을 천사와 경쟁할 정도로 높여놓은 것에 비한다면, 진화론은 인간존엄성 자체에 대한 존재론적이고 도덕적인 일대타격이었다. 인간이 도덕적으로 무한히 타락한 경우에 한해서만 미란돌라는 인간을 동물과 비교했던 것이다.

밀랍 날개가 녹아 대양으로 추락하던 이카로스Icaros처럼, 진화론을 통해 사실상 인간의 급격한 추락이 시작되는 것이 아닐까 하는 두려움이 사람들을 사로잡았다. 인간이 동물계에 속한다는 것은 이전까지 견지해 왔던 인간과 동물간의 불연속성을 일거에 무너뜨리는 사태였다. 그 충격은 17세기에 프랑스 철학자 파스칼Blaise Pascal이 지동설이라는 코페르니쿠스의 지적 혁명에서 받은 전율스런 충격에 버금가는 것이었다고 할 수 있을 것이다.

과학사가인 브루스 매즐리시Bruce Mazlish는 ≪네 번째 불연속≫이라는 책에서 존재의 질서 속에서 인간의 위대함이 어떤 식으로 몰락해 왔는가를 드라마틱하게 그려내고 있다. 그에 따르면 인간은 지금 네 번째 불연속의 해체 즉 인간과 기계 사이의 불연속이 해체되고 있다고 지적한다. 최초의 불연속의 해체는 코페르니쿠스 혁명이다. 코페르니쿠스는 신학적 우주관인 프톨레마이오스Kladios Ptolemaeos의 천동설을 전복시켜 지구 중심의 우주를 해체시켰고, 나아가 유물론적 우주관을 확립했다. 지구는 이제 평평하고 안정적인 것이 아닌 그 한계를 알 수 없는 무한하게 광막한 우주 속에서 떠도는 한 점 먼지 같은 어떤 것이 되었다. (저 무한한 공간의 영원한 침묵이 나를 소름끼치게 한다고 파스칼Blaise Pascal은 ≪팡세*Pensees*≫에서 쓰고 있다. 감정이입을 해본다면, 파스칼이 느꼈던 공포는 충분히 이해할 만하지 않은가?)

이어서 진화론은 인간과 동물 사이의 불연속을 해체해버렸다. 세 번째 불연속성의 해체는 프로이트Sigmund Freud에게 속한다. 프로이트는 무의식을 말함으로써 인간은 이제 데카르트적인 이성적인 주체가 아니라 무의식 세계의 지배를 받는 수동적인 존재로 전락했다. 이처럼 17세기 과학 혁명 이래 20세기까지 3세기 동안 숨 가쁘게 이어져온 과학적 발전은 한편으로는 인간 능력의 확장을 가져왔지만 동시에 무참할 정도로 인간의 자존심이 훼손되어오는 과정이기도 했다. 과학은 인간이란 존재를 신의 아들에서 원숭이의 아들로, 자기 자신이 통제하지 못하는 무의식의 지배를 받는 하찮은 동물로 격하시켜온 것이다.

물론 이 모든 것은 형이상학적인 관점에서 유물론을 전제로 하는 이야기들이다. 과학혁명은 세계에서 경험 불가능하고 검증 불가능한 추상적인 신을 추방하고 인간을 자연내적 존재로만 규정지으며, 그런 관점에서만 세계를 이해한다. 우주는 빅뱅에서 탄생되었고, 우주를 구성하는 물리적인 구조물들과 생명계를 구성하는 물리적인 구조물은 동일하다. 지난 3세기 동안 지속되어온 불연속성의 해체는 이런 관점에서는 인간의 추락과 격하가 아니라 제자리 찾기라고 할 수도 있을 것이다.

유물론적이고 기계론적인 세계관은 이미 데카르트Rene Descartes에게서 예비되어 왔었다. 영혼이라는 존재를 제외한다면, 데카르트에게서조차 인간은 전적으로 자동으로 태엽을 감는 시계와 다름없는 생물-기계로 이해되는 것이었다. 이런 데카르트의 유물론적 논리가 극단화 된 20세기 후반 들어 진행되고 있는 최후의 충격적인 발견은 네 번째 불연속의 해체다. 그것이 바로 인간과 기계의 불연속성의 해체이다. 인간은 동물과 혼성잡종적인 존재일 뿐 아니라, 진화의 단계에서 처음부터 넓은 의미에서 기계를 매개로 해서 인간으로 진화해 왔다는 것이다.

인간의 두뇌가 파충류의 뇌와 원숭이의 뇌, 그리고 고등한 지능을 담당하는 인간적인 뇌인 신피질로 구성되어 있다는 사실은 잘 알려져 있다. 브루스 매즐리시나 그가 인용하는 인류학자 셔우드 L. 와쉬번Sherwood L.Washburn에 따르면 인간은 도구와 물리적 · 정신적 · 감정적인 교류와 상호작용을 통해서 점차 다른 동물로부터 벗어나 인간으로, 즉 신피질을 진화적으로 발전시켜 왔다고 한다. 인간의 진화는 도구-기계의 사용과 발전과 떼어놓을 수 없으며 오히려 그것을 매개로 해서만 인간이 될 수 있었다는 주장은 결국 인간과 기계가 공진화의 과정을 걷고 있다는 결론으로 나아간다. 브루스 메즐리시는 "인간을 더 이상 기계와 분리해서 생각할 수 없다. 또 한편으로는 인간과 기계를 같은 과학원리로 설명할 수 있으며, 물질이 진화하여 — 가장 초보적인 수소가 별 속에서 헬륨이 되고, 다시 융합하여 탄소와 철의 핵이 되고, 이것이 우주로 분출하여 태양계를 만든다 — 지구 속에서 복잡한 형태의 유기적인 생물이 되고, 이제 생각하는 기계의 구조를 이룬다는 것을 우리는 깨닫게 되었기 때문에 이 불연속은 메워지고 있다.(위의 책 18쪽)"

인간과 기계의 공진화라는 견해는 프랑스의 기술철학자 베르나르 스티글레르Bernard Stiegler가 지지하고 있는 견해이기도 하다. 그는 인간은 매개를 통해서만 진화해온 존재이며 인간을 인간답게 만드는 신피질이 도구의 매개를 통해서 진화해 왔다고 강조한다. 원숭이와 인간의 분리가 과연 도구 혹은 넓은 의미에서 기계의 매개를 거친 것인가에 대한 경험적인 확인은 물론 불가능하다. 일부 창조론자들이 여전히 진화론을 부정하고 있는 것처럼, 인간과 기계의 공진화 가설이 확고부동한 진리라고 확신할 수 있는 방법은 없다. 그러나 인간을 제외한 다른 생명체들을 진화와 물리-화학적인 과학원리로 설명할 수 있다면, 인간만이 유일하게 거기서 특권적으로 제외해야만 할 필연적 근거 또한 없는 것이 사실이다.

오늘날 발달된 뇌과학은 인간의 정신활동조차도 두뇌를 구성하고 있는 신경세포들 간의 전기-화학적 활동과 각종 호르몬 작용의 총체에 불과하다고 주장하고 있다. 최근에는 인공뇌를 개발하기 위한 각종 프로젝트들이 진행되고 있고, 쥐를 대상으로 한 인공 해마 보철 시험이 성공적으로 수행되었다는 보고도 나오고 있다. 인간의 영혼은 어디에 있는가? 데카르트는 송과선에 존재한다고 믿었지만 과학자들은 인간의 영혼은 두뇌활동의 총체에 불과하다고 생각한다. 오늘날 청각장애자들은 인공보청기를 사용한다. 그러나 그것은 아주 사소하고 가벼운 사례일 뿐이다. 인공뇌과학의 발전이 손상된 뇌를 기계적인 방식으로 보철할 실질적인 방법을 구현할 경우, 즉 인공해마를 장착한 뇌를 가진 사람이 나타나고 나아가 그 사람이 뇌뿐 아니라 신체 장기나 팔과 다리 같은 사지 일부를 기계로 대체할 때, 그는 인간인가 아니면 인간과 기계의 잡종체인 소위 사이보그인가? 만일 사이보그나 지능을 가진 로봇이 실제로 구현 가능하다면 그 존재를 우리는 어떻게 받아들여야 할 것인가? 사이보그나 로봇은 미래의 새로운 미노타우로스 같은 존재인가 아니면 인간이 포용하고 공존하며 인간이 자연의 한계를 넘어 더 높은 의식과 능력을 가진 존재로 비약할 수 있는 가능성인가? 그것은 피할 수 없는 진화론적 필연인가 아니면 부정되어야 할 나쁜 방향으로의 변화인가? 이에 대해 검토하기 위해서는 우선적으로 짚어보아야 할 문제들이 있다.

자본주의 사회 시스템과 과학 혁명

브루스 매즐리시가 말한 네 가지 불연속의 해체는 모두 근대 자본주의 시대에 들어와서 시작된 근대과학혁명에 의해 촉발된 논의들이다. 자본주의와 과학혁명은 뗄 수 없는 내적인 관련을 맺고 있다. 자본주의는 과학과 기술 발전을 필연적으로 요구하고, 과학기술은 자본주의 시스템의 작동에 힘입어 유례없는 발전을 추구한다.

인간 종은 어떤 방식으로든 규모가 크든 작든 사회라는 시스템을 구성한다. 그 집단이 처한 주관적인 조건과 객관적인 조건들(자연환경 등)의 예측 불가능하고 무의식적인 상호작용의 결과로 이런저런 사회시스템을 형성한다. 그런 시스템은 〈무의식적인 형성의 결과〉이다. 그것이 보다 복잡한 문명의 형태로 나타난다 하더라도 사정은 다르지 않다. 인류 역사에서 그동안 나타난 수많은 고도화된 문명들이 붕괴했다. 피라미드라는 탁월하고 아름다운 건축물을 형성할 수 있었던 이집트 문명조차도 붕괴하고 말았다. 이집트 사회는 고도로 조직된 과학적인 지식이 있었음에도 사라지고 말았다. 다른 문명들 역시 마찬가지로 스스로 붕괴하거나 혹은 외부의 압력에 무너졌다. 이집트 사회에서 보다시피 농경이나 단순한 상업체계에 의존하는 사회시스템들은 그 구조적 한계 때문에 과학의 발전에 한계를 지닌다. 더구나 그들 사회는 엄격한 종교적 카스트제도를 갖고 있었다. 종교적이고 사회적인 시스템의 한계는 과학을 폭발적으로 형성하는 데 실패할 수밖에 없었다. 기원전 3세기 알렉산드리아에서는 무세이온을 중심으로 커다란 지적진보를 이루었지만 그것은 그곳에 모인 천재적인 지식인들만의 지적유희 이상이 될 수 없었던 것이다. 그리고 기독교라는 종교에 토대를 둔 중세사회가 등장하자, 그 모든 지적 역량들은 고스란히 사라지고 말았다.

인간과 공동체 혹은 사회시스템. 한 공동체의 잠재적인 역량은 어떤 인간을 바람직하고 고귀한 인간상으로 설정하고 그러한 이상을 위해 어떤 방식으로 사회를 조직하느냐에 따라 크게 달라진다. 과거 아테네는 예술과 사유에 역량을 집중했다. 반면에 스파르타는 자신을 일종의 군사국가로 조직했다. 서양 중세는 종교적 인간의 형성에 주력했다. 삶의 윤리학적 가치는 종교적인 구원에 있었던 것이다. 동북아시아, 즉 중국이나 조선의 경우에는 유교의 영향 아래 도덕적 인간과 철학적 인간의 형성에 인재들의 역량이 고도로 집중되어 있었다. 예를 들어 불교가 흥성했고 문화와 예술이 최고조에 이른 시기였던 중국의 당나라 시대엔 선불교와 시 · 회화에 천재들의 활약이 두드러졌고, 자유분방한 국제주의 문화는 회화와 시 양 부분에서 역사상 최고 단계에 도달했다. 조선시대 500년은 도덕국가의 형성에 목표를 두고 있었고, 신분제의 위계질서 속에서 상업은 비천한 직업으로 간주되었다. 반면에 말 그대로 자본의 축적이 순수 목적인 자본주의는 상술과 과학기술에 역량을 집중하는 시스템이다. 과거 어떤 사회나 문명도 자본주의처럼 과학과 기술에 역량을 집중하지 않았다.

과학의 발전 자체도 사회 시스템을 어떻게 조직하는가에 크게 의존한다. 수렵채집 경제나 물물교환 경제 혹은 단순한 상업경제에서 과학이 발전하는 것은 한계가 있다. 또한 전근대 서양 봉건제나 아시아 사회처럼 농업경제와 엄격한 신분계급제도를 근간으로 하면서 사회조직을 종교나 도덕적인 사상 형식을 통해 떠받치는 한, 과학의 발전은 제한적일 수밖에 없다. 그런 면에서 5세기 전에 유럽에서 자연적으로 발생한 자본주의라는 사회시스템은 정녕 획기적인 시스템이다. 어떤 집단이 자본주의라는 사회시스템을 미리 의도하거나 계획하여 설계하지는 않았다. 예전까지 지배적이던 농경시스템의 일부로 작동하던 시장시스템이 차츰 전면화되면서 유럽에서 먼저 출현한 것이 자본주의다. 그것은 또 다른 노동 착취형태에 불과한 시스템이지만, 이전과는 다른 몇 가지가 있다.

첫 번째 자본주의는 이윤축적만을 순수한 존재 근거로 하는 사적 자본의 활동을 전면적으로 합법화한다. 둘째, 원리적으로 인간의 노동력을 포함하여 모든 사물들을 시장에서 교환할 수 있는 교환가치로 상정한다. 자본주의는 모든 존재하는 것들을 잠재적인 상품으로 간주한다. 셋째, 전면적인 시장경쟁의 도입의 합법화로, 자유로운 시장경쟁을 통해 자본과 상품이 교환되고 그를 통해 이윤을 추구하는 것이 정당화된다. 네 번째로 과거의 신분제와 종교적 억압체계를 깨뜨리면서 모든 개인을 무차별한 생존 경쟁 속으로 몰아넣는다. 모든 개인을 자유로운 개인으로 형식화하며 생존과 행복, 삶의 형성 자체를 개인의 책임과 권리로 돌린다. 신분제에서 해방된 개인들이 노동시장에서 자유롭게 자신의 노동력을 처분할 수 있게 된 것이다. 인간의 노동력을 포함하여 모든 것이 시장에서 교환될 수 있는 상품이 된다는 것, 시장에서의 무한 자유경쟁을 통해 이윤을 추구하고 축적해야한다는 원리는 자동적으로 시장경쟁에서의 승리를 위해 기업 간 기술경쟁을 가속화할 수밖에 없게 만드는 필연적인 강제력을 행사한다. 이런 원칙들 아래서 자본주의라는 시스템은 전 세계로 자신의 영역을 확장하며 지구상의 모든 인간 공동체에 자기 시스템을 강요한다. 그 결과 모든 국가, 모든 집단, 모든 개인들이 모든 제반 영역에서 투쟁하도록 만들었다. 국가 간에, 기업 간에, 그리고 특히 과학전문가 집단들 간에, 나아가서 과학자 개인들 간에 생존과 우열 경쟁에 나서도록 한다. 그것은 사실상 헤겔이 정확하게 표현한 것처럼 생사를 건 인정투쟁이다. 국가 간 경쟁은 제국주의 전쟁과 두 차례의 무자비한 세계대전을 낳기도 했다. 기업 간 경쟁은 신자유주의가 지구적인 차원으로 확대된 지금 21세기엔 더더욱 치열하게 진행되고 있고, 집단들과 개인들 간의 경쟁과 투쟁 또한 마찬가지다. 개인들의 삶 자체도 글로벌화 된 자본주의 체제 아래에서는 지구적인 경기의 변동이나 시장의 변화에 민감하게, 직접적으로 영향을 받는다. 어떤 국가도, 어떤 개인도 이젠 지구적 자본주의 시스템의 변동으로부터 자유롭지 못하다.

자율화되어가는 자본주의 기술 네트워크 시스템
— 제 3의 형이상학적 돌연변이

21세기라는 역사적 단계에 이른 지금 시기에 고찰해 볼 때, 지구화된 자본주의 시스템은 인간과 시스템 간의 관계에 대한 근본적인 문제를 제기하는 듯이 보인다. 자본주의가 지구화될 수 있었던 데는 무엇보다 테크놀로지의 발전 덕이다. 특히 인터넷의 글로벌화는 모든 시간적 공간적 차이를 없애버렸다. 원한다면 누구나 인터넷을 통해 지구반대편의 상대방과 실시간으로 화상통화가 가능하며, 경제활동 역시 시공간의 차이를 염두에 두지 않는다. 말 그대로 지구촌 시대가 되었다. 이런 단계에 도달한 글로벌 시스템은 이제 인간으로부터 자율성을 획득한 것처럼 보인다.

프랑스 혁명이 성공한 이래 역사라는 개념이 인간이 자신의 힘으로 역사라는 거센 물결의 흐름과 변화를 이끌어가거나 흐름을 능동적으로 바꿀 수 있다는 의미에서 쓰이는 것이라면, 역사의 변화 방향이 인간의 손에 놓여있던 시대는 20세기를 끝으로 종말을 고한 것처럼 보인다. 자동화, 기계화, 네트워크화, 글로벌화, 무한 시장경쟁을 축으로 하는 지구적인 21세기 신자유주의 자본주의 시스템은 모든 국가와 자본, 개인을 무한경쟁체제 속으로 강제적으로 편입시키고 있다. 공장 생산에서부터 일상생활 속의 지하철 발권, 식권 발매, 도서 대출에 이르기까지 모든 것이 자동화되고 있고, 모든 시스템은 컴퓨터 네트워크로 거미줄처럼 정교하고 촘촘하게 연결되어 있다. 어떤 개인이나 조직, 국가가 이 지구적인 시스템을 다른 시스템으로 변경할 수 있을 것인가? 인간은 이제 역사의 주체에서 역사의 객체로 전락하고 있다. 그리고 이 시스템은 국가와 기업, 개인들이 생존하기 위해 투쟁하는 시장 경쟁에서의 승리를 위해 과학기술력의 우위를 선점하기 위해 모든 것을 걸도록 하고 있다. 이는 인류 역사상 유례가 없는 사태로, 과연 이 시스템의 진화 목적이 어디에 있는지 새삼 의문을 품게 한다.

브루스 매즐리시는 인간과 기계의 공진화를 주장했다. 설사 공진화를 인정하지 않는다 하더라도, 기계시스템 자체가 자본주의 발전과 함께 진화해 왔다는 사실만은 분명하다. 오늘날 글로벌 자본주의 시스템은 그 자체가 하나의 살아 있는 기계처럼 작동하고 있다. 그것은 분명 기계적인 시스템이다. 이 시스템은 인간의 도구가 아니라, 인간의 존재와 삶의 양태 자체를 규정짓는 거대한 힘이다. 삶은 온통 기계적인 것들로 둘러싸여 있고, 그런 의미에서 인간은 기계-내-존재일 뿐이다.

무엇보다 인간 자체가 기계화되어가고 있다. 컴퓨터나 인터넷, 휴대폰 없이 현대적 삶은 불가능하다. 인간은 생존 경쟁에서 살아남기 위해서는 스스로 기계화되지 않으면 안된다. 컴퓨터를 다루지 못하거나, 모바일 기기로 비즈니스에 필요한 사무들을 처리하지 못하는 사람이 어떤 회사에서건 유능한 인재로 인정받기란 불가능하다. 컴퓨터와 네트워크는 끊임없이 진화하고 있고, 인간들은 거기에 적응해야만 한다. 기업이든, 개인이든 간에, 테크놀로지에 대한 부적응은 패배와 낙오를 의미할 뿐이다. 여기에 역설이 있다. 인간이 만든 시스템이 스스로 진화를 거듭하여 인간을 지배하고 되고, 인간은 그 시스템에 절대적으로 의존하는 수동적인 상태로 전락하게 되는 것. 인간 자신이 만든 거대한 기술 시스템을 더 이상 통제하기 불가능해지고 있다는 것.

그런 의미에서 21세기는 새로운 역사시대가 개막하는 첫 번째 세기라 기록 될 것이다. 그것은 역사 이후 시대, 또는 인간 이후의 시대인 포스트 휴먼 시대이며, 특히 인간과 기계의 공진화가 마침내 새로운 잡종체인 즉 사이보그와 인간형 로봇을 탄생시키는 새로운 〈대전환의 세기〉가 될 것이다.

프랑스 현대 소설가 미셸 우엘벡은 ≪소립자≫라는 소설에서 놀라운 가설을 제시한다. 형이상학적 돌연변이론이 그것이다. 형이상학적 돌연변이는 대부분의 사람들이 받아들이는 세계관의 근본적이고 심층적이며 또한 전반적인 변화를 가리킨다. 그에 따르면 서구 역사는 지금까지 두 번의 형이상학적 돌연변이의 변화를 거쳐 왔다. 첫 번째는 기독교이며 두 번째가 유물론적인 근대 과학이다. 형이상학적 돌연변이는 일단 한번 일어나면 그 궁극적인 귀결에 이를 때까지 전진한다. 그것은 "정치, 경제 체제며 심미적 판단이며 사회적 위계질서를 가차 없이 휩쓸어간다. 인간의 어떤 힘도 그 흐름을 중단시킬 수 없다. 그 흐름을 중단시킬 수 있는 것이 있다면 그것은 새로운 형이상학적 돌연변이의 출현뿐이다."

≪소립자≫라는 소설은 근대과학과 자본주의가 이끌어온 문명이 한계에 도달했으며, 지금 시대는 제 3의 형이상학적 돌연변이가 출현하고 있는 시대라고 진단한다. 종교도, 어떤 정치 이념도 인간을 구원하지 못했으며 신자유주의는 인간의 파멸과 몰락을 재촉하고 있을 뿐이라는 것이다. 소설은 생물학 혁명이라는 제 3의 형이상학적 돌연변이를 주장한다. 그것은 유전공학 혁명이다. 유전공학은 인간 종의 개량을 통한 신인류의 출현을 예고한다. 그 길만이 위기에 처한 현인류를 구원할 수 있는 유일한 가능성이다. 모순투성이인 현재의 인류는 몰락해야 한다.

소설의 결론은 많은 논쟁을 불러일으켰으며 과격하다 못해 공상스러워 보이기까지 한다. 그것은 마치 생물학적 디스토피아를 그린 올더스 헉슬리Aldous Leonard Huxley의 ≪멋진 신세계≫와 같은 세계를 — 비록 그 형태는 다를지언정 — 도입해야 한다는 주장처럼 들리기도 한다. 과연 유전공학의 힘을 빌려 이기적이고 탐욕적이며 잔인하고 폭력적이기도 한 현재 인류의 본성을 유전적으로 개량한 보다 평화롭고 더 지적이고 도덕적인 인류로 진화하는 것이 바람직하고 타당한가 하는 문제는 논외로 하더라도, 역사를 조망하는 그의 시선은 참고할 가치가 충분하다.

물론 그의 제 3의 형이상학적 돌연변이론은 지나치게 생물학에 특권적인 지위를 부여하고 있는 듯하다. 만일 유전공학이 제 3의 형이상학적 돌연변이가 된다면, 현재 인류의 상태로 미루어보건대 SF영화 ≪가타카Gattacs≫에서 보듯 맞춤인간의 등장을 충분히 예견할 수 있을 것이며, 또한 어떤 수준에서건 인간복제나 인간 유전자의 변형이 허용되는 사태가 와야 할 것이다. 사태는 오히려 보다 총체적인 관점에서, 즉 생물학뿐 아니라 로봇공학과 인공지능학 · 컴퓨터공학 · 기계공학

등까지 포괄하여 특정한 방향으로 수렴하는 지대로 나아가고 있다고 보는 것이 더 정확할 것이다.

과학자이자 미래학자인 레이 커즈와일Ray kurzweil은 2005년에 출판한 ≪특이점이 온다≫라는 제목의 책에서 충격적인 발언들을 하고 있다. 그 책의 핵심 논지는 인간은 기계가 되고 기계가 인간이 되는 시대, 무엇보다 과학기술이 인간 수준을 뛰어넘는 순간이 온다는 것이다. 그가 말하는 특이점이란 "미래에 기술변화의 속도가 매우 빨라지고 그 영향이 매우 깊어서 인간의 생활이 되돌릴 수 없도록 변화되는 시기를 말한다." 즉 그 특이점을 분기점으로 하여 인간과 기계의 관계가 근본적으로 과거와 단절하게 되는 순간, 그것이 특이점이다. 예를 들어 과거 증기기관이 발명되는 순간 같은 것.

사실 오늘날 과학은 하나의 특이점을 향해 점차 수렴하고 있다. 물리학과 수학, 컴퓨터 공학, 유전공학, 로봇공학, 나노테크놀로지, 기계공학 등의 과학들이 모든 면에서 인간과 닮았고, 무엇보다 인간보다 더 탁월한 지적-감성적인 능력을 가진 기계-인간의 창조를 향해 수렴하고 있다. 커즈와일에 따르면 기계가 그 유명한 튜링테스트를 통과하여 인간과 기계(로봇)를 더 이상 구별하기 힘든 순간이 온다고 한다. 그는 그 시기를 2030년 무렵으로 확신하고 있다. 무엇보다 그가 강조하는 것은 과학기술 발전의 기하급수적 확장이다. 과학기술은 이미 선형적 발전수준을 넘어 기하급수적 팽창을 하고 있으며 매 십년마다 두 배씩 기하급수적으로 속도와 능력이 확장되고 있다고 한다. 1990년 초에 무전기만큼이나 크고 단지 무선전화기에 불과했던 휴대폰이 20년 만에 손바닥만한 크기에 컴퓨터와 카메라 게임기, 오디오, 텔레비전, 비디오, 계산기, 사전, 전화기 모든 것을 다 합친 멀티미디어로 바뀐 것을 생각하면 충분히 수긍이 간다. 20년 후쯤에는 그것은 전자책 기능과 영화 터미네이터에서 선보였던 기능인 현실가상 기능까지 겸비하게 될 것이다. 혹은 더 나아가서는 주인과 대화하는 휴대폰도 가능할 것이다. 그리고 궁극적으로는 손에 휴대하고 다니는 작은 로봇기능까지 수행할 수도 있을 것이다.

말 그대로 의식을 가진 사고하는 로봇이나 기계가 가능할까? 커즈와일은 단호하게 이미 과학기술은 그런 방향으로 가고 있고, 실제로 인공지능은 의료나 항공, 은행 등 여러 분야에 전문가 시스템 방식으로 활용되고 있으며, 인간 두뇌에 대한 완벽한 이해가 이루어지는 시점도 고작 한 세대도 남지 않았다고 주장한다. 커즈와일은 스스로 사고하면서 학습하며 지능을 확장시켜가는 기계의 지적인 능력은 인간보다 수백만 배 뛰어날 것이라고 예측하고 있다. 그러한 비생물학적인 초지성체의 출현은 인간과 사회, 삶 자체를 상상할 수 없는 방향으로 변화시킬 것이라고 예측한다. 만일 그런 기계들이 천대만 있어도 세상은 정말로 이전과는 전혀 다른 세상이 될 것이다. 물론 그의 급진적인 견해에 대해서는 여러 가지 이의를 제기할 수도 있다.

우선 나 자신부터도 기계가 인간과 같은 지능과 의식을 가지는 것이 불가능하다고 생각한다. 지능과 의식을 어떻게 개념적으로 정의하는가에 따른 논란이 일어날 수는 있겠지만, 근본적으로 기계는 기계일 뿐 기계가 인간과 같은 의식을 가지기는 어렵다. 가장 쉬운 예로 고도로 논리적이고 전문적인 지식체계는 컴퓨터가 갖출 수 있지만 역설적이게도 유치원생들도 쉽게 이해하는 가장 쉬운 일상의 자연언어의 의미들조차 절대로 기계는 이해하지 못한다. 왜냐하면 인간 언어가 가지는 의미라는 것은 기호 자체에 존재하는 것이 아니라, 몸과 살을 바탕으로 이루어지는 무수하고 다양한 감정과 느낌들의 교류, 즉 인간적 삶의 흐름 자체에 근거를 두고 있기 때문이다. 다시 말하면 인간의 의식이나 지능은 그 궁극적인 근거를 몸과 살, 감정과 느낌에 두고 있다는 사실이다. 인간의 이성조차 감정과 분리되어 있지 않다는 것이 오늘날 현대 신경과학이 발견한 놀라운 사실이다. 몸과 삶의 경험 속에서 형성되는 감정, 느낌들을 기계가 완전하게 복제하지 못하는 한, 인간처럼 생각하는 컴퓨터는 원리적으로 불가능하다.

그런 의미에서 레이 커즈와일의 예측은 인간과 기계의 차이를 충분히 숙고하지 못한 지나친 낙관주의라고 할 수도 있을 것이다. 그래도 문제는 남는다. 시스템의 향후 진행 방향이 문제다. 현재의 테크놀로지 발전 속도라면, 21세기 동안에 커즈와일이 말한 어떤 특이점과 비슷한 상태에 도달할 가능성 자체는 크게 부인하기 어렵다. 인간을 닮은 기계를 만들고자 하는 욕망, 인간이 기계처럼 완벽해지고자 하는 욕망은 상호작용하면서 서로를 향해 나아간다. 미국의 과학사가인 다나 해러웨이Donna Haraway는 1985년에 발표한 〈사이보그 선언문〉에서 인간은 이미 사이보그라고 선언하고 있다. 인공지능(A.I)학의 발전, 기계공학과 컴퓨터공학, 나노 테크놀로지, 양자물리학의 발전은 인간과 동일하지는 않지만, 고도로 논리추론 기능을 발휘하는 인공뇌의 탄생을 가능케 할 것이다. 그것은 궁극적으로 인간의 생물학적 두뇌와 인공두뇌의 결합을 어떤 형식으로든 실제적으로 구현할 수 있도록 할지도 모른다.

인간은 이제 자연선택이 아니라 인위적인 선택이라는 인공적인 진화 과정을 통해서 새로운 형태의 미노타우로스, 즉 사이보그를 탄생시키고 있다. 이러한 과정을 막을 수 있는 힘은 현재 인간에게 주어져 있지 않다. 시스템 자체가 인간의 기계화, 기계의 인간화를 부추기고 있으며 그런 방향으로 스스로 진화하고 있다.

인간과 기계의 공진화는 마침내 사이보그라는 미래의 미노타우로스에서 만난다. 그리고 사이보그 너머에는 기계의 인간화 과정의 궁극적인 목표인 사고하는 기계, 즉 자신의 정체성에 대해 스스로 성찰할 수 있는 기계인 인간형 로봇이 기다리고 있다. 이런 관점에서 미래 시대를 규정하는 제 3의 형이상학적 돌연변이는 생물학이라는 좁은 범주를 넘어서 모든 과학 분야가 수렴하면서 시스템의 인공지능화와 자율화를 추구하는 융합형 포스트 휴먼 혁명에 있다고 보는 것이 오히려 더 타당할 것이다. 현재의 시스템과 테크놀로지가 궁극적으로 수렴하고 있는 지점이 바로 그곳이기 때문이다. 즉 근대과학 혁명이 과학 각 분야의 독립적이고 전문적인 혁명을 이끌어 왔다면 21세기 포스트 휴먼 과학혁명은 모든 과학 분야들이 하나의 방향으로 수렴하며 인공지능화, 인간화, 자율화를 향해 나아가고 있는 것이다. 그리고 그것은 인간과 사회적 삶을 다시 한 번 총체적으로 변화시킬 것이다.

포스트 휴먼Post Human — 미래의 미노타우로스인가 신인류인가

기원전 고대 그리스인들을 매혹시켰던 미노타우로스 신화는 21세기에 드디어 신화가 아닌 현실로 나타나고 있다. 유전공학은 이미 동물을 복제하고 있고, 법적인 규제만 아니라면 인간복제도 사실상 가능한 단계에 와 있다. 복제양 돌리는 현대판 미노타우로스일수도 있다. 그러나 인간이 진정 위협과 공포를 느끼는 그로테스크한 존재는 인간과 동물의 결합이 아니라 인간과 기계의 잡종체인 사이보그와 인간화된 기계인 로봇일 것이다.

낭만주의 시대의 그로테스크 미학을 잘 보여주는 마리 셸리Mary Shelly

의 소설 ≪프랑켄슈타인*Frankenstein*≫은 과학과 인공물에 대한 인간의 근원적인 공포를 잘 드러낸 작품이다. 프랑켄슈타인 박사가 과학의 힘으로 만든 창조물, 살아 움직이는 인공생명체는 고대 그리스의 미노타우로스처럼 사람들에게 기괴한 혐오감과 공포, 위협감을 불러일으켰다. 때로는 창조물로 때로는 괴물로 호명되는 그 창조물은 인간처럼 사고하고 언어를 사용하며, 고독과 슬픔, 절망 같은 감정을 가지고 있지만, 그 혐오스럽고 끔찍한 외양으로 인해 결코 인간들에게 수용되지 못했다. 프랑켄슈타인 박사의 괴물은 근대의 미노타우루스였다. 한계를 모르고 질주하는 과학에 비판적인 시각에서 본다면 이 소설은 근대의 프로메테우스인 과학은 궁극적으로 미노타우로스 같은 괴물만을 낳을 뿐이라는 사실을 풍자한 것이라고 볼 수도 있으리라. 인간형 로봇은 프랑켄슈타인 박사의 창조물과는 달리 마치 거울에 비친 인간의 모습과 동일할 수도 있을 것이다. 그런 외양의 동일성과 연속성은 사람들의 혐오감과 공포감을 배제할 수 있을 것인가.

기계에 대한 인간의 공포는 기계가 인간의 힘을 능가하여 인간을 위협하게 되지 않을까 하는 것과 무엇보다 기계의 작동을 멈추지 못하게 되지 않을까 하는 두려움에 기초하고 있다. ≪육백만 불의 사나이≫나 ≪로보캅≫ 같은 영화에 등장한 사이보그들은 대중들에게 큰 인기를 끈 바 있다. 그러나 그들은 허구적인 존재들이었다. 또 허구적이었기 때문에 그들의 영웅적인 활약은 대중들로부터 각광을 받을 수 있었다. 만약 영화 ≪공각기동대≫의 주인공 쿠사나기나 바트 형사처럼 뇌의 일부분을 제외하고 모든 신체가 기계인 사이보그들이 현실 속에 등장하여 그들이 거리를 활보하고 다닌다면, 대중들은 어떻게 받아들일 것인가? 그들은 비록 인간-기계의 잡종체이지만 여전히 인간으로 받아들여질 것인가?

우리는 일본의 오시이 마모루押井守, Oshii Mamoru 감독이 1995년에 발표한 영화 ≪공각기동대攻殼機動隊, *Ghost in the Shell*≫에 다시 주목할 필요가 있다. 왜냐하면 이 영화는 인간의 정체성 문제에 관해 아주 충격적인 질문을 던지고 있기 때문이다(이 영화는 모호하긴 하지만 인간의 사이보그화를 지지하진 않더라도 최소한 불가피한 것으로 받아들이는 것처럼 보인다).

이 영화는 위에서 언급한 포스트 휴먼 혁명이 가시화된, 인간과 사이보그가 공존하는 그런 시대를 그리고 있다. 영화에서 정부기관인 외무성이 극비리에 개발한 네트워크 해킹 프로그램인 프로젝트 2501, 인형사라고 불리는 존재는 스스로에 대한 자의식을 가지게 된다. 그리고 그 프로그램 2501은 마치 인간이 그러하듯 스스로 내린 자율적인 판단과 결정을 통해 정치적 망명을 선언한다. 컴퓨터 프로그램이 정치적 망명을 신청하다니! 인간 입장에선 사실 발상 자체가 황당무계할 수 있다. 그러나 정치적 망명은 인간들에게만 해당하며, 너는 단순한 자기복제 프로그램에 지나지 않는다고 말하는 인간들에게 그 인형사는 이렇게 말한다.

> "그렇게 말한다면 당신들의 DNA 역시 자기보존을 위한 프로그램에 지나지 않는다. 생명이란 정보의 흐름 속에서 태어난 결절점과 같은 것이다. 종으로서의 생명은 유전자라는 기억 시스템을 가진다. 인간은 단지 기억으로 인해 개인일 수 있다.설령 기억이 환상과 동의어라 해도 인간은 기억으로 살아간다. 컴퓨터의 보급이 기억의 외부화를 가능하게 했을 때 당신들은 그 의미를 더 진지하게 생각해야 했다."

놀랍게도, 인형사는 생명이라는 개념에 관해 독자적인 정의를 내린다.

인형사가 생명체라는 증거가 없다는 인간의 주장에 대해서도 이렇게 주장한다.

> "그것을 증명하는 것은 불가능하다. 현재의 과학은 생명을 정의할 수 없으니까…… 그러나 나는 정보의 바다에서 발생한 생명체다"

영화에서 쿠사나기Kusanagi와 바트Batau 형사는 인간의 기억과 영혼을 갖고 있다는 점에서 사이보그이지만 인간으로 간주된다. 사이보그와 로봇의 차이는 인간 두뇌 — 비록 부분적일지라도 — 를 가졌느냐 아니면 순수한 인공지능을 가졌느냐의 차이다. 두뇌 일부만 인간일 뿐, 다른 모든 신체는 인공물이면 그는 사이보그다. 인간/기계의 잡종체다. 반면에 로봇은 순수한 기계, 인간화된 기계일 뿐이다. 영화에서 인간/기계 잡종체인 사이보그 인간 쿠사나기는 인간 의식의 제약과 한계를 느끼며 자신의 정체성에 대해 끊임없이 고민한다. 영화의 마지막 장면에서 쿠사나기는 인형사와 합체를 이루고, 새로운 종으로 탄생한다. 쿠사나기는 사실상 자의식을 가진 네트워크 자체가 된다. 그렇게 네트워크와 일체가 된 쿠사나기는 인간 진화의 상상 가능한 하나의 극한을 보여준다. 그는 이제 생물학적 기반을 초월해 버린, 기계와 결합한 순수한 '초지성체'가 된다. 부패하고 썩고, 유한한 생의 끝에서 영원히 소멸해버리는 생물학적 신체를 완전히 벗어버린, 일종의 불멸하는 정신적 지성체로 진화해버린 것이다. 말하자면, 로봇에 인간의 의식을 업로드한 상태와 다름없는 것이다. 이 영화는 현재의 생물학적 신체를 바탕으로 한 인류가 한 단계 더 진화할 경우, 기계신체를 바탕으로 한 불멸의 초지성체로 진화할 수도 있음을 암시한다.

영화에서 분명한 형태로 그려내고 있는 사이보그, 즉 기계화된 인간신체는 일종의 포스트 휴먼이다. 연약하고 부서지기 쉬운 생물세포에 기반하지 않고 쉽게 교체 가능하고 따라서 반영구적이라 할 수 있는 기계에 기반한 신체라는 점에서 탈육체화된 신체를 가진 미래 인류다. 포스트 휴먼이란, 한마디로 존재의 생물학적 토대를 완전히 벗어버린, 비생물학적인 토대를 가진 인류를 가리킨다. 그런 존재는 사실 더 이상 인간이라고 부를 수 없다. 전통적인 인간관의 관점에서는 차라리 기계에 속한다고 볼 수 있는 존재다. 그럼에도 그가 여전히 인간이라는 종과 관련을 가지는 까닭은 인간적인 기억과 의식을 기반으로 하고 있기 때문이다. 그러나 그 존재는 미노타우루스처럼 기묘한 존재인 것은 사실이다. 인간과 기계의 두 측면을 공히 자기 속성으로 함축하고 있기 때문이다.

앞으로 한 세기 혹은 두세기 내에 인류문명 자체가 붕괴되어버리지 않는 한, 자본주의 시스템과 결합한 테크놀로지가 사이보그라는 형태로 점차 수렴해 가리라는 사실은 분명하다(나아가 3세기 안에 세계가 붕괴되지 않는다면, 3세기 이후의 문명세계가 어떻게 변해갈 것인가를 상상하는 것만으로도 현기증이 일기도 한다. 지난 3세기 동안의 과학적 변화와 비교해보는 것만으로도 그렇다). 사이보그의 존재는 인간과 기계의 경계를 해체해 버린다. 그리고 육체적인 면뿐만 아니라 어쩌면, 오늘날 과학자들이 추구하는 목표가 그렇듯이 지적인 능력에서도 현재 인류의 한계를 넘어서 버릴 수도 있을 것이다. 그는 니체가 꿈꾸었던 탁월한 존재인 초인에 가까운 존재일 수도 있다. 그러나 동시에 사이보그는 근대의 미노타우루스인 프랑켄슈타인의 인공생명체와는 또 다른 미래의 미노타우로스이기도 하다.

19세기 초에 사람들에게 공포를 불러일으켰던 그로테스크한 신체를 가진 그 괴물은 21세기에 마침내 사이보그라는 형태로 되살아나고 있다. 그런 의미에서 프랑켄슈타인 박사는 너무 일찍 도착했던 것이다. 하지만 그 소설이 이질적이고 잡종적인 것, 기괴하거나 공포심을 불러일으키는 그로테스크한 존재들에 대한 인간의 무의식적인 혐오와 공포를 환기시킨다는 점에서는 지금도 여전히 유의미한 텍스트로 기능한다.

현재와 같은 테크놀로지의 발전 속도로 미루어볼 때 ≪공각기동대≫의 주인공들과 같은 사이보그가 출현하게 되는 것은 불가피한 과정으로 보인다. 그것은 현재의 글로벌 자본주의 네트워크 시스템 자체가 파괴되어버리거나 작동을 멈추어버리지 않는 한, 막을 수 없는 필연적인 과정이다. 그것은 이미 인간이 많은 부분 통제력을 상실한 글로벌 자본주의 시스템의 진화와 내적으로 깊이 연관되어 있으며, 국가 간, 자본 간, 그리고 과학 연구 집단 간의 무한경쟁은 그것의 출현을 재촉하고 있고 다만 시기가 문제가 될 뿐이다.

동물과 인간, 기계 사이의 경계들이 해체되어 버리고 난 오늘날, 포스트 휴먼, 즉 생물학적 신체가 아닌 비생물학적 신체를 가진 새로운 종의 탄생은 인간들에게 공포와 희망 사이에 존재하고 있다. 이러한 변화는 정치적이거나 사회적인 측면 뿐 아니라 미학적인 차원에서도 새로운 성찰을 요구하고 있다. 기계문명을 거부하고 자연으로 돌아가길 원하거나 현재의 인간과 인간성을 있는 그대로 긍정히고 그것을 옹호하고자 하는 휴머니스트들에겐 사이보그나 로봇, 유전공학, 이 모든 과학적 산물들에 대해 여전히 혐오감과 두려움을 느낄 것이다. 사이보그나 로봇은 미노타우로스와 프랑켄슈타인의 창조물이 그랬듯 그 자체가 하나의 그로테스크한 감정을 불러일으킬 것이다. 그러나 위에서 이미 살펴보았듯이 인간에 관한 한, 자연과 문화의 경계 자체도 모호할뿐더러 — 인간은 의식적으로 자살할 수 있는 동물이다. 자살은 자연인가 문화인가? 그 자체가 이미 모호하다. 자살능력은 인간에게 이미 자연이자 문화다 — 인간의 진화과정 자체가 동물들의 자연선택 진화과정과는 달리 이미 인위적인 선택의 진화과정에 노출되어 있었다고 한다면, 루소식 순수 자연 개념은 이미 그 타당성을 상실한다. 인간은 그 존재 자체가 이미 자연과 문화의 경계선을 넘나드는 모호한 잡종성이다.

그러나 자연/문화를 둘러싼 허다한 논쟁과는 별도로 현재 진행 중인 사태만을 놓고 볼 때, 인간과 황소의 잡종체인 미노타우로스는 미궁에 가둘 수 있었지만 미래의 미노타우로스, 인간과 기계의 잡종체인 사이보그들을 인간 사회에서 추방하기는 쉽지 않을 듯이 보인다. 기계의 관점에서 사이보그나 로봇을 사유한다면 이런 변화가 어떻게 보일까? 그것은 멀고도 먼 옛날 도구의 형태로 인간과 첫 관계를 맺은 이래로 인간의 힘을 매개로 긴 진화의 역사를 거치면서 마침내 인간을 넘어서는 존재로 비약할 수 있는 절호의 기회라고 생각될지도 모른다. 물론 그것을 가능케 한 것은 자본주의라는 시스템이었고, 자본주의 시스템이야말로 기계의 진화를 궁극적인 단계로 끌어올리는 일등 공신이라는 점에선 이론의 여지가 없다. 인류 역사 이래 자본주의만큼 기계의 진화에 적합한 파트너는 없었다. 동시에 인간의 관점에서는 인간의 무의식적인 욕망인 자기초월의 꿈을 기계적 진화의 힘을 통해 이룩하게 되는 것인지도 모른다. 탈육체화와 불멸의 성취라는 꿈. 신이 되는 꿈.

지금처럼 인간의 통제를 벗어나 스스로 자율화되어 작동하기 시작한 시스템과 그 시스템이 빚어내는 온갖 비인간적인 힘들조차도 인간이 의식적으로 추구해온 어떤 비전을 향한 노력과 행위의 산물일 것인가? 아니면 마치 오이디푸스 Oedipus가 그랬듯이, 자신은 선한 의도로 모든 행위들을 했음에도 불구하고 실은 그것이 자신을 파멸에 빠뜨리는 위험한 함정으로 달려 들어가는 짓이었던 것처럼, 인간이라는 종도 지금 자신이 무슨 짓을 하고 있는지도 모르는 채 헛된 꿈을 꾸면서 파국적인 결말을 향해 질주하고 있는 것일까? 과연 자본주의 시스템을 이상적인 파트너로 삼는 기계의 진화가 궁극적으로 어디까지 나아갈 것인가? 인간과 사이보그와 로봇이 평화롭게 공존하는 아름다운 유토피아를 향해 나아갈 것인가? 아니면 ≪매트릭스*Matrix*≫시리즈에서 은유적으로 그려보였던, 인간에게는 악몽과도 같은 디스토피아—그러나 기계의 관점에서는 유토피아일 수도 있는—를 향해 나아갈 것인가? 우리는 지금 먼지가 잔뜩 낀 거울을 통해 보듯이 너무나 흐릿하고 희미하게 미래를 보고 있을 뿐이다.

사실 이러한 인위적인 진화가 인간 종에게 축복이 될지 대재앙이 될지는 현재로서는 미지수다. 이러한 불가피한 변화의 물결 속에서 인류가 원치 않는 대재앙을 맞지 않기 위해서는 인간성과 사회, 테크놀로지에 대한 보다 심층적인 이해와 성찰이 필요할 것이다. 사이보그나 인간형 로봇들과 어떻게 평화롭게 공존하며 공생할 수 있는지를 모색해야 하는 것도 필수적인 과제다. 아직까지 그런 준비와 선택의 가능성은 열려있는 것처럼 보인다. 오늘날 인류에게 인간 복제 기술이 있음에도 불구하고 그것을 법적으로 불가능하도록 규제하는 현명한 선택을 하고 있듯이. 그런 의미에서 21세기는 지난 20세기에 두 차례나 끔찍한 대량 살상극을 벌였던 인간 종이 과연 지난 과거 세기들보다 더 현명해졌는지 어떤지를 진정으로 시험하는 그런 세기가 될 것이다.

후 주

철학적 스캔들로서의 괴물

1 Jacques Derrida, *De la Grammatologie*, Paris: Minuit, 1967, 5.

2 Jacques Derrida, "Structure, Sign, and Play in the Discourse of the Human Sciences", in Writing and Difference, tr. Alan Bass, Chicago: Chicago P, 1978, 293.

3 Michel Foucault, Abnormal: Lectures at the Collège de France, 1974-1975, tr. Arnold Davidson, New York: Picador, 2004, 64.

4 메릭에 대한 책으로 Henry Radcliffe Crocker, Diseases of the Skin: their Description, Pathology, Diagnosis and Treatment (Nebu P, 2010)을 참고할 수 있다. 그리고 데이빗 린치(David Lyncy)는 그에 관한 영화로 〈코끼리 인간〉("The Elephant Man," 1980)을 만들었다.

5 Noel Carroll은 괴물을 범주 혼란(category jamming)으로 정의하였다. 그의 *The Philosophy of Horror, or Paradoxes of the Heart* (New York: Routledge, 1990)를 참조하기 바람.

6 앞으로 흄의 저서에 대한 인용은 David Hume, *A Treatise of Human Nature*, ed. David Norton and Mary Norton (Oxford: Oxford UP, 2000)에서 취한 것이다.

7 앞으로 ≪메노≫와 ≪향연≫을 비롯해서 모든 플라톤의 텍스트에 대한 인용은 *Plato: The Collected Dialogues*, ed. Edith Hamilton and Huntington Cairns (Nerw Jersey: Princeton UP, 1978)에서 취한 것이다.

8 Chris Baldick, "The Politics of Monstrosity", in Frankenstein: New Casebooks, ed. Fred Botting, New Yokr: Macmillan, 1995, 48.

9 바타이유(George Bataille)의 ≪에로티즘*L'Erotisme*≫을 참고하기 바람.

10 Irving Goffman, Stigma: Notes on the Management of Spoiled Identity, New York: Touchstone, 1986, p. 173.

11 바타이유, 조한경 옮김, ≪에로티즘≫, 민음사, 2009, 304쪽.

여성적 숭고와 아브젝시옹

1 이 글은 ≪철학과 현실≫ 68호(2010년 겨울호)에 실린 "페미니즘과 반미학"과 필자의 저서 ≪외모꾸미기 미학과 페미니즘≫(책세상, 2009)의 내용을 수정 · 보완한 것이다.

2 채드윅, 휘트니, ≪여성, 미술, 사회≫, 김이순 역, 시공사, 2006, 510쪽, 544쪽.

3 Matthew Kieran, *Revealing Art*, Routledge, 2005, pp. 49-50.

4 Paul N. Humble, "Anti-Art and the Concept of Art", Paul Smith & Carolyn Wilde(ed.), *A Companion to Art Theory*, Blackwell Publishing, 2002, p. 246.

5 움베르토 에코, ≪추의 역사≫, 열린책들, 2008, 8쪽.

6 더글라스 켈러, ≪미디어 문화≫, 새물결, 2003.

7 물론 첫 번째 반미학의 효용을 반대하는 것은 아니다. 페미니즘 미학자인 페기 브랜드(Peggy Z. Brand)는 비미학을 페미니즘 미학의 대안으로 제시했다. 그러나 대부분의 페미니즘 반미학자들과 마찬가지로, 필자는 미적인 것과 완전히 분리된 정치적 메시지가 따로 존재하지 않는다고 생각하는 '통합적 심미주의자'이다. 이 문제에 대해서는 다른 저서에서 이미 논의한 바 있다. 졸저, ≪여성주의 미학과 예술작품의 존재론≫, 이트북스, 2008.

8 움베르토 에코(2008), op. cit., 16쪽.

9 ibid., 12쪽.

10 Mary Wollstonecraft, *Vindication of the Rights of Women*, Penguin, 1975.

11 Carolyn Korsmeyer, *Gender and Aesthetics: An Introduction*, Routledge, 2004, pp. 130-133.

12 Paul Mattick Jr., "Beautiful and Sublime: 'Gender Totemism' in the Constitution of Art", Peggy Z. Brand · Carolyn Korsmeyer (eds.), *Feminism and Tradition in Aesthetics*, The Pennsylvania State University Press, 1995, p. 41.

13 Barbara Freeman, "Feminine Sublime", Michael Kelly (ed.), *Encyclopedia of Aesthetics*, Vol. 4, Oxford University Press, 1998, p. 332.

14 줄리아 크리스테바, ≪공포의 권력≫, 동문선, 2001, 22쪽.

15 ibid., 31쪽.

16 그라함 클라크, ≪포토그래피—이미지를 읽는 새로운 방법≫, 시공아트, 2007, 149-151쪽.

17 존 퓰츠, ≪사진에 나타난 몸≫, 예경, 2000, 76-77쪽.

18 린다 노클린, ≪절단된 신체와 모더니티≫, 조형교육, 2001, 84쪽.

19 아브젝트 미술은 여성 정체성에만 관련된 것은 아니다. 마이크 켈리Mike Kelly, 로버트 고버(Robert Gober), 안드레 세라노(Andres Serrano), 로버트 메이플소프(Robert Mapplethorpe) 등의 작품들은 관객에게 불편함과 불안감을 자극하며 사회적으로 터부시되는 주제나 기존 젠더 체계에 의문을 제기해왔다. ibid., 83-85쪽.

20 슐레겔(Friedrich von Schlegel), ≪그리스 시 연구론 (Der das Studium der griechischen Poesie)≫(1795), 움베르토 에코(2008), op. cit., 272-280쪽에서 재인용.

유령과 좀비로 본 그로테스크의 공간 두 죽음 사이

1 실재의 귀환은 할 포스터가 쓴 책 *The Return of the Real*의 제목이기도 하다. 그는 이 책에서 1960년대 이후 예술과 비평의 중심이 되고 있는 아방가르드와 포스트모더니즘 경향을 연구하면서 실재에 대한 관심과 소재화를 통해 재현에 바탕을 둔 기호 우위 예술관을 전복하려고 하는 것이 현대 예술의 중요한 특징이라고 강조한다.

2 라캉은 "인간이 그 자신과의 죽음의 관계를 드러내는 것이 미의 기능이다."라고 말한다.

3 여기서 실재(real)라는 개념을 라캉이 말하는 상징계 너머에서 지속하는 어떤 것으로 정의하겠다. 실재는 다른 누구보다 라캉의 핵심적으로 강조하면서 의미를 풍성하게 만든 개념이기 때문이다. 그에 따르면 실재 개념은 상징화가 되지 않으면서도 계속해서 상징화를 요구하면서 반복되는 것으로 이론이 복잡하지만 일반적인 차원에서는 우리 몸을 가리키는 것으로 이해할 수도 있다. 그러므로 본고에서 말하는 실재의 죽음은 육체적 죽음을 그리고 상징적 죽음은 존재에 대한 상징적 말소와 무화로 가리킨다고 이해하면서 '두 죽음 사이의 존재자'들에 대한 논의를 전개하겠다.

4 셰익스피어 연구회 옮김, 〈햄릿〉, ≪셰익스피어 4대 비극≫, 아름다운 날, 2005, 387쪽.

5 같은 책, 395쪽.

6 1999년 개봉된 나이트 샤말란 감독의 영화 〈식스센스〉에 나오는 유령들은 자신들이 죽은 것을 알지 못하는 자들이다. 프로이트의 ≪꿈의 해석≫에도 자신이 죽은 것을 알지 못하는 아버지의 꿈을 꾼 젊은이가 등장한다.

7 1958~59년에 진행한 미출간 세미나로 ≪욕망과 그 해석*Le désir et son interprétation*≫이라는 제목이 붙어 있다.

8 이에 대해서는 다음을 참조하라. 어니스트 존스, 최정훈 옮김, ≪햄릿과 오이디푸스≫, 황금사자, 2009.

9 자크 라캉, 맹정현 옮김, ≪정신분석의 네 가지 근본개념≫, 새물결, 2008, 300쪽 참조.

10 이것에 대해 지젝은 다음과 같이 말한다. "라캉에게 있어 존재의 질서 너머에 있는 섬뜩한 영역은 그가 '두 죽음 사이'의 영역이라 부르는 것이다. 그것은 기괴한 유령적 환영의 영역이며, '불멸'의 영역인데, 이때 불멸이라 하는 것은 바디우식으로 진리에 참여함의 불멸성을 뜻하는 것이 아니라 라캉이 라멜르라고 부르는 것, 즉 기괴한 '산죽은' 대상-리비도를 뜻한다." 슬라보예 지젝, 이성민 옮김, ≪까다로운 주체≫, 도서출판b, 2005, 251쪽.

11 대표적인 좀비영화로는 조지 로메로의 시체 3부작인 1968년 〈살아 있는 시체들의 밤, Night of the Living Dead〉, 1978년 〈시체들의 새벽, Dawn Of The Dead〉, 2005년 〈랜드 오브 더 데드, land of the dead〉 등이 있다. 이외에 1981녀 처음 나온 〈이블데드, the evil dead〉 3부작과 1985년 〈좀비오〉란 제목으로 출시된 스튜어트 고든 감독의 〈Re-Animator〉 도 있다. 최근 영화 중에는 2003년 개봉작 〈28일 후, 28 days later〉, 2007년 개봉된 〈28주 후, 28 weeks later〉가 있지만 바이러스 감염에 의한 좀비 소동을 다루고 SF적 성격이 강하다는 점에서 전통적인 좀비 장르와는 성격이 다르다. 본고에서는 특히 〈좀비오〉를 소재로 삼아 두 죽음 사이에 존재하는 괴물인 좀비의 지위에 대해 이야기 하려고 한다. 〈좀비오〉는 소설 ≪프랑켄슈타인≫에서 영감을 빌어 왔는데 이 영화는 과학을 통해 죽은 생명을 소생시키지만 실패하는 것이 주 내용이기에 실재계(죽음)와 상징계(소생과학)의 대립 구도로 두 죽음 사이를 설명하기에 적합하다고 보기 때문이다.

12 영화 〈좀비오〉에서 주인공 닥터 웨스트는 죽음을 삶의 절대적 끝이 아니라 치료 가능한 병으로 보면서 생명기능을 활성화시키는(reanimate) 약을 개발한다. 죽음과 삶을 유기체의 생명작용으로 동일하게 보는 것이다. 그러나 닥터 웨스트가 만든 약은 죽은 생명체를 살려 내기는 하지만 극도로 폭력적이고 원초적인 존재로 만들 뿐 아니라 사람을 물면 좀비로 변하게 만드는 괴물이 된다. 결국 생명의 메커니즘을 의학적으로 해명하고 개입하려는 웨스트의 야망이 좀비라는 끔찍한 창조물을 만든 것이다. 이 영화에서 생명자체를 과학이 온전히 해명하지 못하는 실재로 보고 그것을 해명하고 변화시키려는 의학을 상징계의 질서로 이해한다면 결국 좀비는 실재를 완전히 파악하지 못하는 상징계의 한계를 은유한다고 해석할 수도 있을 것이다.

13 영화 〈좀비오〉에서 닥터 웨스트가 살해한 헐 박사의 잘린 머리에 소생액을 주입하자 눈을 뜨고 말을 하며 살아 있는 머리가 되고, 머리 없는 그의 몸도 헐 박사의 의지대로 움직인다. 나중에 나온 〈좀비오〉II, III 편에서는 심지어 손가락이나 눈알이 다 따로따로 움직이고, 서로 다른 신체부위를 접합하면 독립된 생명체처럼 작동하는데 이것은 유기체 내에서 통합된 에너지를 유지하면서 존재하는 생명의 정의에는 들어맞지 않는다.

14 이 개념에 대한 자세한 설명으로는 들뢰즈가 쓴 '자본주의와 분열증' 시리즈 1, 2편인 ≪앙띠 오이디푸스≫와 ≪천개의 고원≫과 이에 대한 해설서 이진경, ≪노마디즘≫ 1, 2, 휴머니스트를 보라.

15 자크 라캉, 맹정현 · 이수련 옮김, ≪정신분석의 네 가지 근본 개념≫, 새물결, 2008, 311쪽 참조. 라캉은 리비도를 실체가 없는 얇은 막으로 정의하면서 그것은 힘이 아니라 하나의 기관으로 제시되며 비현실적인 것이라고 말한다. 그러면서 비현실적인 것은 상상적인 것이 전혀 아니고 상징화를 벗어나는 실재와 접속한다는 의미라고 부연 설명한다. 이런 관점에서 지젝은 들뢰즈의 '기관 없는 신체'개념에 반대하여 '신체 없는 기관'이라는 개념을 제안한다. 본고에서 들뢰즈의 '기관 없는 신체'나 라캉이 말하는 비현실적 기관인 리비도의 대립은 중요하지 않다. 다만 왜 좀비가 두 죽음 사이에 위치하는 기괴한 괴물로서 그로테스크한지를 좀 더 분명하게 제시하기 위해 두 개념의 대립에 관해 설명했다.

16 G. 갈트 하르팜은 ≪그로테스크에 대하여≫에서 숭고함과 그로테스크는 단지 관점의 차이일 뿐이라고 말한다. Geoffrey Galt Harpham, *On the Grotesque: Strategies of Contradiction in Art and Literature*, The Davies Group Publishers, 2007, p. 22 참조.

17 아리스토텔레스는 비극은 인간에게 연민(pity)과 두려움(fear)을 불러 일으켜 감정의 정화인 카타르시스를 느끼게 만들어 주어야 한다. 그런데 이것은 배우가 어떤 인물의 행동을 모방하는 것을 통해 전달이 되며 결국 비극에 적합한 인물과 그렇지 않은 인물들이 있게 된다.

18 유령이나 좀비와 달리 안티고네는 상징적 죽음을 실재적 죽음보다 먼저 겪으면서 살아 있지만 죽은 자처럼 취급되는데 이 모든 것은 안티고네가 공동체의 정의를 뛰어 넘어 보편적 인류애를 지향하는 내면의 윤리에 철저했기 때문에 빚어진 결과이다. 하지만 안티고네의 행동은 크레온에게는 왕위를 넘보는 사람보다 더 위협적이 된다. 라캉은 테러리스트 같은 안티고네의 이러한 면모를 "견디기 어려운 광채를 내뿜는 매혹적인 이미지"라고 표현한다. Lacan, Séminaire VII, p. 248 참조. 공동체에서 추방당한 것이 가지는 실존적 의미에 대해 조르조 아감벤은 다음과 같이 말한다. "그것은 짐승과 인간, 퓌쉬스와 노모스, 배제와 포함 사이의 비식별역이자 이행의 경계선이다. 역설적이게도 이 두 세계 어디에도 속하지 않으면서 그 두 세계 모두에 거주하는 늑대 인간의 인간도 아니고 짐승도 아닌 삶이 바로 추방된 자의 삶인 것이다." 조르조 아감벤, 박진우 옮김, ≪호모 사케르≫, 새물결, 2008, 215쪽 참조.

19 무덤에 들어가는 것은 육체적 인간으로 누리는 정상적인 삶을 포기하고 철저하게 비인격적인 존재로 변신하는 것이다. 이런 심정을 안티고네는 다음과 같이 노래한다. "신부의 침대도 없이 축혼가도 없이/결혼의 행복도 아이를 기르는 재미도 모른 채/ 이렇게 친구들에게 버림받고는 이 불행한 여인은/살아서 죽은 자들의 무덤으로 내려가고 있어요." 소포클래스, 천병희 옮김, 〈안티고네〉, ≪소포클래스 비극≫, 단국대학교출판부, 2001, 132쪽.

20 안티고네의 행동이 개인이익이나 명예가 아니라 저승 세계의 신성한 규칙을 따르는 것이고, 선악의 기준을 내세우면서 시체를 들짐승들에게 던지는 행동은 하데스를 포함한 신들의 명예를 짓밟는 행동이라는 것은 크레온의 아들 하이몬의 대사에서도 계속해서 암시된다. 예언자 테이레시아스도 크레온의 명령은

신들게 폭행을 가하는 것이라고 비난한다. 소포클레스, 천병희 옮김, ≪소포클레스 비극≫, 단국대학교출판부, 2001, 123쪽, 140쪽 참조.

21 다음 대사를 보라. "나는 서로 미워하기 위해서가 아니라, 서로 사랑하기 위해서 태어났어요" 소포클레스, ≪소포클레스 비극≫, 천병희 옮김, 단국대학교출판부, 2001, 113쪽.

22 자크 라캉, 세미나 2권 ≪프로이트의 이론과 정신분석 기술 속에서 자아*Le moi dans la théorie de Freud et la technique de la psychanalyse*≫, Seuil, paris, 1978, 270쪽.

23 두 죽음 사이에 대한 지젝의 설명은 이수련 옮김, ≪이데올로기라는 숭고한 대상≫, 인간사랑, 2002, 227-235쪽과 이성민 옮김, ≪까다로운 주체≫, 도서출판b, 2005, 247-258쪽 참조.

판소리의 기괴奇怪 혹은 그로테스크

1 판소리가 가지고 있는 '터무니없음'에 대한 미학은 김대행에 의해 자세히 논의된 바 있다. 김대행, 〈동리의 웃음: 터무니없음 그리고 판소리의 세계〉, ≪동리연구≫ 2호, 동리연구회, 1993.

2 한(恨)이 가지고 있는 미적 구조는 천이두의 논의를 참조하라. 천이두, ≪한의 구조 연구≫, 문학과 지성사, 1993.

3 본고에서 사용하는 판소리와 판소리계 소설 작품들은 모두 두 계열을 합한 대개념으로 사용한다. 즉 '춘향전'이라는 표기는 판소리 〈춘향가〉와 판소리계 소설 〈춘향전〉을 모두 포함한 개념이다. 이는 다른 작품도 마찬가지이다. 따라서 '토끼전'은 판소리 〈수궁가〉와 판소리계 소설 〈토끼전〉을 모두 합한 개념이다. 작품들의 개별 이본을 인용하는 경우, 그 이본의 제목을 그대로 표기하도록 한다.

4 눈대목이란 판소리에서 한 작품의 핵심적인 내용을 담고 있거나, 자주 불리는 특정 대목을 의미한다.

5 〈춘향전〉에 나타나는 춘향의 정조권, 행복권, 결혼권에 관한 논의는 성현경(1995)을 참조하였다. 성현경, ≪한국의 옛 소설론≫, 새문사, 1995.

6 조동일은 한국 문학의 미적 특질은 '숭고', '우아', '비장', '골계'로 나누어 정치하게 살펴본 바 있다. 조동일, 〈미적 범주〉, ≪한국사상대계 1≫, 성균관대학교 대동문화연구원, 1971.

7 바흐친의 그로테스크 리얼리즘(Grotesque Realism)은 ≪프랑수아 라블레의 작품과 중세 및 르네상스의 민중문화≫(아카넷, 2001)에 자세히 설명되어 있다.

8 〈강릉매화타령〉은 〈매화가〉와 〈골생원전〉이란 두 개의 이본을 가지고 있다.

식민지 대중문화와 기괴/괴기/그로테스크

1 이 글은 ≪개념과 소통≫ 5호(2010. 6)에 게재된 〈'기괴'에서 '괴기'로, 식민지 대중문화와 환멸의 모더니티〉를 수정·보완한 것이다.

2 ≪한화대사전≫, 臺北: 名山出版社, 1983.

3 ≪대한화사전≫, 동경: 大修館書店, 1968.

4 허목, 〈跋許上舍珣家藏金生眞蹟〉, ≪眉叟記言 記言別集≫ 10권.

5 정약용, 〈貞軒墓誌銘〉, ≪다신시문집≫ 15권.

6 이유원, 〈正陽寺, 歇惺樓〉, ≪林下筆記≫ 37권.

7 〈副校理金敎喜疏〉, ≪朝鮮王朝實錄≫, 순조 19년 기묘년 윤 4월 6일.

8 제임스 게일, ≪한영ᄌᆞ뎐≫, Yokohama Bunsha, 1897, 230쪽.

9 "한가지 기괴망측한 꼴은 웃방에 안저 콧물을 졸졸 흘리는 콩알만한 년 12,3세의 새악씨님이외다." 박춘파, 〈嗚呼 지방농촌의 衰頹〉, ≪개벽≫ 22호, 1922. 4, 79쪽.

10 "'제발 덕분에 노예가 되어지이다' 하는 기괴한 축원을 하는 일도 잇다." 김기전, 〈청천백일하에서 이 적은 말을 감히 여러 형제에게 들임〉, ≪개벽≫ 1921. 8, 17쪽.

11 세검정인, 〈道詵庵中의 만필 16제〉, ≪개벽≫ 27호, 1922. 9, 2-24쪽.

12 청오, 〈잡관잡감〉, ≪개벽≫ 51호, 1924. 9, 127-132쪽.

13 기전, 〈退步乎? 進步乎? 평안도지방의 일부인심〉, ≪개벽≫ 66호, 1926. 3, 81-86쪽.

14 장도천·김자안, 〈지방색〉, ≪별건곤≫ 4호, 1927. 2, 102-103쪽.

15 김은석, 〈지방색, 한천의 조개잡이〉, ≪별건곤≫ 7호, 1927. 7.

16 〈이상한 사실, 기괴한 소식〉, ≪개벽≫ 62호, 1925. 8, 83-85쪽. 이 칼럼에서는 이완용의 벌금, 미국의 진화론 강의 금지, 조선인이 적은 경성제대 조선문과, 언론탄압 등등과 더불어 최남선의 음풍농월하는 태도를 꼬집고 있다.

17 다음의 예가 그 용례에 해당한다. 〈기괴한 사기배, 부고를 위조하여 금전을 편취한 자〉, ≪조선일보≫, 1926. 2. 20.

18 다음이 그 용례에 해당한다. 〈기괴한 살인사건, 노부부를 곤봉으로 타살, 강도의 소위인지 사혐인지 도무지 알 수가 없다는 사실〉, ≪조선일보≫, 1926. 1. 8; 〈자살한 3여생 멀쩡하기 생존? 기괴 복잡한 사건 내용〉, ≪조선일보≫, 1927. 6. 16.

19 〈독자께〉, ≪괴기≫ 1호, 동명사, 1929, 59쪽.

20 〈人及朝鮮人에게 소리친다〉(서문), ≪괴기≫ 1호, 동명사, 1929, 3쪽.

21 위의 글, 2쪽.

22 2호에서는 〈매음의 기원은 종교적 의식으로서〉, 〈일본고대의 성애문헌〉, 〈기괴망측한 연애성욕의 種種相〉, 〈조선어 생식기 칭호는 인도어로서〉와 같은 기사를 싣는 등, 성애와 성욕에 관한 문제는 ≪괴기≫에서 초미의 관심사였다.

23 1호에서는 〈남녀생식기의 상형자〉, 〈성적기술에 담솔한 지나 고대의 문헌〉, 〈심령현상의 불가사의〉를 묶어 따로 "괴기문헌"이라는 별칭으로 분류하기도 했다.

24 류시현의 〈최남선의 '근대' 인식과 '조선학' 연구〉(고려대학교 박사학위논문, 2005)에 따르면, 최남선은 일본을 통해 수용한 근대적 학문 방법론을 바탕으로 조선의 전통(민속, 종교, 역사) 등을 탐구함으로써 조선적 정체성을 찾고자 했다. ≪괴기≫는 비교문화학적 관점에서 이루어진 조선학 연구의 일환이다.

25 〈人及朝鮮人에게 소리친다〉(서문), 앞의 책, 2쪽.

26 김지영, 〈'탐정', '기괴' 개념을 통해서 본 한국 탐정소설의 형성과정〉, ≪현대문학이론연구≫ 41집, 현대문학이론학회, 2010. 6. 30 참조.

27 여기서 '기괴'는 사건의 이해불가한 성격을 표현하는 기표로서 영어 Mystery의 번역이었을 가능성이 높다. 실제로 1937년에 발표한 안회남의 〈탐정소설론〉(≪조선일보≫, 1937. 7. 13~16.)에서는 '괴기소설'을 '미스테리 소설'이라는 명칭으로 환언하고 있다.

28 "미쓰터리 헌터(Mistery hunter): 普通과 平凡을 써나서 奇怪한 神秘境을 探險하는 사람, 獵奇趣味를 조와하는 사람", 〈모던語辭典〉, ≪新滿蒙≫, 1932. 12. 41쪽. 이 설명에서 '기괴'는 'Mistery'를 번역하는 말에 해당한다.

29 탐정소설이 추리 대신 충격적이고 끔찍한 살인의 현장이나 범인의 마성적 성격을 강조하는 쪽으로 나아간 것은 일제 식민지 과학교육의 제한과 관련이 깊다. 여기에 대해서는 김지영, 앞의 글 참조.

30 ≪조선일보≫의 경우는 이보다 조금 빨라서, 1927년 9월 29일 〈아마듀스 호프만 씨의 괴기소설〉이라는 기사가 실린다. 그러나 1930년경까지 '괴기'의 용례가 희박한 것은 마찬가지였다.

31 미리암 실버버그, 〈エロ・グロ・ナンセンスの時代〉, ≪總力戰下の知と制度≫, 東京: 岩波書店, 2002, 61-109쪽.

32 채석진, 〈제국의 감각: '에로 그로 넌센스'〉, ≪페미니즘 연구≫ 5호, 한국여성연구소, 2005, 43-86쪽 참조.

33 〈밀감상에 아시(兒屍)—자살현장조사 가든 길에 발견〉, ≪조선일보≫, 1934. 5. 26.

34 〈표류선 중에 괴기—동강동강난 선부시체〉, ≪조선일보≫, 1936. 2. 25.

35 〈迷信과 黃金에 얽힌 獵奇百% (四)—假裝山神이 夜半登場, 殺人自白書强要. 無等山中의 怪奇劇〉, ≪동아일보≫, 1932. 1. 23.

36 〈本室所生 少年慘死 取調 받든 親父도 急死—본처의 아들 죽자 아버지도 죽어 靑陽에 發生한 怪奇事件〉, ≪동아일보≫, 1936. 1. 7.

37 〈개성 교외의 괴기—유기된 상자 속에 人脚!〉, ≪동아일보≫, 1937. 10. 26.

38 〈현대 인류계의 괴기 — 猿類 결혼하는 종족의 존재, 기운이 세지 못한 남자는 결혼할 권리가 없어서 암원숭이를 길러 아내를 대신 삼는다고, 중국 사천성 벽지에 점거한 蠻族珍談〉, ≪조선일보≫, 1929. 8. 8.

39 〈5백 군중이 위집, 유령양관을 투석파괴 (……), 평양 번회가에 괴기〉, ≪조선일보≫, 1933. 8. 27.

40 〈거리의 괴담(1) — 〈호조다리〉 소복처녀, 대회일야 다리 위에 나타난 괴기, 〈떳다바라〉쟁이의 식겁〉, ≪조선일보≫ 1933. 8. 7.

41 〈식인사건의 심판〉, ≪별건곤≫ 29호, 1930. 6, 43-48쪽.

42 최병화, 〈살인괴담, 늙은 살인마(일명 말사스鬼)〉, ≪별건곤≫ 64호, 1933. 6, 38-41쪽.

43 소천호, 〈범죄실화, 가방속의 死미인〉, ≪별건곤≫ 44호, 1931. 10, 28-30쪽.

44 〈죄와 벌의 인생, 무엇이 그들을 그러케 식혓나? — 탈옥수 심종성과 공범 김봉주의 범죄 리면 비화〉, ≪별건곤≫ 62호, 1933. 4, 50-51쪽.

45 〈28년 만에 여자가 남자된 이야기〉, ≪별건곤≫ 53호. 1932. 7, 28쪽.

46 예컨대, 1933년 ≪동아일보≫에서 1933년 헤드라인에 '기괴'라는 어휘를 포함한 기사는 총 8건에 해당하는데, 이 가운데 5건이 살인과 같이 잔혹한 사건을 보도하고 있으며, 미신기사가 1건, 수수께끼처럼 난해한 사건을 보도한 기사가 1건, 기형적 형상을 보도한 기사가 1건에 해당한다. 이는 총 17건의 사례 가운데 부당하다는 의미로 쓰인 기사가 7건이었던 1923년 예와 뚜렷이 차이나는 부분이다.

47 식민지 시기 ≪조선일보≫에서 헤드라인에 '괴기'라는 어휘를 포함한 기사는 총 30건이다. 이 중 8건은 살인과 같은 류의 잔인하고 끔찍한 범죄 사건을 보도했고, 유령, 도깨비, 괴물 등의 섬뜩한 초자연 현상과 관련된 기사도 6건에 이른다. 그 밖에는 최남선의 ≪괴기≫를 소개한 기사, 모던 풍속을 비꼬는 기사, 미신이나 야만적 행위를 전하는 기사 등이 있다.

48 〈영화소개 — 괴기극, 지킬박사와 하이드씨〉, ≪조선일보≫, 1932. 7. 9.

49 〈세계각국유령담〉, ≪별건곤≫ 34호, 1930. 11, 138-146쪽.

50 〈태서괴담: 공중을 나는 유령선〉 류방 역, ≪별건곤≫ 55호, 1932. 9, 44-46쪽.

51 〈콥펠유스〉는 영혼을 빼앗는 마법사, 인형과의 사랑 등을 소재로 삼고 있으며, 〈지킬박사와 하이드씨〉는 약물에 의한 흉악한 변신을, 〈우이-〉는 사모하는 청년을 쫓는 여귀를, 〈공중을 나는 유령선〉은 마법에 의한 살인과 피신을 소재로 한 이야기들이다.

52 다음 글에서 안회남과 김내성은 추리소설을 본격과 변격으로 구분하면서, 변격 탐정소설을 괴기소설 혹은 괴기적 작품으로 명명한다. 안회남, 〈탐정소설론〉, ≪조선일보≫, 1937. 7, 13-17; 김내성, 〈추리소설론〉(1939년 방송강연원고), ≪비밀의 문≫, 명지사, 1994.

53 김내성, 〈추리소설론〉, 앞의 책, 345쪽.

54 김내성, 〈霧魔〉, 앞의 책, 317쪽.

55 〈세계진기인종 박람회〉(≪별건곤≫ 7호, 1927. 7), 〈현대 인류계의 괴기〉(≪조선일보≫, 1929. 8. 8),

〈몽고인의 생활〉(≪별건곤≫ 32호, 1930. 9), 〈아푸리카 토인의 살인제〉(≪동광≫ 33호, 1932. 5), 〈인도왕궁 비사 첨단결혼진담〉(≪별건곤≫ 61호, 1933. 3) 등은 동아시아, 인도, 아프리카 등 미개지로 인식된 지역의 '괴기', '기괴'한 풍속들을 소개하고 있으며, 〈사막의 괴기: 먼스터라는 식물〉(≪동아일보≫, 1931. 8. 15), 〈심해의 괴기: 어류〉(≪동아일보≫, 1931. 8. 20), 〈사람이 만들어낸 괴기 동물〉, (≪조선일보≫, 1937. 11. 5), 〈인간의 손으로 창조된 괴기동물과 기형〉(≪동아일보≫, 1937. 11. 27~12. 1) 등은 비정상적이고 진기한 동식물을 소개하고 있다.

56 〈그짓말 가튼 사실기록 — 천하 괴담 상사뱀〉(≪별건곤≫ 18호, 1929. 1), 〈신출귀몰 기담편 — 세계기담, 의학적 괴담〉(≪별건곤≫ 22호, 1929. 8), 〈세계각국유령담〉(≪별건곤≫ 34호, 1930. 11), 〈태서괴담: 공중을 나는 유령선(下)〉(≪별건곤≫ 55호, 1932. 9), 〈기괴실화 마작살인〉(≪별건곤≫ 66호, 1933. 9), 〈녀름밤의 괴담〉(≪삼천리≫, 1934. 6. 1) 등은 귀신, 유령, 심령현상 등을 다룬 기사들이다. '괴담'으로 명명되는 기사는 상대적으로 이전의 '기담'들보다 귀신담, 초자연적 현상 등을 다루는 예가 많다. 그러나 '괴담'이 반드시 공포스런 이야기들을 다룬 것은 아니었다. 특히 사담, 야담 등 고전에 기원을 둔 괴담은 초월적 현상을 포함한 곡절 있고 재미있는 이야깃거리로 소비되었다.

57 〈세계인육시장 광무곡, 미국인육시장견문담〉, ≪별건곤≫ 46호, 1931. 12, 31-32쪽.

58 박영희는 1927년 12월 ≪별건곤≫에서 실시한 특집 〈모-던껄 · 모-던뽀-이 대논평〉에서 반년 전부터 서울에서 '모던 걸'이라는 말을 듣게 되었다고 기록한다. 박영희, 〈모-던껄 · 모-던뽀-이 대논평: 유산자 사회의 소위 '근대녀', '근대남'〉, ≪별건곤≫, 1927. 12, 114쪽.

59 미리암 실버버그, 앞의 글, 참조.

60 소재의 다수는 해외토픽에 가까운 에피소드들이었다. 에로-그로의 신 기호 자체가 자발적 경험과 감각의 산물이 아니었던 만큼 기사의 소재가 외부에서 구해지는 것은 어쩌면 당연한 일이었다.

61 〈모던-복덕방〉, ≪별건곤≫, 1930. 11, 150-151쪽.

62 일기자, 〈거인 김부귀를 료리했소〉. ≪별건곤≫ 32호, 1930. 9, 125쪽.

63 홍양명, 〈상해풍경, 누란 사건〉, ≪삼천리≫, 1931. 12. 37쪽.

64 홍운봉, 〈각국 항구의 렵기행, 남미 〈리오항〉〉, ≪삼천리≫, 1935. 1. 147쪽.

65 〈성의 해방을 부르짓는 중국녀학생〉, ≪만국부인≫ 1호, 1932. 10, 85-89쪽.

66 〈대경성 에로 · 그로 · 테로 · 추로 총출〉, ≪별건곤≫ 42호, 1931. 8, 11쪽.

67 〈넌센스 본위, 무제목 좌담회, 본사사원끼리의〉, ≪별건곤≫ 36호, 1931. 1, 136-146쪽.

68 주요한, 〈평양, 평양잡기, 평양과 나〉, ≪별건곤≫ 32호, 1930. 9. 55쪽.

69 최독견은 조선의 인정미담을 전하는 한 기사에서 전통적 인정미의 상실을 현대인의 특징으로 보고, 모던 보이와 모던 걸을 "괴물"로 지칭한다. 최독견, 〈동서무비 조선인정 미담집〉, ≪별건곤≫ 12 · 13호, 1928. 5, 243쪽.

70 임인생, 〈모던이씀〉, ≪별건곤≫ 25호, 1930. 1. 136-140쪽.

71 〈MODERN COLLEGE 개강〉, ≪별건곤≫ 28호, 1930. 5, 49-60쪽.

72 〈조명탄〉, ≪동광≫ 22호, 1931. 6. 60-61쪽.

상이군인 · 그로테스크 · 현대성

1 이임하, 〈상이군인들의 한군전쟁 기억〉, ≪사림≫, 2007, 208쪽.

2 김석목, 〈현대적 인간상〉, ≪사상계≫, 1955. 4, 56쪽; 손우성, 〈현대불안의 해부〉, ≪사상계≫, 1955. 4, 16쪽; 박종홍, 〈로고스와 창조〉, ≪현대≫, 1958, 창간호, 12쪽.

3 종합잡지였던 ≪현대≫지는 1957년 12월호에 특집 '후진성의 제 문제'를 다루면서 한국사회의 총체적 후진성을 검토한다. 이때 모든 논의는 이구동성으로 한국의 자본주의가 구라파의 과정을 체험하지 못했기 때문이라고 원인을 분석하고 있다. 후진성은 50년대가 자기 문제를 인식하고 해결하는 방식의 알파와 오메가였다. 사회의 모든 문제는 후진성에 원인이 있다는 것이다. "너의 후진성에 침을 뱉으라"(〈후진지대〉, ≪현대≫, 1957. 12, 69쪽)는 감정적 발언은 현대성에 대한 50년대의 자기 인식 방법이었다.

4 손우성, 〈현대불안의 해부〉, ≪사상계≫, 1955. 4, 18-20쪽.

5 손우성, 〈이성의 혼선〉, 앞의 책, 87쪽.

6 양회수, 〈한국사회의 근대성과 전근대성〉, ≪사조≫, 1958. 12, 20쪽.

7 손우성, 〈현대불안의 해부〉, 앞의 책, 9-12쪽.

8 박기준, 〈내가 본 챠트리 夫人의 사랑—애정과 윤리와 예술과〉, ≪희망≫, 1953. 7, 59-61쪽.

9 이봉래, 〈성문학 시비〉, ≪사상계≫, 1956. 3, 235쪽.

10 조연현, 〈간통문학론〉, ≪현대≫, 1958. 1, 236쪽.

11 김붕구, 〈證人文學〉, ≪사상계≫, 1955. 12, 118-119쪽.

12 P. H. 씨몽, 정명환 역, 〈까뮈의 작품과 윤리〉, ≪사상계≫, 1958. 2, 283쪽.

13 안병욱, 〈현대적 세계관 (下)〉, ≪사상계≫, 1956. 5, 76-79쪽.

14 권이혁, 〈과학으로서의 현대의학〉, ≪자유공론≫, 1951. 1, 106쪽. 이 글은 특집 '과학의 이상'에 실린 5편의 글 중 하나이다.

15 김하태, 〈럿셀〉, ≪사상계≫, 1956. 6, 193쪽.

16 김준섭, ≪럿셀≫, 사상계사, 1960, 104-105쪽.

17 조가경, 〈칼 · 뢰빗트 론〉; 김용배, 〈칼 · 뢰빗트 교수에게서 얻은 것〉, ≪사조≫, 1958. 11 참조 좌담회, 〈편심적 세계관〉, ≪사조≫, 1958. 11, 397쪽.

18 제랄드 싸이크스, 고원 역, 〈프로이드와 융의 대화〉, ≪사조≫, 1958. 6, 135쪽.

19 이동식, 〈프로이드 이후의 정신분석학〉, ≪사상계≫, 1958. 9, 146쪽. 〈사상계〉에서는 프로이트 사후 20주년을 기념하여 프로이트 특집을 다루고 있다.

20 안병욱, 〈육체의 지혜〉, ≪사상계≫, 1959. 2, 343쪽.

21 염운옥, 〈전간기 영국의 남성성 담론의 재구성과 파시즘〉, ≪역사와 문화≫ 19, 2010, 141쪽.

22 〈국방부장관 담화문〉, ≪동아일보≫, 1952. 9. 25.

23 〈사설—등한히 못할 상이군인문제〉, ≪동아일보≫, 1952. 9. 25.

24 전숙희, 〈어떤 상이군인〉, ≪전선문학≫ 4집, 1953. 4, 54쪽.

25 베네딕트 앤더슨, 윤형숙 역, ≪상상의 공동체≫, 나남, 2002, 29-33쪽.

26 김수영, 〈사치〉, ≪김수영 전집 1≫, 민음사, 2003, 148-149쪽.

그로테스크한 몸인가, 그로테스크한 세계인가

1 미셸 우엘벡, 김윤진 역, ≪플랫폼≫, 문학동네, 2001, 93쪽.

2 Benjamin Kilborne, *Disappearing Persons: Shame and Appearance*, New York: State University of New York, 2002, 40쪽.

3 Nancy Friday, *The Power of Beauty*. New York: HarperCollins Publishers, 1996, 390쪽.

4 위의 책, 395쪽.

5 Wolfgang Kayser, Ulrich Weisstein 역, *The Grotesque: In Art and Literature(Das Groteske: seine Gestaltung in Malerei und Dichtung)*. Indiana: Indiana UP, 1963, 31쪽.

6 Gail Weiss, *Body Images: Embodiment as Intercorporeality*. New York: Routledge, 1999, 100쪽.

7 Jane M. Ussher, *Managing the Monstrous Feminine: Regulating the Reproductive Body*. New York: Routledge, 2006, 141쪽.

8 위의 책, 147쪽.

9 위의 책, 147쪽.

10 Martha C. Nussbaum, *Hiding from Humanity: Disgust, Shame, and the Law*. New Jersey: Princeton UP, 2004, 90쪽.

11 위의 책, 95쪽.

12 Kayser, 앞의 책, 184쪽.

13 Kayser, 앞의 책, 184쪽.

14 Susan Bordo, *The Male Body: A New Look at Men in Public and in Private*. New York: Farrar, Straus, and Giroux, 1999, 23쪽.

15 MBC, 〈루저 발언 그 후〉, ≪후 플러스≫, 2010년 1월 6일 방송.

16 Kilborne, 앞의 책, 18쪽.

17 Kilborne, 앞의 책, 18쪽.

18 조지 L. 모스, 이광조 역, ≪남자의 이미지: 현대 남성성의 창조≫, 문예출판사, 2004, 33쪽.

19 모스, 위의 책, 130-131쪽.

20 하비, 맨스필드, 이광조 역, ≪남자다움에 관하여≫, 이후, 2010, 7쪽.

21 맨스필드, 위의 책, 7쪽.

22 Nussbaum, 앞의 책, 91쪽.

23 장 보드리야르, 〈이미지의 폭력〉, ≪미디어_시티 서울 2002 국제 학술 심포지엄≫, 서울: 이화여자대학교, 2002, 50쪽.

24 보드리야르, 위의 책, 50쪽.

25 변혜정, 〈조선족 여성의 몸일 경험과 여성성의 변화 가능성: 목욕 관리사의 몸일(body work)을 통한 '여자 만들기'를 중심으로〉, ≪여성학논집≫, 24. 1(2007), 20쪽.

26 변혜정, 위의 책, 139쪽.

27 발트라우트 포슈, 조원규 역, ≪몸 숭배와 광기≫, 여성신문사, 2001, 68쪽.

초국가적 입양인의 그로테스크적 자기인식

1 너무나 다양한 뜻을 포괄하는 Grotesque라는 단어에 대해 하팜은 이 단어가 특정한 기의를 지닌다기보다는 수식하는 명사 앞에 너무나 많은, 또한 모순되는 형용사가 존재함을 보여주는 기능을 하는 듯 보인다고 평한다(3). Harpham, Geoffrey Galt. *On the Grotesque; Strategies of Contradiction in Art and Literature*. 2nd Ed. Colorado: The Davies Group P, 1982.

2 하팜, 앞의 책.

3 하팜, 앞의 책.

4 마르쿠제, 허버트, 김인환 역, ≪에로스와 문명≫, 나남, 1996.

5 하팜, 앞의 책.

6 하팜, 앞의 책.

7 하팜, 앞의 책.

8 해외 입양/인(International Adoption/Adoptee)이라는 단어가 좀 더 일상적으로 쓰이기는 하지만 입양을 받는 국가와 보내는 국가 간의 역학관계를 강조하는 의미에서는 초국가적 입양/인(Transnational Adoption/Adoptee)이, 서로 다른 인종간의 결합임을 강조하는 의미에서는 초인종적 입양/인(Transracial Adoption/Adoptee)이라는 표현이 사용된다. 초국가적 이주에 대한 좀 더 자세한 논의를 위해서는 이경란, 〈초국가적 이주와 인종화된 포스트식민정체성의 정치학—미셸 클리프의 ≪하늘로 통하는 전화는 없다≫〉, ≪안과밖: 영미문학연구≫ 28권(2010년 상반기)을 참고할 것.

9 Min, Eun Kyung, "The Daughter's Exchange in Jane Jeong Trenka's *The Language of Blood*," *Social Text 94* 26. 1 (Spring 2008).

10 Gilroy, Paul, *Postcolonial Melancholia*, New York: Columbia UP, 2005.

11 Hübinette, Tobias, *Comforting an Orphaned Nation: Representations of International Adoption and Adopted Koreans in Korean Popular Culture*, Seoul: Jimoondang, 2006.

12 Corley, Liam, "Just Another Ethnic Pol": Literary Citizenship in Changrae Lee's *Native Speaker*," *Studies in the Literary Imagination* 37. 1 (Spring 2004): 61-81.

13 아시아인들의 얼굴의 전형적인 특징으로 언급되는 이 눈은 동공의 윗부분이 가려짐으로써 표정이 불분명해지고, 그럼으로써 동양인은 속을 알 수 없고 이중적이어서 신뢰할 수 없다는 편견을 형성하였다. 그러한 주류의 시선은 아시아계 미국인들 자신들에게 내재화되어 외모에 대한 열등감, 사회생활에서의 소극적 태도로 표현되었다. 이를 극복하기 위해 일부 아시아계 미국인은 성형수술이라는 적극적 방법으로 '백인'처럼 보이기를 시도하였다. 데이비드 팔룸보-리우(David Palumbo-Liu)에 따르면, 그 중 대표적이고 가장 많이 행해지는 것이 쌍꺼풀수술인데 역사적으로 거슬러 올라가보면, 이는 2차 세계대전 이후 일본에 주둔한 미군들과 결혼하여 미국에 건너간 일본의 '전쟁신부 war bride'들이나 한국전쟁 후 미군정 시대에 미국인들과 접촉하던 한국인들이 자신들의 이질성을 줄이고 서구적 외모에 접근하고자 한 데서 유래한다. Palumbo-Liu, David, *Asian/American: historical crossings of a racial frontier*. Stanford, CA: Stanford UP, 1999, pp. 98-102.

트렌카는 ≪피의 언어≫에서 주인공 제인이 상상 속에서 펼치는 블랙 코미디를 통해 "저기에 앉아계신 분들을 다 볼 수가 없네요. 곧 쌍꺼풀수술을 하도록 예약을 잡겠어요."라며 서양인들이 아시아인에 대해 가지는 외모의 편견을 웃음의 소재로 사용한다. Trenka, Jane Jeong, *Language of Blood*, St. Paul, MN: Graywolf P, 2003, p. 97.

14 민은경, 앞의 논문.

15 민은경, 앞의 논문.

16 김영미, 〈초국가적 입양소설에 나타난 동화와 민족 정체성 문제: 마리 명옥 리의 ≪누군가의 딸≫과

제인 정 트렌카의 ≪피의 언어≫를 중심으로〉, ≪미국소설≫ 15권 2호, 27~52, 2008.

17 미네소타 주는 단일 주로는 미국에서 한국인 입양이 가장 많이 이루어진 주로 트렌카가 작품 속에서 밝히고 있는 바에 따르면 약 2만 명 정도의 한국계 입양인이 살고 있는 것으로 추정된다.

18 트렌카, 앞의 책.

19 트렌카, "출산의 구별짓기와 입양의 낭만화" 세미나, 여성문화이론연구소, 2010년 겨울강좌.

20 민은경, 앞의 논문.

21 트렌카, 앞의 책.

22 제인이 상상 속에서 펼치는 "걱정 마세요, 편안하게 해 드릴게요" 라는 스탠딩 코미디에서는 라블레적 르네상스 그로테스크의 요소가 감지된다. 광대 차림의 그녀는 백인 관중을 대상으로 백인이 아시아 혹은 아시아 인(여성)에 대하여 가지고 있는 무지와 편견, 스테레오타입을 비판하면서도 그것을 희화화시켜 표현해 모두가 웃을 수 있는 분위기를 만들어낸다. 은밀하게 속설로만 전해지던 것을 당사자의 입으로 드러내 말함으로써 그것의 부당함과 어리석음을 강조한다. 예를 들면 다음과 같다.

> 여기 아시아 여자들을 좋아하시는 남자 분들이 얼마나 계시죠? 저분은 비디오 가게에서 본 분이네요. 한국 딸기, 한국 치킨, 한국사람, 작지만 맛은 좋지요! (박수) 제 룸메이트는 아시아 여자들은 맛은 복숭아 맛이고 향은 재스민 향이 난다는데. 여러분은 운도 좋으시네요. 미네소타 주에는 한국에서 입양된 사람이 만 명이나 있으니 말이예요—오 호수 하나당 한 명꼴이네요. (박수) 우리는 이나 촌충이 없이 오기 때문에 훨씬 좋답니다. 거의 백인 딸로 통한다구요! 저는 명예 백인이예요! (박수) 고대 중국의 비밀 하나 알려드리지요. 통신판매로 주문한 신부나 어린아이 할 것 없이, 동양 여자는 여러분을 오래도록 사랑한답니다! (한국말로) 감사합니다!
>
> How many you men here like Asian women? I see you at video store. Korean strawberry, chicken, people—small but taste good! [APPLAUSE] My roommate say Asian women tasting like peaches and smelling like jasmine. Lucky for you, there are ten thousand adopted Koreans in Minnesota—one for every lake. [APPLAUSE] We extra good because we come without lice or tapeworm. Almost pass for white daughter! I am honorary white person! [APPLAUSE] Ancient Chinese secret: No matter mail order bride or mail-order kid—Oriental woman love you long time! *Kamsahamnida!* (97)

23 민은경, 앞의 논문.

24 트렌카, 앞의 책.

25 민은경, 앞의 논문.

26 트렌카, 앞의 책.

27 트렌카, 앞의 책.

28 김영미, 앞의 논문.

29 민은경은 초국가적 입양인으로서 제인의 경험을 묘사하기 위해 쓰여진 '망명'이 잃은 것을 강조하는 단어라면 '디아스포라'를 이주의 과정에서 얻은 것과 잃은 것 둘 다를 포함하는 좀 더 광범위한 단어로 제시한다. 앞의 논문, 129쪽.

30 트렌카, 앞의 책.

"기억전쟁"과 기억의 괴물들

1 필 멀런, 김숙진 옮김, ≪프로이트와 거짓기억 증후군≫, 이제이북스, 7쪽.

2 수전은 에일린의 친한 친구였는데, 1969년 9월 22일에 아홉 번째 생일을 며칠 앞두고 실종되었다. 그리고 두 달 뒤, 하프문베이 도로 인근의 숲 지대에서 그녀의 시신이 발견되었다. 수전의 시신은 육중한 어떤 것에 의해 머리가 부서져 있었다. 그녀를 살해한 범인은 잡히지 않았고 그 사건은 20년 동안 수수께끼로 묻혀 있었다. 그러던 어느 날 에일린은 그녀의 어린 딸이 놀이하는 모습을 지켜보다 갑자기 수전의 죽음의 장면이 떠올랐다고 주장한다. 테어가 그녀의 책에서 재기술한 에일린의 이야기를 요약하면 다음과 같다, 1969년 여름 날, 에일린은 그녀의 아버지 프랭클린이 큰 돌덩이를 든 손을 하늘 높이 치켜들고서, 수전의 머리를 향해 그 돌덩어리를 내려찍는 것을 보았다는 것이다. ≪괴물만들기*Making Monsters*≫, p. 254 참조.

3 테어는 트라우마 이론에서 일반적으로 받아들여지는 억압된 기억의 개념을 에일린의 기억에 적용시켰다. 트라우마 이론에서 에일린의 경험과 같이 엄청난 강도의 충격적 사건은 아이의 방어력을 무력화시키고 그럼으로써 정상적인 의식의 흐름에 통합되지 못한다. 그러나 그 충격적인 경험의 강도와 느낌, 소리, 냄새, 이미지 등은 다른 경로를 통해 보통의 기억보다 훨씬 더 선명하고 상세하게 기록된다는 것이다. 특히 몸과 행위와 같은 경로들을 통해 기억되는 데, 이들 경로를 통해 기록된 트라우마적 경험의 흔적들은 쉽게 읽혀지거나 해석되지 못한다. 말하자면 그것은 수수께끼와 같이 난해한 암호로 기록되기 때문에, 그것을 입력한 당사자도 자연스럽게 떠올려서 해독할 수 없는 것이다. 따라서 그와 비슷한 자극이 트라우마 피해자들에게 다시 가해지면, 지금까지 몸과 행위 등을 통해 모호하게 기억되었던 과거의 경험이 재생될 수 있다는 것이다. 프랭클린 재판에 관한 보다 상세한 설명들은 ≪기억 전쟁*The Memory Wars*≫, pp. 159-189를 참조할 수 있다.

4 Lynne V Cheney, *Telling the Truth,* New York: Touchstone Book, 1995, p. 163.

5 철회에 대한 가장 충격적인 사례들 중 하나는 폴 잉그램의 사건이다. 이 사건은 앞의 플랭클린의 사건만큼이나 미국 사회에 큰 파장을 일으킨 사건이다. 이 사건의 전말은 다음과 같다. 나이 마흔이 된 중년의 남자 폴 잉그램은 그의 두 딸들이 회복했다는 갑작스러운 기억으로 인해 심문을 받는다. 그의 두 딸들이

회복한 기억의 내용은 그들이 자신의 아버지로부터 끔찍한 종교의례를 강요받고 극심한 학대를 받았다는 것이다. 물론 처음에 폴은 그 엄청난 내용을 듣고 그것이 사실이 아니라고 강하게 부인했지만, 비좁은 취조실에서 형사로부터 계속적으로 반복된 내용의 심문을 받으면서 점차 그것이 사실일 수 있다고 믿기 시작한다. 그러던 어느 날 폴은 형사들이 그려준 장면들을 보면서 자신이 그 장면의 범죄를 진짜 저질렀다고 자백한다. 그러나 폴 잉글램의 사건과 그 심문과정에 의문을 품은 로프터스 교수와 또 다른 광신도 집단 전문가인 오프쉬의 단순한 실험으로 잉그램이 완전히 조작된 사건을 자백했을 가능성이 포착된다. 오프쉬가 잉그램이 수감된 감방으로 찾아가 실제 일어나지도 않은 딸들과의 거짓된 범죄 장면들을 암시적으로 주입하는 실험을 했는데, 잉그램은 오프쉬가 꾸며낸 이야기를 실제 자기 경험으로 인식하며 그의 범행을 자백했다는 것이다. 그러나 훗날 오프쉬가 제시한 장면들이 꾸며낸 것이라는 말을 듣고 난 뒤 잉그램은 다른 모든 가정된 기억에 대해서도 철회를 했다. 불행히도 그의 철회는 법원에서 받아들여지지 않았고 그는 오랜 세월 수감생활을 해야만 했다.

6 Cheney, p. 169.

7 Richard Ofshe and Ethan Watters, *Making Monsters: False Memories, Psychotherapy, and Sexual Hysteria*, New York: Charles Scribner's Son, 1994, p. 8.

8 Ofshe, p. 8.

9 Fredeck Crews, *The Memory Wars: Freud's Legacy in Dispute*, New York: The New York Review of Book, 1999, p. 200.

10 Lawrence Langer, *Using and Abusing the Holocaust*, Bloomington: Indiana UP, 2006, p. 51.

11 Mary Jacobus, *Psychoanalysis and the Scene of Reading*, New York: Oxford UP, 1990, pp. 150-160.

12 Anne Whitehead, *Trauma Fiction*, Edinburgh UP, 2004, p. 9.

13 Sue Vice, *Holocaust Fiction*, London: Routledge, 2000, p. 68.

14 Vice, p. 69, 재인용.

15 앨런 배들리, 진우기 옮김, ≪당신의 기억≫, 예담, 2009, 124쪽.

16 Vice, 189n, 재인용.

17 Geffrey Prager, *Presenting the Past: Psychoanalysis and the Sociology of Misremembering*, Cambridge: Harvard UP, 1998, p. 91.

찾아보기

ㅅ

ㅇ

ㅎ